Dieter Buck

Die Wander-Bucket-List
BADEN-WÜRTTEMBERG

✓ 25 Touren, die man einfach gemacht haben muss

J. BERG

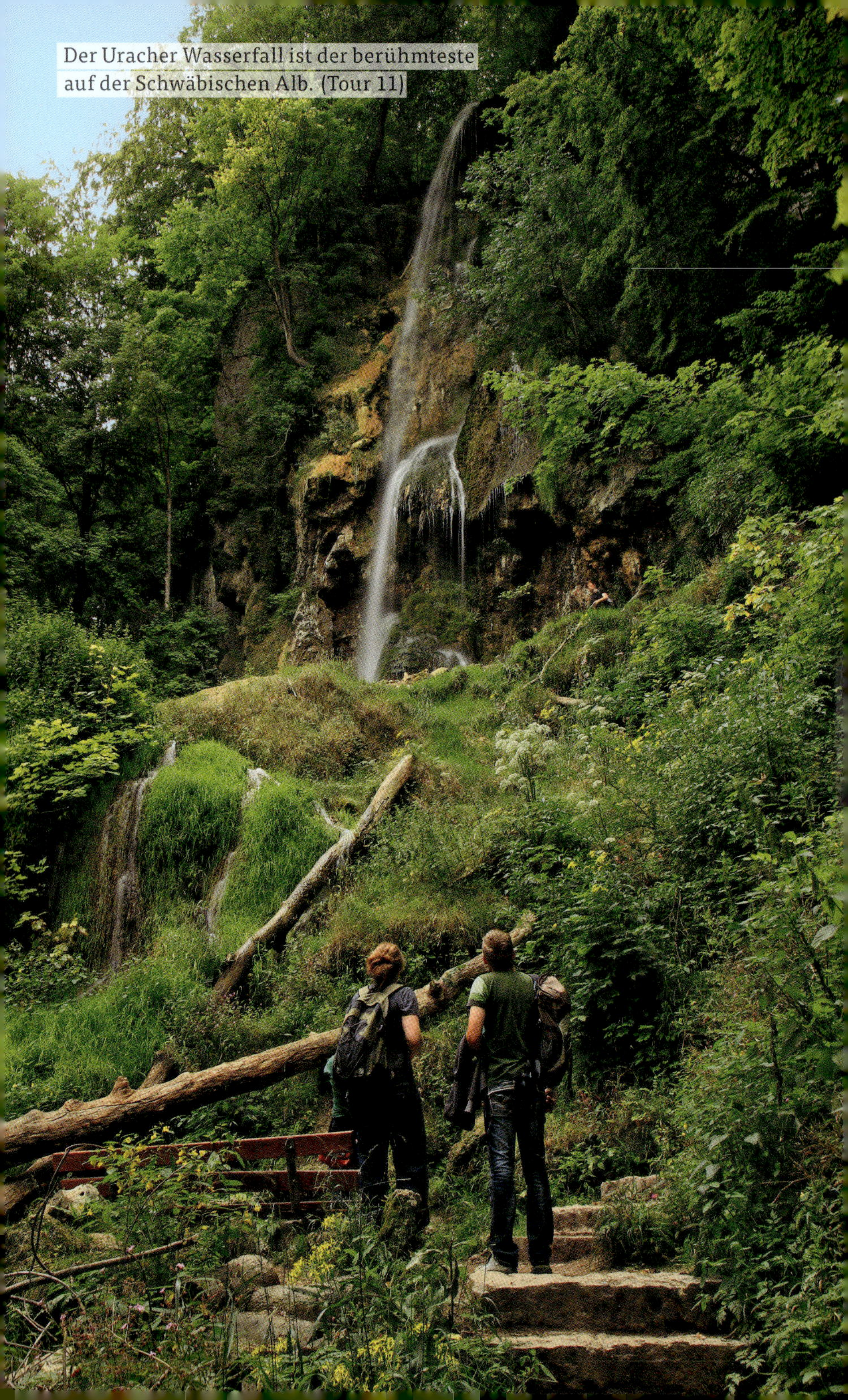

Der Uracher Wasserfall ist der berühmteste auf der Schwäbischen Alb. (Tour 11)

Inhaltsverzeichnis

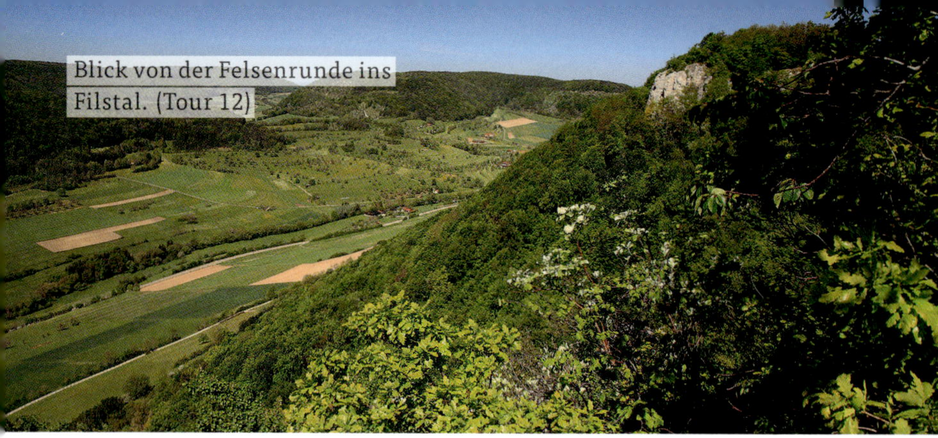

Blick von der Felsenrunde ins Filstal. (Tour 12)

Tourenüberblick

Tour				
1	●	Külsheim: »wasser.wein.weite«	3 Std.	11,1 km
2	●	Markelsheim: Tauberberg	4.30 Std.	15,1 km
3	●	Margarethenschlucht	3.30 Std.	11,4 km
4	●	Über den Mannaberg nach Rauenberg	2.10 Std.	7,8 km
	●	Neckarsteig	9 Etappen	1257 km
5	●	Hessigheimer Felsengärten	2 Std.	7 km
6	●	Hörschbachwasserfälle	3.10 Std.	11,2 km
7	●	Zwischen Solitude und Bärenschlössle	3 Std.	11,6 km
8	●	Durch die Weinberge nach Strümpfelbach	2 Std.	6 km
9	●	Vom Ammertal zur Wurmlinger Kapelle	3 Std.	10,8 km
10	●	»hochgehfestigt« zum Hohenneuffen	3 Std.	9,5 km
11	●	Uracher und Gütersteiner Wasserfälle	3.30 Std.	9,5 km
12	●	»Felsenrunde«: hoch über dem Filstal	4.30 Std.	13,3 km
13	●	Steinerne Jungfrauen im Eselsburger Tal	3 Std.	10,7 km
14	●	»Schneewalzer«	2 Std.	5,2 km
15	●	»Zollernburg-Panorama«	6 Std.	15,6 km
	●	HW 1: Schwäbische-Alb-Nordrand-Weg	10 Etappen	355 km
16	●	Hohlohturm, Hohlohsee, Wildsee	3.40 Std.	13,8 km
17	●	»Durbacher Weinpanorama«	5 Std.	15,4 km
18	●	Burgruine Hohengeroldseck	2.30 Std.	9 km
19	●	Über den Feldberg zum Feldsee	3.30 Std.	9 km
20	●	»Belchensteig«	6 Std.	14,5 km
21	●	Von St. Blasien in den Hotzenwald	2.30 Std.	8,3 km
22	●	Um das Blütenparadies Eggenertal	2.30/3.20 Std.	7,5/9,5 km
	●	Westweg, 2 Varianten	12/13 Etappen	291/288 km
23	●	Vom Federsee zum Wackelwald	4.10 Std.	16,3 km
24	●	Vorbei am Strand der Höri	4 Std.	15,2 km
25	●	Vom Schloss zum Eriskircher Ried	4.20 Std.	16,9 km
	●	SeeGang	4 Etappen	55,7 km

140 Hm		●	●	●	●				●		
320 Hm	●		●	●	●				●		
290 Hm	●	●	●		●				●		
110 Hm	●	●		●	●				●		
4310 Hm	●		●		●	●			●	●	
140 Hm		●	●	●	●				●		
250 Hm	●	●	●	●		●			●		
80 Hm	●	●	●	●	●				●		●
160 Hm	●	●	●	●	●			●	●		
180 Hm	●	●	●	●		●			●		
350 Hm	●	●	●	●	●	●		●	●		
510 Hm	●	●	●		●	●		●	●		
420 Hm	●	●			●	●		●	●		
190 Hm	●	●	●	●	●			●	●		
100 Hm	●	●	●	●	●				●		
410 Hm	●		●		●				●		
10 232 Hm	●		●		●	●		●	●	●	
190 Hm	●	●	●	●	●	●			●		
400 Hm	●		●	●	●				●		
400 Hm	●	●	●	●	●						
320 Hm	●	●	●		●		●		●		
620 Hm	●		●		●	●	●		●		
270 Hm	●	●	●			●			●		
300/350 Hm	●	●		●	●				●		
7889/7666 Hm	●		●		●	●		●	●	●	
70 Hm	●	●	●	●	●	●			●		
110 Hm	●	●	●	●	●			●	●		
40 Hm	●	●	●	●	●			●	●		
978 Hm	●	●	●	●	●	●		●	●	●	

Wandern ist schön – in 25 Touren quer durch Baden-Württemberg

Wohl selten weist ein Bundesland eine derartige Fülle unterschiedlicher Landschaftstypen auf wie Baden-Württemberg. Da finden wir die idyllischen und teilweise urwaldartigen Altrheinarme im Norden und Westen, die hügelige Kraichgaulandschaft, das Liebliche Taubertal, die dichten Wälder von Odenwald, Schwarzwald und Schönbuch mit Natursehenswürdigkeiten und prächtigen Aussichtspunkten, die manchmal schroffe Schwäbische Alb, die bei Badegästen beliebte Bodenseeregion sowie Oberschwaben, das mit barocker Pracht und einem weiten Himmel entzückt. Mittendrin, im Zentrum des Landes und rund um Stuttgart herum, wiederholt sich die landschaftliche Vielfalt im Kleinen.

Das alles in nur 25 Touren beschreiben und erfassen zu wollen – ein Ding der Unmöglichkeit, dachte ich anfangs. Ich hoffe aber trotzdem, Ihnen aus allen Ecken die schönsten Touren und die prächtigsten Sehenswürdigkeiten aus Natur, Kultur und Geschichte geboten zu haben.

Sie finden in diesem Führer kurze, geruhsame Wanderungen, Genusswanderungen, bei denen man am Ende erholter ist als zu Beginn, aber auch gestandene Touren, die anstrengender sind, jedoch durch die Fülle der Eindrücke bleibende Erinnerungen hinterlassen. Sogar ein für den Winter konzipierter Premiumwanderweg ist enthalten. Wer Gefallen an längeren Wandererlebnissen hat, sollte sich überlegen, ob er nicht die in diesem Buch enthaltenen Mehrtageswanderungen unter die Wanderstiefel nimmt. Sie sind doch etwas ganz anderes als eine Tageswanderung. Auch hier sind kürzere und ganz lange Unternehmungen beschrieben, vom berühmten Westweg im Schwarzwald über den HW1 des Schwäbischen Albvereins bis hin zum Neckarsteig ganz im Norden des Landes und zum kurzen SeeGang entlang des Bodensees im Süden.

Mir bleibt, Ihnen auf Ihren Wanderungen viel Vergnügen, allzeit gutes Wetter und viele angenehme Begegnungen zu wünschen.

Dieter Buck

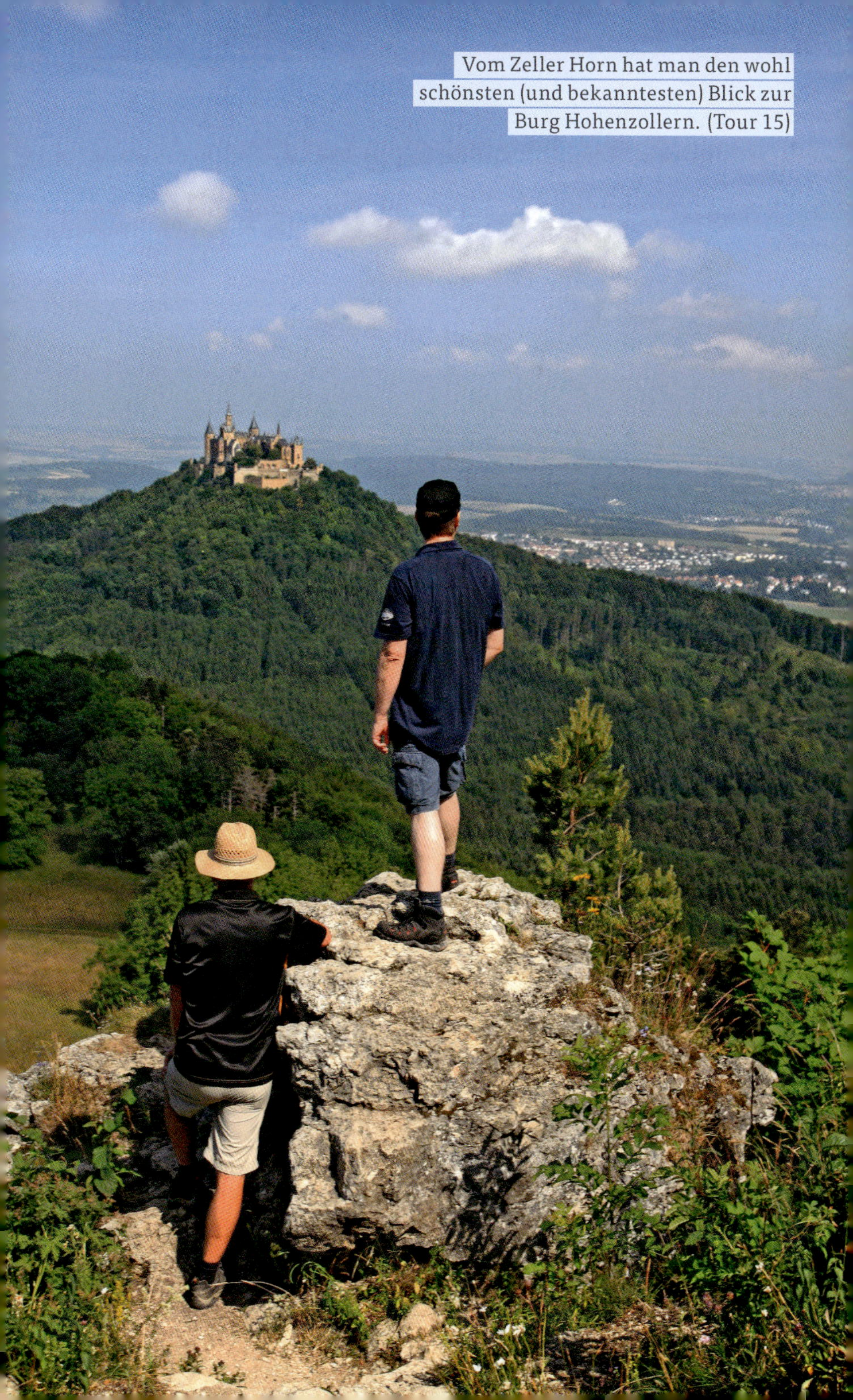

Vom Zeller Horn hat man den wohl schönsten (und bekanntesten) Blick zur Burg Hohenzollern. (Tour 15)

Unterwegs auf Tour – zum Wandern mit diesem Führer

In diesem Buch sind 25 Wanderungen in ganz Baden-Württemberg beschrieben, gleichzeitig finden Sie auch Erklärungen über die Sehenswürdigkeiten unterwegs – nach dem Motto: »Man sieht nur, was man weiß«.

Zu den Wanderungen Die Zeitangaben der Strecken wurden in der Regel aus Komoot oder Outdooractive entnommen und mit der althergebrachten Formel kontrolliert: Für vier Kilometer wurde eine Stunde angesetzt und für Anstiege wurden Zuschläge gemacht, wobei von 400 Metern Höhe, die in einer Stunde zu bewältigen sind, ausgegangen wurde. Bei den Angaben zur Länge und Dauer der Strecke und den Höhenunterschieden handelt es sich um ungefähre Zahlen, individuelle Abweichungen sind natürlich möglich. Da jeder sein eigenes Gehtempo hat, sehen Sie bereits nach den ersten Touren, ob Sie die Zeiten über- oder unterschreiten, und können sich bei weiteren Wanderungen darauf einstellen. Die genannten Zeiten sind natürlich reine Gehzeiten. Pausen, Besichtigungen, Fotostopps, das Überprüfen des Wegverlaufs auf der Karte oder andere Verzögerungen sind darin nicht enthalten.

Die Wanderungen sind bis auf den Hochwinter fast ganzjährig möglich (eine Ausnahme ist der Premium-Winterwanderweg »Schneewalzer«). Allerdings sollte berücksichtigt werden, dass im eher schattigen Wald im Frühjahr der Schnee länger liegen bleibt als im Freien und die Wege deshalb zuweilen auch vereiste, glatte Stellen aufweisen können. Man sollte sich daher mit geeigneten Schuhen ausrüsten. Auch Schuhspikes oder Wanderstöcke sind da sehr nützlich. Bei feuchtem Wetter sollte man Routen bevorzugen, die auf festen Wegen verlaufen, denn unbefestigte sind bei Feuchtigkeit schmierig, glitschig und schlecht zu begehen.

Die Wanderungen sind in die Kategorien leicht, mittel und schwer eingeordnet. Im Prinzip ist das aber individuell unterschiedlich, je nach Erfahrung und Kondition. Jeder weiß selbst am besten, was für ihn machbar ist.

Sicher wandern Wichtig ist, dass man seine eigene Leistungsfähigkeit kritisch betrachtet: Bewältigt man die Strecke und die Höhenmeter? Schlapp-

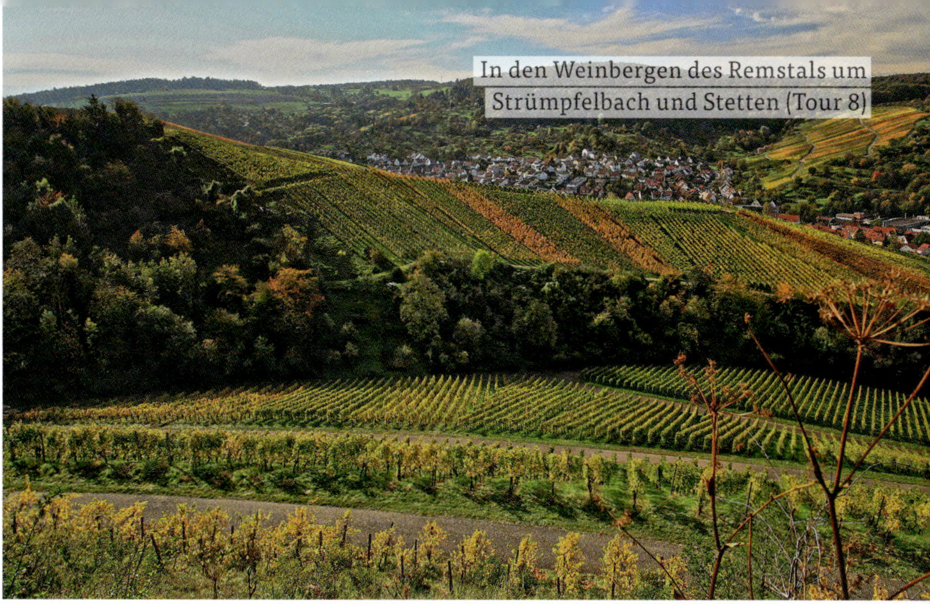

In den Weinbergen des Remstals um Strümpfelbach und Stetten (Tour 8)

machen unterwegs oder total erschöpft ankommen möchte man ja nicht, das hinterlässt auch keine guten Erinnerungen an die Tour. Auch sollte man berücksichtigen, dass man an heißen Sommertagen schneller an seine Grenzen kommt als an kühleren Tagen. Gerade dann ist es wichtig, immer genügend zu trinken dabeizuhaben, und auch bei kürzeren Touren ist ein kleiner Vorrat an Essbarem zu empfehlen.

Besser als alleine zu wandern ist es, wenn man mindestens zu zweit unterwegs ist. So kann im Fall des Falles immer einer Hilfe holen. Für Alleinwanderer ist es empfehlenswert, irgendwo eine Nachricht zu hinterlassen, wo und wie lange man unterwegs sein will.

Um Hilfe herbeizurufen ist ein Handy nützlich. Das hat heute wohl jeder dabei. Allerdings kann der Empfang in bestimmten Gebieten, sowohl in den Tälern wie auch auf den Höhen, schlecht sein. Kann man die Notrufnummer 112 nicht anwählen, sollte man zuerst ein wenig umhergehen, vielleicht ist in kurzer Entfernung doch ein Empfang möglich. Ansonsten sollte man das Handy ausschalten und beim Wiedereinschalten, anstatt sich in sein eigenes Netz einzuwählen, gleich 112 eintippen. Wenn man Glück hat, sucht sich das Gerät das nächste verfügbare Netz.

Die richtige Ausrüstung Was braucht man zum Wandern? Eigentlich nichts Besonderes. Man zieht sich wandergeeignete Kleidung an: gut waschbar,

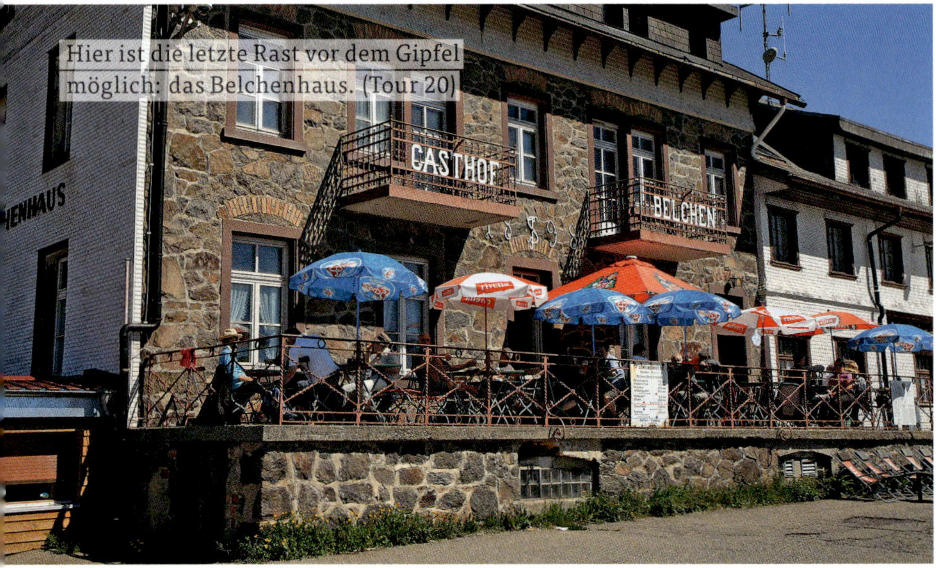

Hier ist die letzte Rast vor dem Gipfel möglich: das Belchenhaus. (Tour 20)

bequem und je nach Wetter wind- und regendicht, aber auch atmungsaktiv. Da man im Wald auch manchmal auf engen Wegen geht, in die vielleicht dornige und stachelige Zweige ragen, sollte der Stoff fest sein und nicht gleich kaputtgehen, wenn man mal von einer Brombeere »angegriffen« wird.

Zur wichtigsten Ausrüstung gehören aber die Schuhe. Wer hier sparen will, macht es am falschen Platz. Man sollte sich, optimalerweise im Fachgeschäft mit guter Beratung, geeignete Wanderschuhe aussuchen. Sie sollten wasserdicht sein, sodass man auch einfach mal durch eine Pfütze gehen kann, knöchelhoch und mit einer Sohle, mit der man problemlos über Wurzeln und Steine steigen kann. Am besten probiert man das Schuhwerk am Nachmittag oder Abend an, wenn die Füße ohnehin etwas dicker sind. Dazu gehören aber auch geeignete Socken, besser keine aus Wolle oder Baumwolle. Es gibt spezielle Wandersocken ausschließlich aus Kunstfaser oder zumindest mit einem hohen Anteil. Dadurch ist gewährleistet, dass die Feuchtigkeit nach außen transportiert wird und der Fuß trocken bleibt. Somit ist die Gefahr der Blasenbildung verringert. Manche schwören auch auf zwei Paar Socken, da dann die Socke nicht an der Haut, sondern Socke an Socke reibt. Wer dies machen möchte, sollte es allerdings bei der Größe der Schuhe berücksichtigen.

Ganz brauchbar sind immer wieder ein Taschenmesser, eine Schnur und eine Tüte (für den Abfall, aber auch zum Sammeln irgendwelcher Fundstücke – vor allem wenn man Kinder dabeihat). Und man sollte auch – selbst wenn es nicht schön ist – an mögliche Verletzungen denken. Gerade auf Pfaden hat man sich im Nu den Fuß vertreten. Eine elastische Binde kann dann Wunder wirken und zumindest den Weg zurück zum Ausgangspunkt ermöglichen. Einen Schnitt, einen Riss oder eine aufgeschürfte Stelle hat man sich auch schnell zugezogen. Hier sind Pflaster oder ein Verband und Desinfektionsmittel im Rucksack hilfreich. Empfehlenswert ist es auch, immer Blasenpflaster dabeizuhaben. Gegen Insektenstiche gibt es ebenfalls Abhilfen, etwa Geräte, mit denen man einen Stachel oder das Gift in der Stichstelle entfernen kann, oder Mittel und Salben, um den Juckreiz zu mildern.

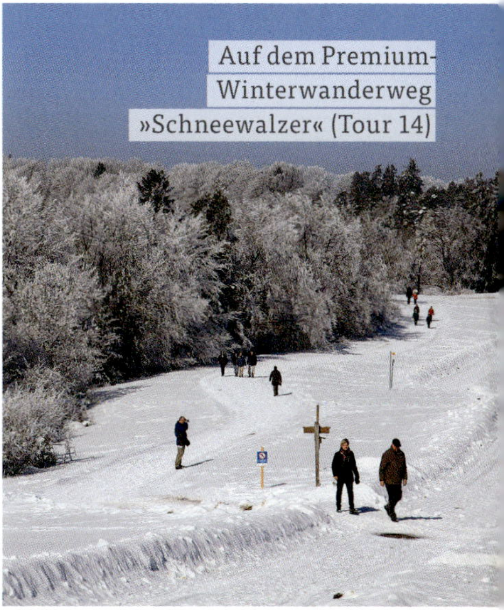

Auf dem Premium-Winterwanderweg »Schneewalzer« (Tour 14)

Im Wald – gibt es unterwegs Gefahren? Löwen, Tiger und giftige Spinnen treffen wir in unseren Wäldern zwar nicht an, aber es gibt ein paar Dinge, die in den letzten Jahren an Bedeutung gewonnen haben und über die man sich Gedanken machen sollte.

Waldgebiete sind immer auch Zeckengebiete. Und ein Zeckenbiss kann schwere Komplikationen verursachen, von einer Hirnhautentzündung bis hin zur Borreliose. Es empfiehlt sich dringend, geschlossene Kleidung zu tragen und die Hosenbeine in die Schuhe zu stopfen, um den Beißern die Angriffsflächen nicht gerade auf dem Silbertablett anzubieten. Nach der Tour sollte man sich absuchen, am besten sogar duschen, und bei Zeckenbissen in den nächsten Tagen auf Rötungen um die Bissstelle achten. Gegen Hirnhautentzündung kann man sich impfen lassen.

Gefahr besteht auch durch den Fuchsbandwurm, einen Parasiten, der auch den Menschen befallen kann. Geschädigt werden vor allem die Leber, manchmal

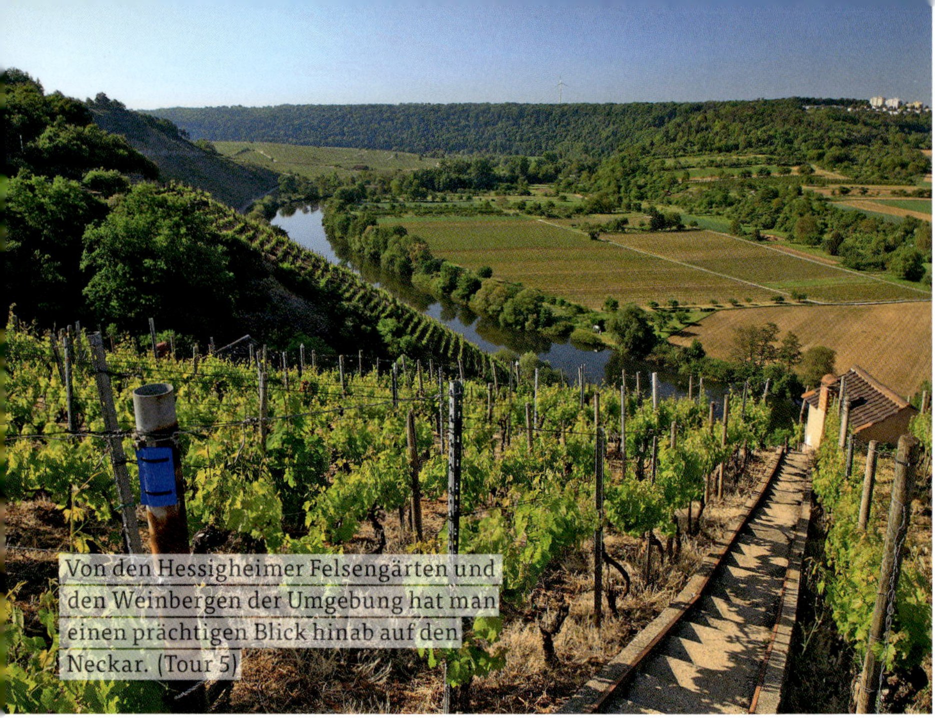

Von den Hessigheimer Felsengärten und den Weinbergen der Umgebung hat man einen prächtigen Blick hinab auf den Neckar. (Tour 5)

auch Lunge und Gehirn. Dass man befallen ist, wird oft so spät bemerkt, dass keine Hilfe mehr möglich ist. Vorsorgen kann man, indem man keine Beeren im Wald isst, zumindest keine in Bodennähe. Auch sein Vesperbrot sollte man nicht ins Gras legen. Händewaschen, wenn möglich unterwegs, auf jeden Fall aber daheim, ist hier angesagt.

Ursache für eine Erkrankung durch das Hantavirus sind oft Rötelmäuse bzw. deren Ausscheidungen. Sie werden beim Wandern zum Beispiel im trockenen Laub aufgewirbelt und der Erreger eingeatmet. Besonders hoch ist die Infektionsgefahr von April bis in den Herbst.

Tetanus (Wundstarrkrampf) kann man sich durch eine Verletzung (Stich, Biss, Schnittwunde) und die Verunreinigung der Wunde holen. Die meisten Menschen sind dagegen geimpft. Eine weitere Gefahr ist eine Blutvergiftung (Sepsis), die man sich ebenfalls durch eine Verletzung zuziehen und die unbehandelt zum Tod führen kann.

Besonders schön: mit Kindern unterwegs Kinder sind normalerweise begeisterte Wanderer, gibt es hier doch immer viel zu sehen, zu beobachten und zu spielen. Geht man mit Kindern zum Wandern, ist es immer sinnvoll,

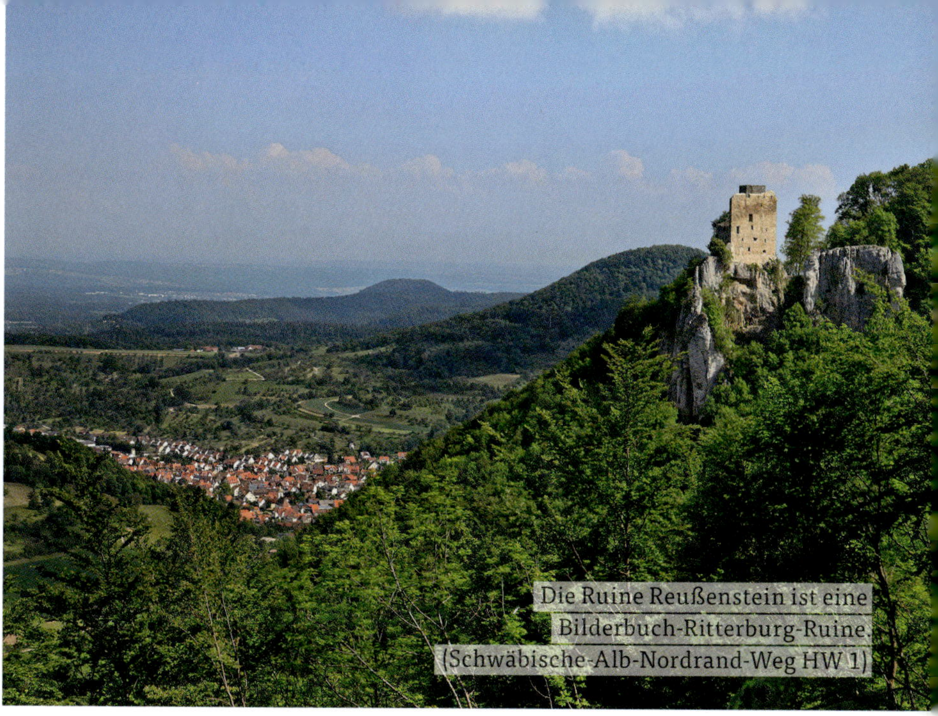

Die Ruine Reußenstein ist eine Bilderbuch-Ritterburg-Ruine. (Schwäbische-Alb-Nordrand-Weg HW 1)

etwas zum Transport von Fundstücken (Tannenzapfen, Samen, Versteinerungen etc.) dabeizuhaben. Schnur, Taschenmesser, Malsachen etc., bei kleineren Kindern auch Spielfiguren, machen eine Wanderung für den Nachwuchs interessant, sodass man zu einer Wiederholung vermutlich keine großen Überredungskünste braucht.

Orientierung ist wichtig Die im Buch abgebildeten Karten sind schon alleine sehr hilfreich. Dazu ist immer eine extra Wanderkarte empfohlen. Sehr nützlich sind auch Apps für das Smartphone. Gut geeignet finde ich hierzu die kostenlosen Apps MapsMe und PhoneMaps, die einem recht zuverlässig anzeigen, wo man sich gerade befindet. Auch mit Komoot habe ich gute Erfahrungen gemacht.

Anfahrt Bei jeder Tour ist sowohl der passende Parkplatz aufgeführt als auch die umweltfreundliche Anreise mit öffentlichen Verkehrsmitteln, also mit Bus oder Bahn.

Meist verlängert sich die Wanderung durch die Strecke vom Bahnhof oder von der Bushaltestelle jedoch ein wenig. Auskunft über die Verbindungen und Fahrpläne erhält man außer bei den regionalen Verkehrsunternehmen für ganz Baden-Württemberg hier: www.efa-bw.de.

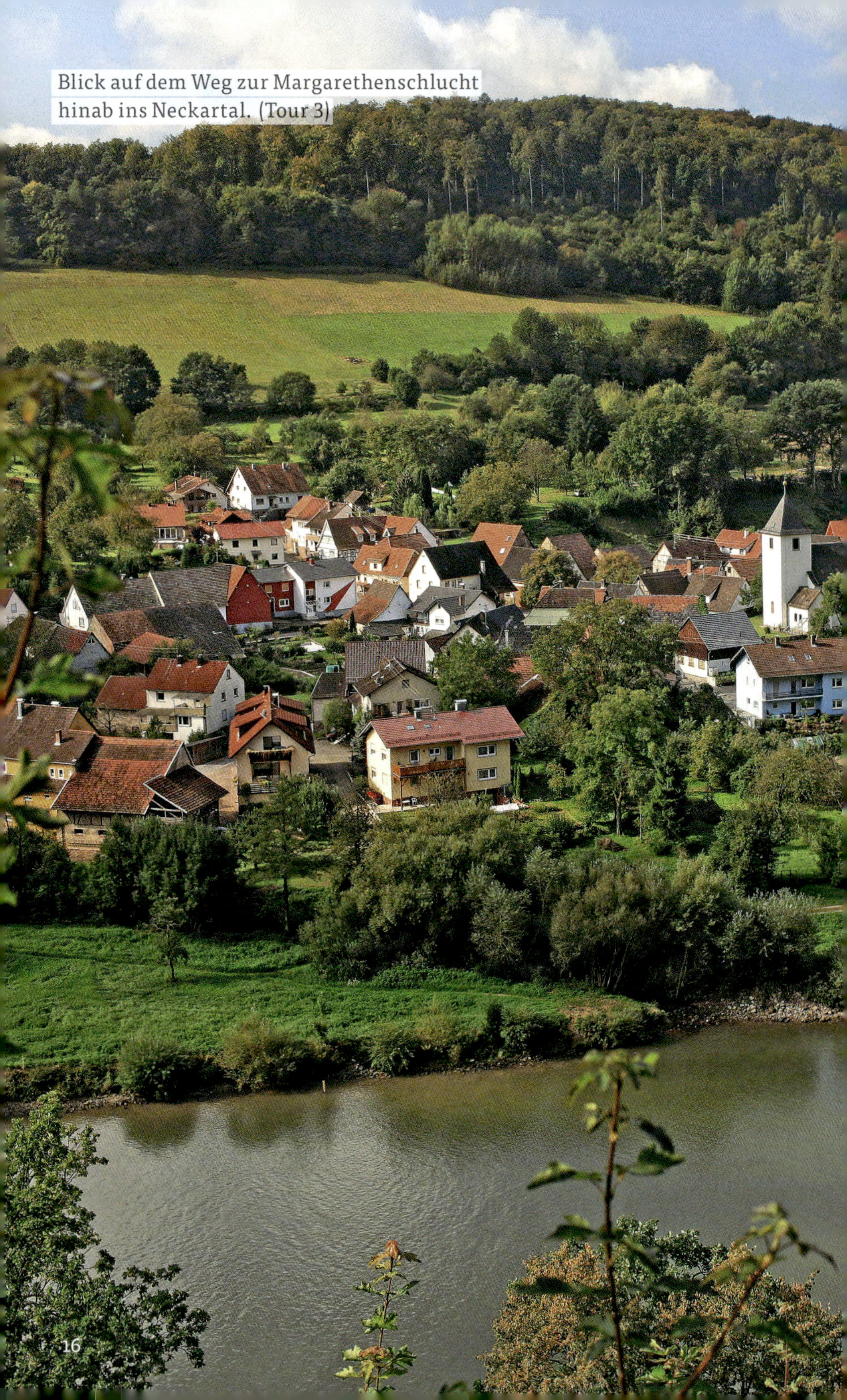

Blick auf dem Weg zur Margarethenschlucht hinab ins Neckartal. (Tour 3)

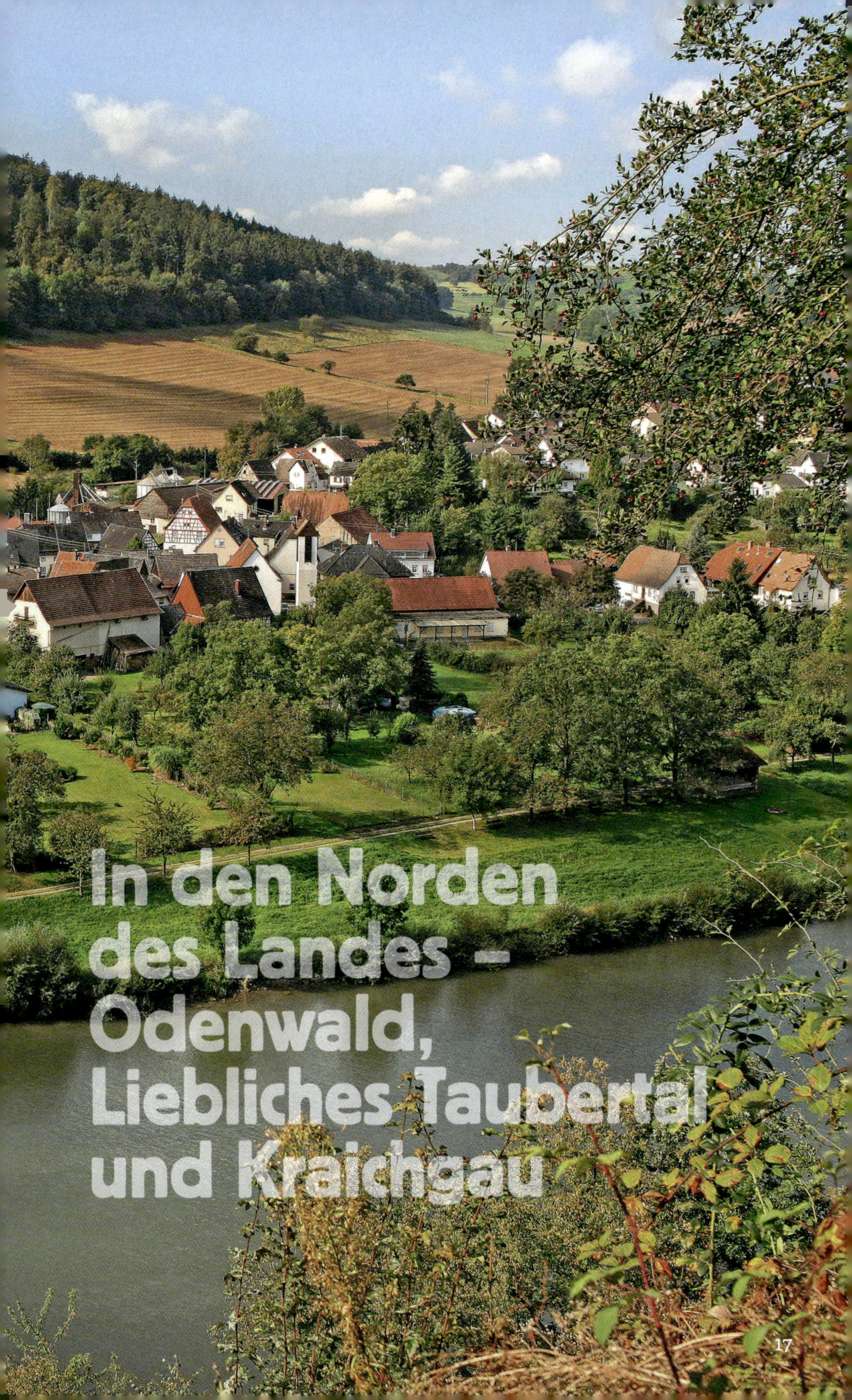

In den Norden des Landes – Odenwald, Liebliches Taubertal und Kraichgau

1 Mittel | 11,1 km | 140 Hm | 3 Std.

Von der »Brunnenstadt« Külsheim in die Weinberge

Aussichtsreich durchs Liebliche Taubertal

Im nicht umsonst sogenannten Lieblichen Taubertal gibt es viele markierte Rundwanderwege, die gut beschildert sind – der Weg »wasser.wein.weite« ist einer der schönsten davon. Das Wasser wird bereits gleich zu Anfang durch die Brunnen der Stadt abgehandelt, Wein erleben wir in Form von Weinbergen und mit Weite sind die herrlichen Aussichten gemeint.

✔ Darum einzigartig

Eine Pracht sind die weiten Weinberge, durch die man wandert, insbesondere die Weinberglage »Hoher Herrgott«. Hier können wir das prächtige Caravaca-Kreuz bewundern. Eine weitere Besonderheit erleben wir gleich zu Anfang der Tour, nämlich die vielen Brunnen, für die Külsheim bekannt ist.

Durch die Brunnenstadt Mit dem Schloss im Rücken halten wir uns rechts in Richtung »Roter Rain Hoher Herrgott«. Gleich darauf gehen wir nach rechts die Treppe hinunter zu dem prächtigen Brunnen und dem Fachwerkhaus. Dahinter behalten wir unsere Richtung bei. Wir wandern in der Hauptstraße auf den Brunnen und die Katharinenkapelle zu, danach spazieren wir geradeaus durch den Ort hindurch. An der querenden Straße (links Hardheimer Straße/rechts Bronnbacher Straße) geht es etwas nach rechts versetzt im Steinbacher Weg weiter.

Gleich darauf nehmen wir die rechts abgehende Pappelallee. Wo links die Straße Zentgraben abgeht, wandern wir geradeaus weiter. Nachdem rechts die Straße Unterm Weinberg abgegangen ist, biegen wir links ab. Nach der zweiten Holzhütte zweigen wir rechts ab und gehen auf einem unbefestigten Weg hinauf bis zu einer Bank mit dem Schild »Blick vom Galgenberg«. Hier halten wir uns rechts.

Zuerst durch Felder und Wald … Wir queren das Gebüsch und kommen zu einer Gruppe von Holzhütten. Das Zeichen weist uns nach links. Nach einer ausgeprägten Rechtskurve biegen wir scharf links ab. Nun geht es auf einem

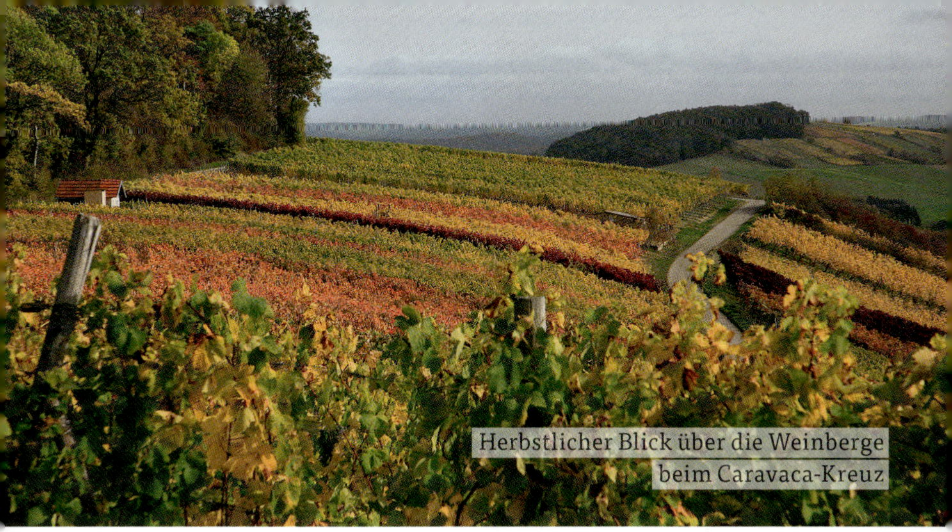

Herbstlicher Blick über die Weinberge beim Caravaca-Kreuz

Wiesenweg entlang des Dorzengrabens weiter. Wir dürfen nicht verpassen, dass wir nach einer Weile nach rechts verwiesen werden. An dem Gehölz vor dem Graben halten wir uns rechts und kommen zu einem Asphaltsträßchen. Nach links bringt es uns in die Ansiedlung Roter Rain.

An deren Ende bei dem Bildstock zweigen wir rechts ab. Es geht an einer Kapelle vorbei, danach wandern wir immer geradeaus am Waldrand entlang, bis wir auf ein Sträßchen treffen, das geradeaus in den Wald hineinführt. Wir müssen aber mit dem Zeichen nach rechts am Waldrand entlang durch die Schneise weiter. Später weist uns ein Schild nach links in den Wald. Kurz danach können wir nach rechts einen Abstecher zu keltischen Hügelgräbern machen, spazieren aber anschließend geradeaus weiter bis zu einem Forstweg. Ihm folgen wir nach rechts.

… danach in die Weinberge Kurz danach biegen wir rechts ab in den Steinbruchweg. Später halten wir uns an einer Verzweigung links in Richtung »Hoher Herrgott«. Es geht etwas bergauf, dann gelangen wir zum Waldrand, einer Schutzhütte und den davor liegenden Weinbergen. Auch hier haben wir wieder eine prächtige Sicht. Nun befinden wir uns in der Weinberglage »Hoher Herrgott«. Der Name steht in Zusammenhang mit dem im Weinberg stehenden Caravaca-Kreuz. Dieses Kreuz mit doppeltem Querbalken ist nach der spanischen Stadt Caravaca de la Cruz benannt, wo ein angeblich echter Partikel des Kreuzes Jesu in Form eines Jerusalemer Kreuzes verehrt wird. Die danach benannten Kreuze sollen vor Blitz, Hagel und Unwetter bewahren. Nun haben wir genau die Hälfte der Wanderung hinter uns.

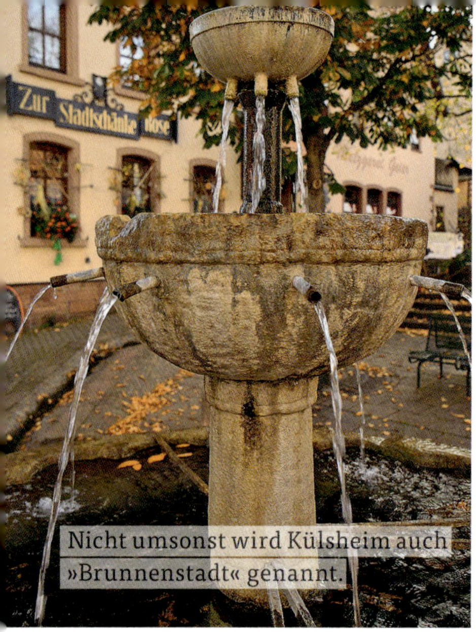

Nicht umsonst wird Külsheim auch »Brunnenstadt« genannt.

Wir biegen links ab und wandern weiter mit prächtigem Blick entlang der Weinberge, bis Wald und Weg rechts abknicken. Es geht hinab zu einem Sträßchen, wo wir uns links halten. Weiter entlang der Weinberge kommen wir bald in den Wald. Dort biegen wir scharf rechts ab. Nach dem Wald wandern wir entlang der unteren Grenze der Weinberge, bis ein Asphaltweg links abgeht. Am nächsten querenden Weg zweigen wir rechts ab.

Informationen zur Erdgeschichte Noch vor dem Wald biegen wir am Schild »Zeugenberg« links ab, danach noch einmal links und dann wieder rechts. Wir kommen zu einem Parkplatz mit dem Dinosaurierstein als Ausgangspunkt des Geologisch-naturkundlichen Wanderwegs. Hier biegen wir links ab, überqueren die Straße und folgen auf ihrer rechten Seite dem Weg. Etwas später werden wir nach rechts auf einen Wiesenweg verwiesen. Wir wandern nun eine Weile entlang von Weiden. Bald steigt es wieder etwas an und schließlich müssen wir nach links steil hinab zum Amorsbach gehen.

Am querenden Weg auf der anderen Seite des Bächleins halten wir uns rechts. Nach den ersten Häusern werden wir nach links bergauf verwiesen. Kurz darauf gehen wir auf einem Wiesenweg nach rechts weiter. Bald dürfen wir das nach links weisende Zeichen nicht verpassen. Wieder geht es kurz hinauf, dann wandern wir nach rechts weiter. Dieser Weg bringt uns direkt zum Schloss. Wir spazieren in die Anlage hinein, müssen aber das Schlossgebäude rechts umgehen, bis wir auf einer Treppe zum Parkplatz hinaufsteigen können.

✔ Nicht versäumen

Die 18 Brunnen in Külsheim sind einen Rundgang wert, dabei kann man sich auch einige bemerkenswerte Gebäude, die rebenumrankte Mariensäule, die als größter Bildstock in Franken gilt, sowie die Katharinenkapelle ansehen.

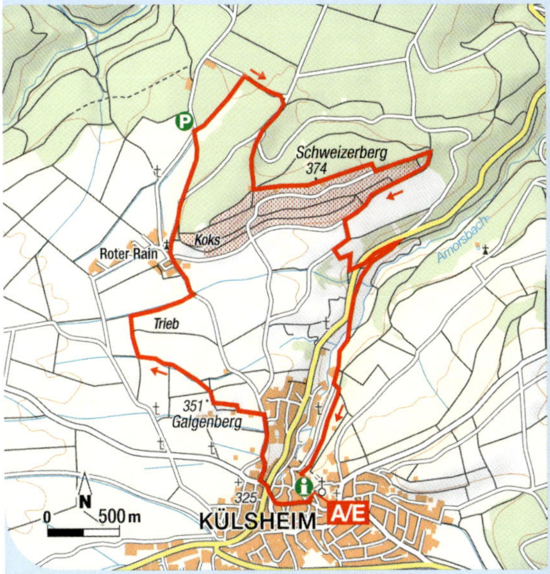

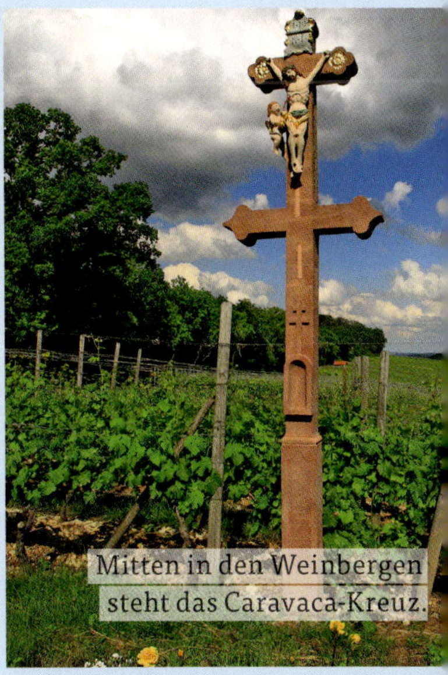

Mitten in den Weinbergen steht das Caravaca-Kreuz.

✔ Hier geht's lang

Ausgangs- und Endpunkt: Külsheim, Platz vor dem Schloss, Kirchbergweg, GPS: 49.670908, 9.522250

Tourencharakter: Die Wanderung verläuft auf festen Wegen sowie Pfaden. Das Zeichen des Wanderwegs LT6 ist fast an allen wichtigen Stellen zu sehen.

Karte: Freizeitkarte F512 Unteres Taubertal, 1:50 000, Landesamt für Geoinformation und Landentwicklung Baden-Württemberg (LGL)

Bahn/Bus: Bahn bis Tauberbischofsheim, weiter mit dem Bus

Auto: Auf der A81 bis Ausfahrt Tauberbischofsheim, dann vor dieser Kreisstadt links halten nach Külsheim. Dort findet man beim Schloss und bei der Kirche genügend Parkmöglichkeiten.

Einkehr: Bodenständige Küche bietet das Gasthaus zum Speer in Külsheim (www.gasthaus-zum-speer.de).

Information: www.kuelsheim.de, www.liebliches-taubertal.de

2 ● Schwer | 15,1 km | 320 Hm | 4.30 Std.

Rund um den Tauberberg

Das Liebliche Taubertal und seine Weinberge

Weikersheim ist sicherlich der kulturelle Höhepunkt dieser Tour. Eine Besichtigung des prächtigen Schlosses und des berühmten Schlossgartens ist unbedingt zu empfehlen, und auch sonst bietet sich die Stadt mit sehenswerten Häusern, Museum und Einkehrmöglichkeiten zu einem Aufenthalt an. Ansonsten wandern wir durch das treffend bezeichnete Liebliche Taubertal und über die Höhe.

✔ Darum einzigartig

Außer der herrlichen Taubertäler Landschaft sind Markelsheim und natürlich Weikersheim mit seinem Schloss gute Argumente für diese Tour.

Von Markelsheim nach Elpersheim Wir spazieren vom Bahnhof zuerst durch die dort abgehende Tauberbergstraße, später Hauptstraße, in den Ort hinein. Nach der Tauber wandern wir an einem Bildstock vorbei, im Ort selbst an sehenswerten Häusern. Vorbei an der links oben liegenden Kirche kommen wir zu einer Verzweigung vor dem Friedhof.

Nun biegen wir mit dem Zeichen des Württembergischen Weinwanderwegs links ab in die Rüsselshauser Straße. Nach dem links liegenden Wohngebiet und vor dem Flurkreuz zweigen wir links ab auf den Feldweg. Er bringt uns, erst hinab zu Fischteichen und über einen Bach, nach Elpersheim. Dort gehen wir bis zu einer Querstraße, in die wir links einbiegen.

Weiter nach Weikersheim Wir überqueren die Tauber und kommen zur L2251; hier befindet sich auch eine Bahnstation, wo man die Tour ebenfalls beginnen könnte. Wir halten uns auf der anderen Straßenseite rechts und folgen dem ansteigenden Weg, der gleich darauf links abzweigt.

Vor einer Hütte biegen wir mit den Wanderzeichen rechts ab und wandern hinauf bis zu einem Parkplatz. Hier werden wir nach rechts verwiesen. Der Feldweg zieht gleich darauf nach links; nun kommen wir an einigen landschaftstypischen Steinriegeln vorbei. Die Tour führt uns durch eine recht

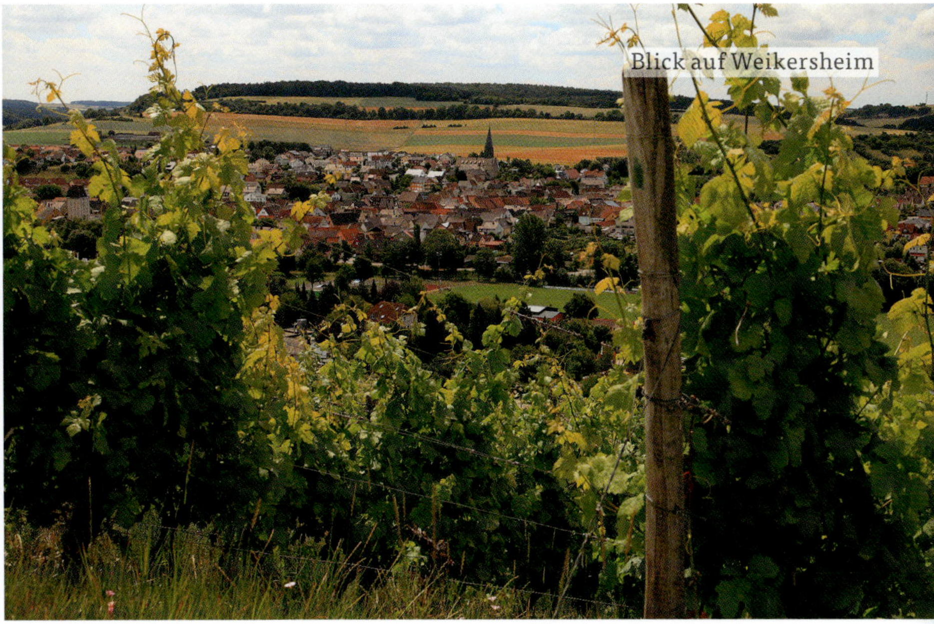

Blick auf Weikersheim

ursprüngliche Natur und bald haben wir auch einen schönen Blick hinab ins Taubertal und auf Weikersheim.

Der Weg fällt langsam ab bis zur Landstraße, die wir nach ein paar Wohnhäusern erreichen. Rechts sehen wir einen großen Parkplatz. Der Weg von hier ins Zentrum, zu Schloss und Schlossgarten, ist ausgeschildert. Wer übrigens Weikersheim lieber als Ziel dieser Wanderung planen möchte, weil er sich anschließend den alten Ort, das Schloss und den Schlossgarten ansehen will, beginnt die Tour statt in Markelsheim einfach hier.

Über den Wartturm und den Tauberberg Ansonsten folgen wir der Landstraße kurz nach links zum Kreisverkehr, dort zweigen wir scharf links ab in die Straße Am Schmecker. Jetzt steigt es eine Weile steil an. Zwischen den Weinbergen und den Baumwiesen folgen wir den Wanderzeichen nach rechts und wandern weiter aufwärts bis zum Wartturm. Gleich nach ihm biegen wir mit den Zeichen links ab auf einen Pfad, treffen bald wieder auf den breiten Forstweg und wandern geradeaus weiter. An einem querenden Weg bei einer dreieckigen »Verkehrsinsel« gehen wir hinter dem Querweg auf dem unbefes-

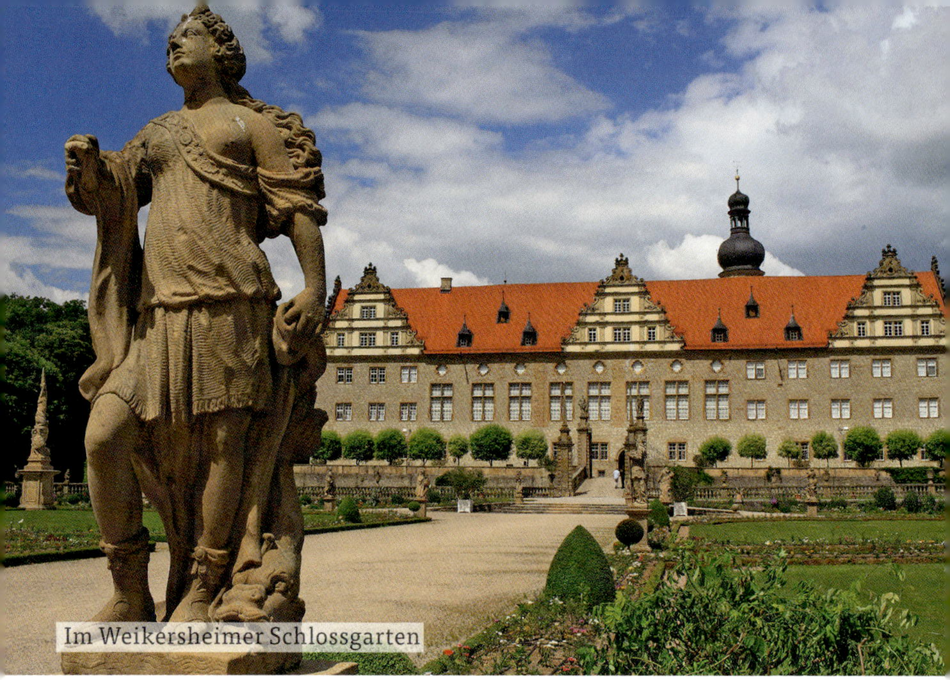

Im Weikersheimer Schlossgarten

tigten Weg durch den Wald des Winterbergs. Am Waldrand biegen wir rechts, kurz darauf links und am Asphaltweg am Waldrand noch einmal links ab. Nun geht es immer geradeaus weiter. Wir ignorieren den mit verschiedenen Markierungen rechts abgehenden Wanderweg und kommen in den Wald.

Jetzt wandern wir geradeaus und leicht fallend durch den Wald über den Tauberberg. Kurz vor dem Waldende fällt der geradeaus führende Weg steil ab, wir zweigen aber links ab. Gleich darauf nehmen wir das rechts abgehende Sträßchen. Nun haben wir einen schönen Blick auf Igersheim, die Ruine Neuhaus und Markelsheim. Wir wandern im Zickzack durch die Weinberge hinab zur L2251. Auf der anderen Straßenseite gehen wir entlang der Straße zurück zum Bahnhof von Markelsheim.

✔ Nicht versäumen

In Weikersheim kann man zwei Museen besuchen, das Stadtmuseum und vor allem das beeindruckende Tauberländer Dorfmuseum, in welchem man ins Hofleben vergangener Zeiten eintauchen kann.

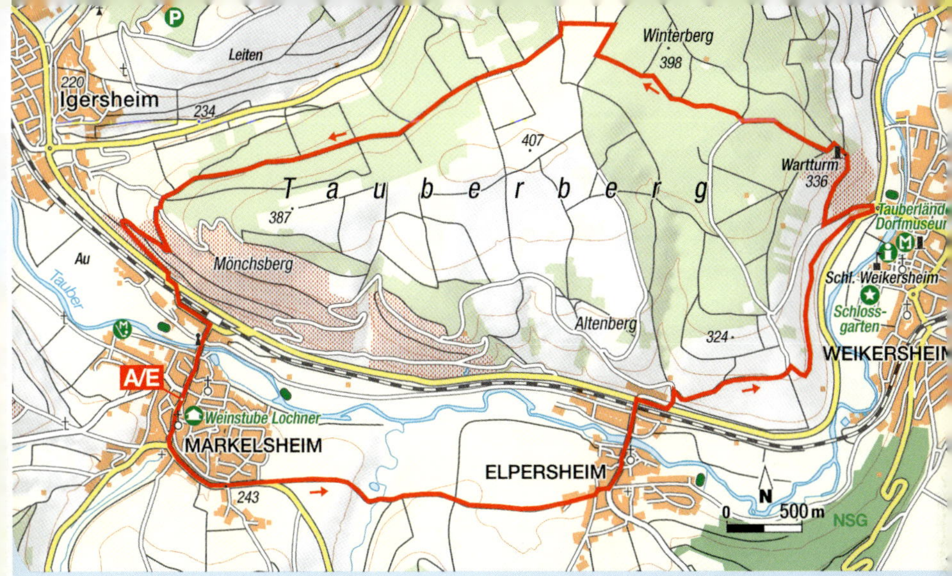

Hier geht's lang

Ausgangs- und Endpunkt: Bad-Mergentheim-Markelsheim, Bahnhof, GPS: 49.478080, 9.835329; Großparkplatz beim ehemaligen Frohnhof/Zehntscheune, heute Feuerwehrgerätehaus, am Nordende der Engelbergstraße, (GPS: 49.475375, 9.834811). Auch Elpersheim und Weikersheim bieten sich als Ausgangsorte an.

Tourencharakter: Wir wandern meist auf festen Wegen, ein Stück aber auch auf einem Naturpfad, der bei feuchtem Wetter recht schmierig sein kann. Die Wanderung ist als LT18 durchgehend markiert.

Karte: Wanderkarte W208 Bad Mergentheim, 1:25 000, Landesamt für Geoinformation und Landentwicklung Baden-Württemberg (LGL) in Zusammenarbeit mit dem Schwäbischen Albverein e. V.

Bahn/Bus: Bahnverbindung nach Markelsheim oder Weikersheim

Auto: A81 bis Ausfahrt Boxberg, weiter auf B292 und B19 über Bad Mergentheim

Einkehr: Gut isst man in der Weinstube Lochner in Markelsheim. Hier kann man auch übernachten (www.weinstube-lochner.de).

Information: www.bad-mergentheim.de, www.weikersheim.de, www.liebliches-taubertal.de

3 ● Schwer | 11,4 km | 290 Hm | 3.30 Std.

Durch die Margarethenschlucht

Eine (fast) alpine Tour im Odenwald

Eine der wildesten Schluchten nicht nur im Odenwald, sondern in ganz Baden-Württemberg, ist die Margarethenschlucht bei Neckargerach. Sie liegt zwar direkt oberhalb des eigentlich eher lieblichen Neckartals, hat es aber wegen ihres alpinen Charakters in sich. Davor haben wir ab und zu einen Tiefblick ins Neckartal und sehen zur Minneburg auf der anderen Talseite.

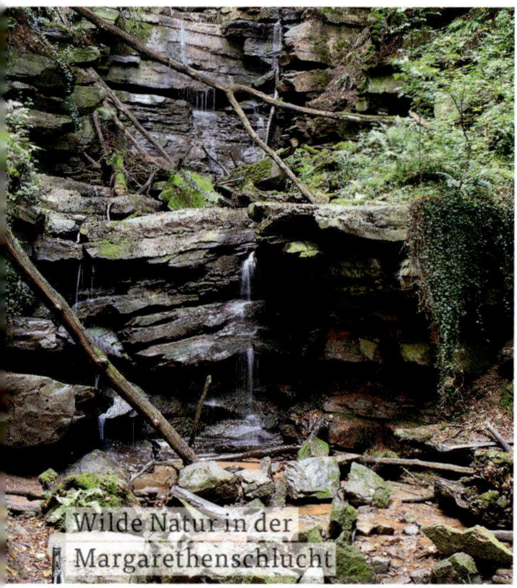

Wilde Natur in der Margarethenschlucht

✔ Darum einzigartig

Die Margarethenschlucht ist ein Stück wilde Natur, wie man es vor allem in den Alpen findet. Im nördlichen Baden-Württemberg gibt es kaum etwas Vergleichbares.

Hoch über dem Neckar An der Bahnstation überqueren wir die Gleise – man sollte hier die prächtigen Mammutbäume in der Treppenanlage beachten – zur Nordseite der Bahnstrecke. Hier werden wir schon nach rechts zur »Margarethenschlucht« verwiesen.

Nun geht es an Hausgärten und parallel zur Bahnlinie weiter. Nach dem Ort haben wir einen schönen Blick auf das Neckartal und zur Minneburg, die sich auf der anderen Neckarseite hoch oben auf dem Berg befindet.

Hinauf in alpiner Manier Schließlich kommen wir im Wald zu einer Hütte. Hier beginnt die Margarethenschlucht. Jetzt geht es nach links auf einem steilen und seilgesicherten Steig durch die Schlucht hinauf. Verlaufen kann man sich nicht, denn es gibt nur diesen Weg.

Nach dem wilden Teil der Wanderung oben angelangt, treffen wir auf ein querendes Sträßchen, dem wir nach rechts folgen.

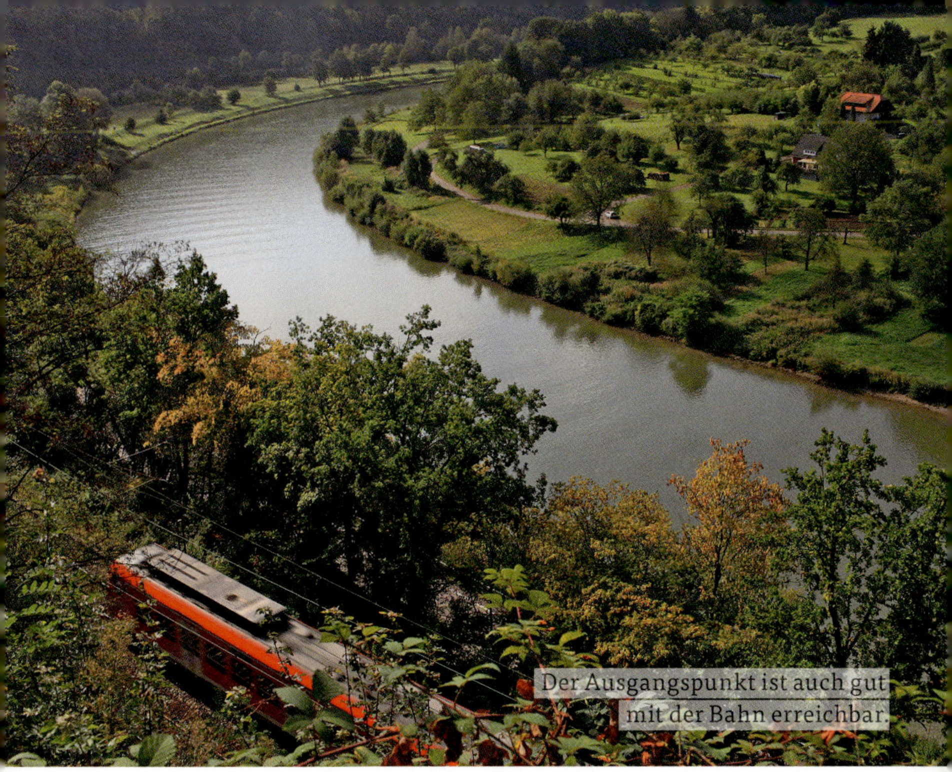

Der Ausgangspunkt ist auch gut mit der Bahn erreichbar.

Wir kommen an verschiedenen Höfen vorbei, die Zufahrtsstraße zieht erst nach links, dann nach rechts und nach dem letzten Haus wieder nach links. Nun spazieren wir links am Wald entlang zur Landstraße. Auf ihrer anderen Seite, etwas nach rechts versetzt und rechts neben dem Waldstück, gehen wir wieder in den Wald hinein. Dort biegen wir an einer Kreuzung links ab, verlassen den Wald und wandern durch die Wiesen und Felder abwärts auf Reichenbuch zu.

Zurück zwischen Feld und Wald Bald treffen wir auf einen Feldweg, dem wir nach rechts zur Landstraße folgen. Dort biegen wir links ab. Kurz danach nehmen wir den links abzweigenden, mit der roten Raute markierten Weg, der in den Wald hineinführt. Am Waldrand knickt er links ab. Wir überqueren bald eine Landstraße und treffen rechts des Sportplatzes auf den Wald, in den wir nach rechts hineingehen. An den verschiedenen Verzweigungen folgen wir mit der roten Raute immer dem abwärts führenden Weg. Schließlich knickt er rechts ab, etwas später bringt er uns nach links hinab zu einem Sträßchen bei der Laufertsmühle. Hier biegen wir mit dem Wanderzeichen, einem umgedrehten »T«, links ab.

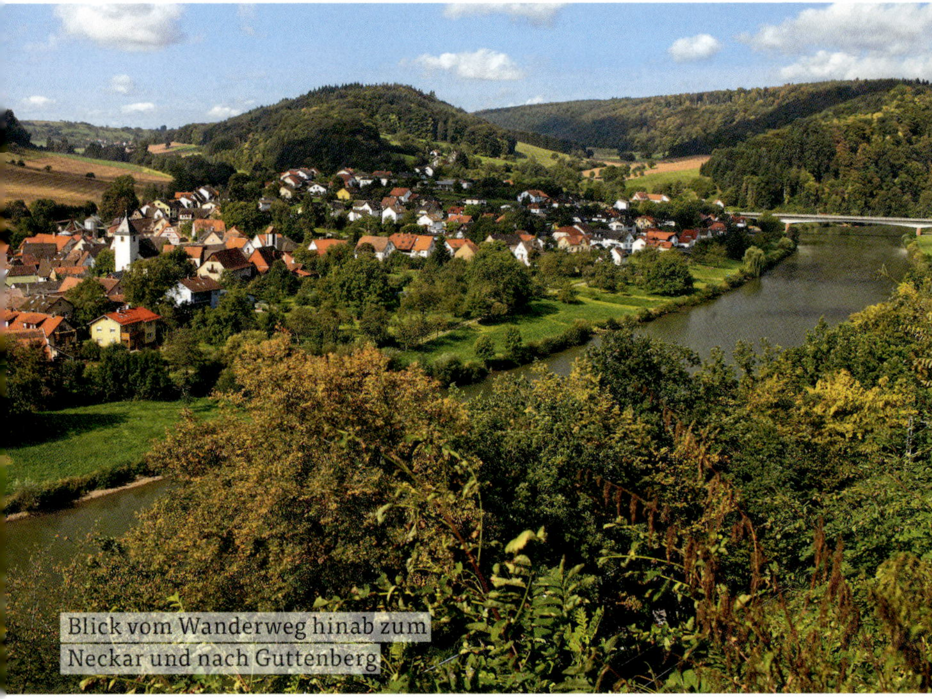

Blick vom Wanderweg hinab zum Neckar und nach Guttenberg

Kurz danach weist uns das Wanderzeichen nach links. Hinter einem idyllischen Waldsee, einer Hütte und einem Grillplatz steigen wir mit dem Wanderzeichen auf einem Pfad im Wald im Zickzack hoch bis zu einem querenden breiten Weg. Ihm folgen wir nach rechts.

Bald kommen wir zu den ersten Häusern von Neckargerach. Wir biegen vor der Schule rechts ab und gehen steil hinab zur Landstraße. Auf ihrer anderen Seite spazieren wir links des Spielplatzes hinab zur S-Bahn-Station.

✔ Nicht versäumen

Etwas Besonderes sind die Mammutbäume am Bahnhof, die bestens in die Architektur eingebunden sind. So schöne Exemplare dieses eigentlich aus Amerika kommenden Baumes sieht man selten.

✔ Hier geht's lang

Ausgangs- und Endpunkt: Neckargerach, Bahnstation, GPS: 49.398570, 9.074702, Ausweichparkplätze gibt es am Ortsanfang aus Richtung Mosbach oder beim Friedhof. Zuweg zur Bahnstation: Vom Ortsanfang folgen wir rechts von der Kirche dem schmalen Weg (Zeichen umgedrehtes »T«) in Richtung »S-Bahn«, gehen hoch zum Friedhof und zur Friedhofstraße und geradeaus weiter zur S-Bahn-Station.

Tourencharakter: Wir wandern meist auf festen Wegen und Pfaden, durch die Schlucht auf einem Steig. Der Abschnitt durch die Schlucht setzt fast alpine Erfahrung voraus. Man sollte trittsicher und schwindelfrei sein und berggeeignetes Schuhwerk anhaben. Eine Seilsicherung hilft beim Aufstieg und gibt Sicherheit. Bei Eis, Schnee und Regen nicht empfehlenswert.

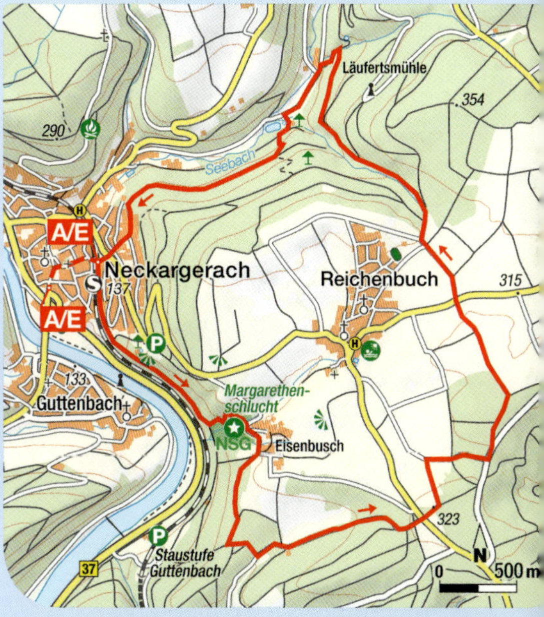

Karte: Freizeitkarte F514 Mosbach Buchen, 1:50 000, Landesamt für Geoinformation und Landentwicklung Baden-Württemberg (LGL)

Bahn/Bus: S-Bahn nach Neckargerach

Auto: Von Süden ab Neckarsulm auf der B27 und der B37, von Heidelberg auf der B37 und der B45

Einkehr: Gasthof Grüner Baum, Neckargerach, griechische Küche und Übernachtungsmöglichkeit (www.gruenerbaum-neckargerach.de).

Information: www.neckargerach.de

4 Mittel | 7,8 km | 110 Hm | 2.10 Std.

Über den Mannaberg nach Rauenberg

Weinberge und Aussicht

Weinberge, vor allem im Herbst, gehören zu den schönsten Landschaftselementen. Das merken wir an dieser Wanderung, denn sie führt uns fast ständig durch die sanft-hügelige Kraichgaulandschaft mit ihren weiten Weinbergen. Außerdem können wir uns an der weiten Aussicht über das »Land der 1000 Hügel« erfreuen.

✔ Darum einzigartig

Weinberge sind immer Gewähr für eine schöne Landschaft. Dazu kommt meist auch eine herrliche Aussicht, wenn man sich auf der Höhe befindet. Am schönsten ist es natürlich im Herbst.

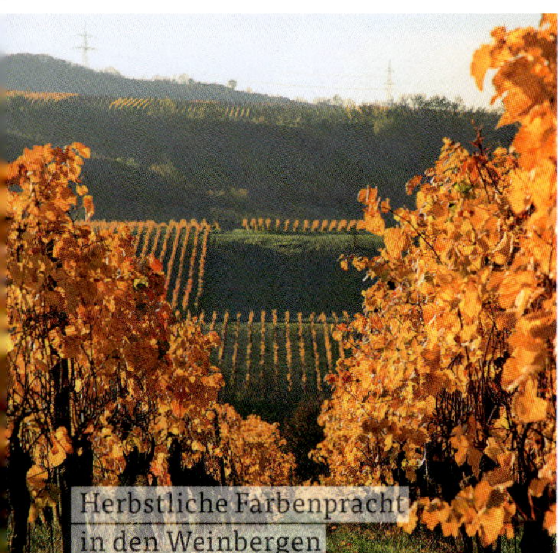

Herbstliche Farbenpracht in den Weinbergen

Durch die Weinberge Wenn wir vor dem Winzerkeller stehen, nehmen wir den Weg, der links an dem großen Gebäude vorbeiführt. Es steigt erst leicht an, dann folgen wir dem Wanderzeichen blaues »W« nach links.

Gleich darauf biegen wir vor einer Baumwiese rechts ab. Etwas später sind wir an einem Pavillon, dem Bussier Häusel. Hier finden wir die humoristische Skulptur des »Speedy Gonzales«; eine Erklärung, was es mit ihr auf sich hat, steht dabei.

Wir orientieren uns links und erreichen bald ein Wetterkreuz mit einer Andachtsstätte, die sich für eine erste Rast anbietet. Gleich danach folgen wir dem querenden Weg nach rechts. Er bringt uns zur Johann-Philipp Bronner-Hütte. Von hier aus hat man nicht nur einen prächtigen Blick über die Weinberge, sondern auch nach Rauenberg, das auf der anderen Talseite liegt.

Nun biegen wir links ab. Der Weg verläuft eine längere Strecke geradeaus und wir passieren einige Ruhebänke, das Drei-Länder-Eck (176,3 m), und vor einem querenden Weg ein ausdrucksstarkes Kruzifix. Nun biegen wir rechts ab und kommen vor die Autobahn. Hier geht es nach links weiter.

Hoch zur Kapelle auf dem Mannaberg Wo wir auf eine Straße treffen, halten wir uns rechts. Wir unterqueren die Autobahn und gehen nach der Brücke auf der linken Seite der Straße weiter. Diese Richtung behalten wir bei, überqueren die Straße Hasselbach und gehen weiter, bis uns nach eingezäunten Grundstücken und einem Gehölz das Wanderzeichen nach links weist.

Jetzt geht es hinauf zum Mannaberg. An der folgenden Kreuzung nehmen wir den nach links ansteigenden Weg. Oben angelangt, zieht er nach rechts, danach biegen wir an der nächsten Kreuzung links und gleich wieder rechts ab. Bald folgt ein u-förmiger Bogen, in dem wir um den Mannaberg wandern. Wo der Weg eine Linkskurve beschreibt, sehen wir links oben die Michaelskapelle. Zeit für eine Pause, vielleicht auch eine Andacht. Aussicht bietet sich uns hier leider nicht.

Hinab nach und durch Rauenberg Deshalb folgen wir mit dem blauen »W« dem rechten Weg bergab. Er bringt uns nach einer Linkskurve zu einem Querweg. Hier biegen wir rechts ab und wandern hinab nach Rauenberg. Dort halten wir uns in der querenden Dielheimer Straße rechts.

✔ Weitere Parkplätze

Die Parkmöglichkeiten am Winzerkeller sind begrenzt. Sollte man dort keinen Parkplatz finden, gibt es als Ausweichparkplatz noch den Parkplatz Angelbachtal/Tierpark Rauenberg (GPS: 49.265043, 8.709573), der die Wanderung unwesentlich verlängert. Er liegt am südlichen Ende der Bahnhofstraße in Rauenberg. Von ihm aus wandert man in der Bahnhofstraße nach Norden, biegt dann rechts ab in die Hauptstraße und links in die Dielheimer Straße. Oder man geht noch etwas weiter in der Dammstraße und hält sich dann rechts in die Diehlheimer Straße. Ihr folgt man kurz, bis von rechts der Kapellenweg einmündet. Dort geht man geradeaus weiter und wandert dann wie oben beschrieben die Runde; am Ende geht es auf bekanntem Weg wieder zurück zum Parkplatz Angelbachtal/Tierpark Rauenberg.

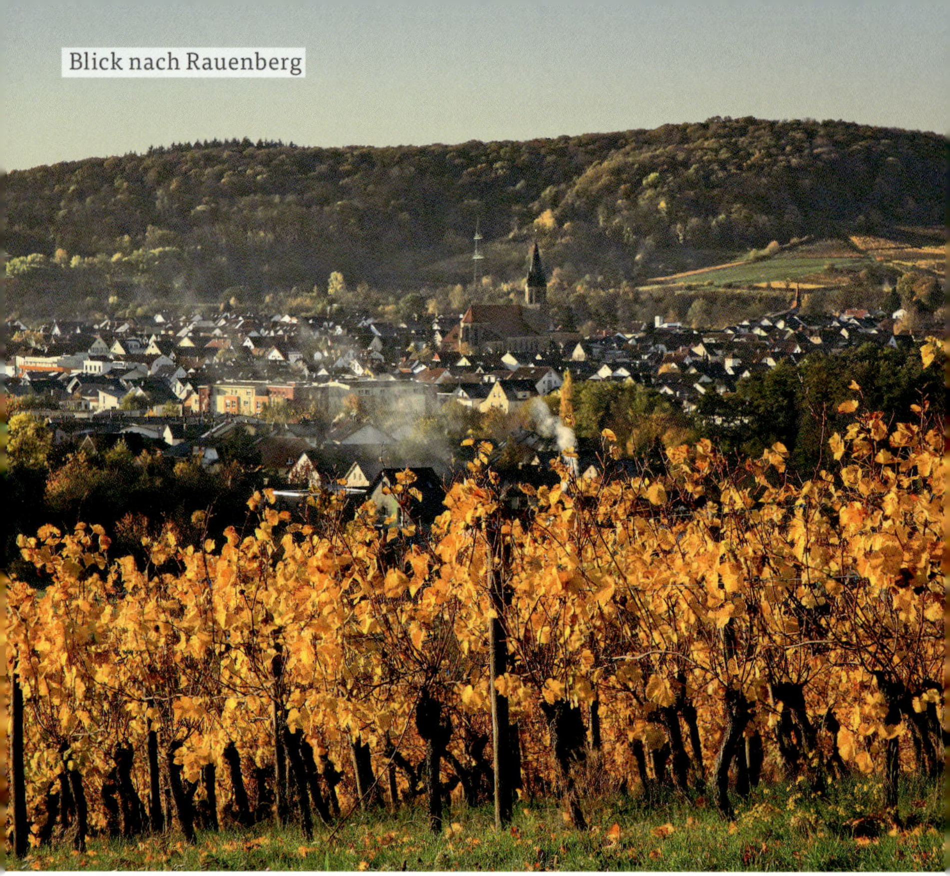

Blick nach Rauenberg

Bald erreichen wir einen Kreisverkehr. Hier geht es in der ersten Straße nach rechts in Richtung »Autobahn« weiter, nach wie vor in der Dielheimer Straße. Bald darauf vor dem Kruzifix von 1892 verzweigt sich der Weg. Nun wandern wir in der linken Straße Stockswiesen weiter. Bald folgt ein weiterer Kreisverkehr. Wir gehen geradeaus in der Straße In der Landschaft weiter, unterqueren die Autobahn und folgen dem Sträßchen. Nach einiger Zeit kommen wir zu der mächtigen Anlage des Winzerkellers. Wir wandern im Bögnerweg links an ihr vorbei. Nach den Gebäuden biegen wir rechts in die Straße Im Grassenberg ab.

✔ Nicht versäumen

Der Tierpark in Rauenberg liegt unweit der Wanderstrecke. Er ist für mitwandernde Kinder sicher ein interessantes Zwischenziel vor der letzten Etappe.

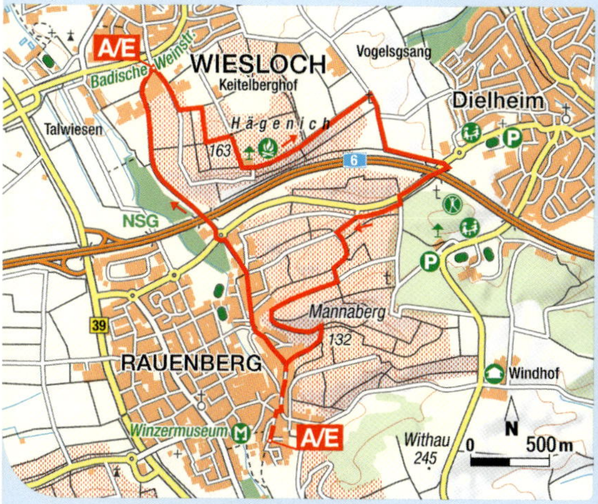

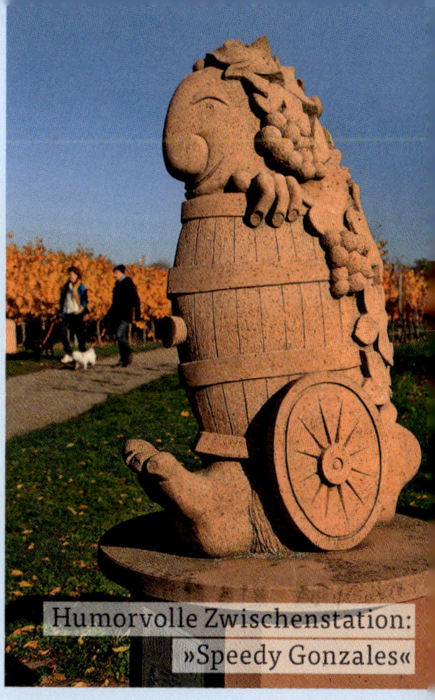

Humorvolle Zwischenstation: »Speedy Gonzales«

✔ Hier geht's lang

Ausgangs- und Endpunkt: Wiesloch, Winzerkeller, Bögnerweg, GPS: 49.285773, 8.699659

Tourencharakter: Die Wanderung verläuft auf festen Wegen, nur kurze Abschnitte sind unbefestigt. Sie ist überwiegend mit dem Zeichen »Blaue Traube in weißem Ring auf gelbem Grund« des Weinwanderwegs Mannaberg und dem blauen »W« des Weinpfads Kraichgau beschildert. Da die Beschilderung aber teilweise fehlt, muss man gut aufpassen.

Karte: Freizeitkarte F513 Mannheim Heidelberg, 1:50 000, Landesamt für Geoinformation und Landentwicklung Baden-Württemberg (LGL)

Bahn/Bus: Bahn bis Wiesloch-Walldorf, dann mit dem Bus nach Wiesloch oder Rauenberg

Auto: Auf der B3 bis Wiesloch

Einkehr: Gute deutsche Küche sowie Burgervariationen gibt es im Restaurant Linde in Rauenberg (www.altes-kino-rauenberg.de).

Information: www.wiesloch.de

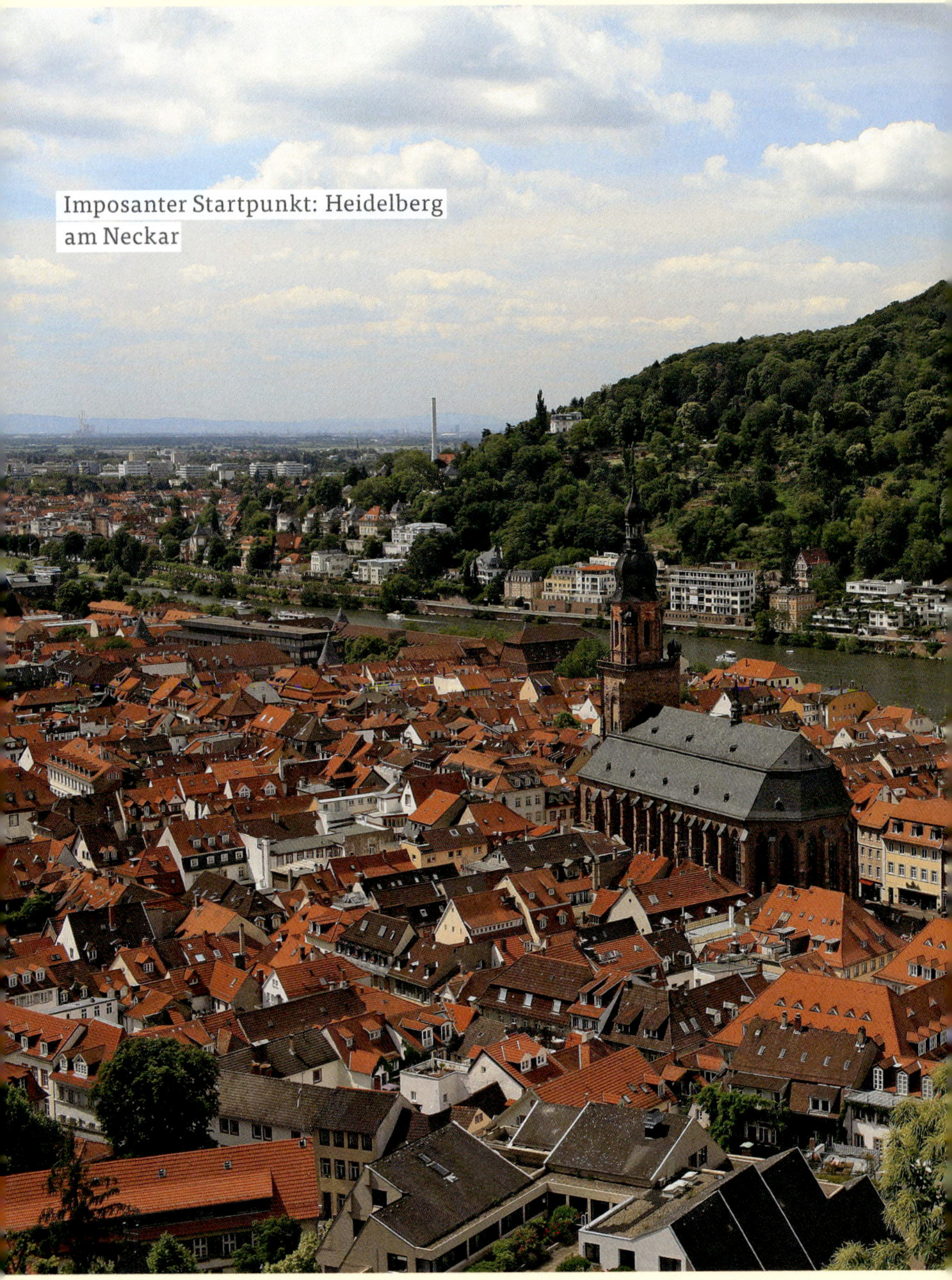

Imposanter Startpunkt: Heidelberg am Neckar

Der Neckarsteig

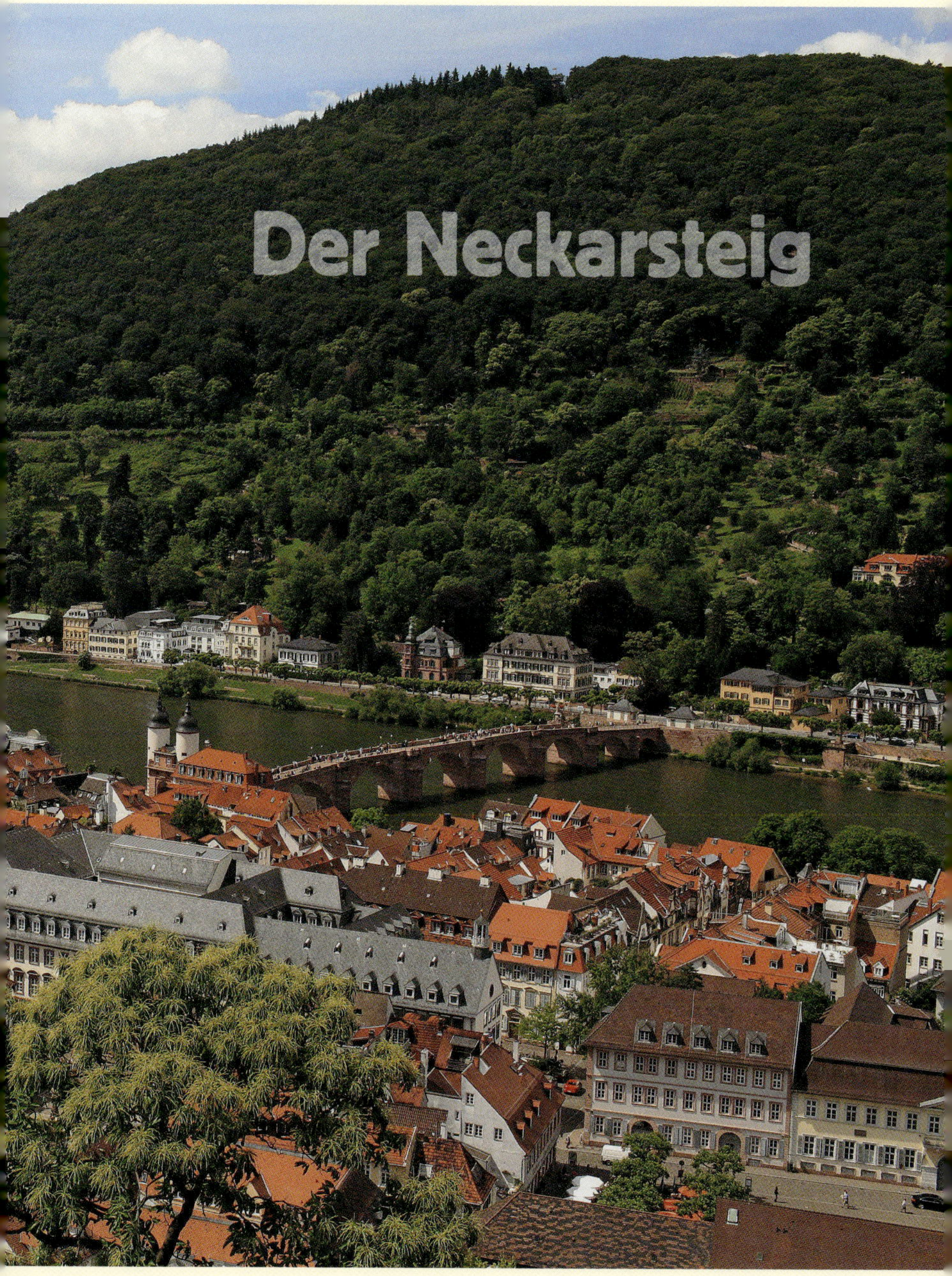

Der Neckarsteig

Von Heidelberg bis Bad Wimpfen

✔ Darum einzigartig

Die Streckenwanderung führt nicht nur durch die prächtige Landschaft des Neckartals mit Attraktionen wie der wilden und fast alpinen Margarethenschlucht, sondern berührt auch zahlreiche Städte und Orte, die zu den schönsten des Landes gehören. Genannt seien hier nur Heidelberg und Mosbach.

Der Neckarsteig wurde 2018 vom Wandermagazin zu Deutschlands schönstem Wanderweg in der Kategorie Routen gewählt. Das will etwas heißen! Und tatsächlich wartet dieser Weg nicht nur mit einer prächtigen Landschaft – von lieblich bis wild – auf, sondern auch mit Burgen, Städten, Kirchen und Museen.

Der Neckarsteig ist in neun Etappen aufgeteilt, die man nach eigenem Gusto variieren kann. Durch den gut ausgebauten öffentlichen Personennahverkehr lassen sich die Wanderungen als Ein- oder Mehrtagestour gestalten. Die erste Etappe führt von Heidelberg nach Neckargemünd. Hauptattraktionen dieser Strecke sind die Altstadt und das Schloss, der Aussichtspunkt Königstuhl, die Natursehenswürdigkeit Felsenmeer, die Burg Reichenstein und die Altstadt von Neckargemünd.

Auf der zweiten Etappe geht es von Neckargemünd nach Neckarsteinach. Dabei erwarten die Wanderer der Aussichtspunkt Bockfelsenhütte, der Tillystein, die Burgfeste Dilsberg und in Neckarsteinach die Neckarpromenade und die Altstadt.

Die dritte Etappe ist etwas anstrengender. Hier wandert man durch hessisches Gebiet von Neckarsteinach nach Hirschhorn. Besonders eindrucksvoll sind die Burgen bei Neckarsteinach, der Aussichtspunkt Goetheblick, der Hagedornweg, das Schaubild, der Bildstock »Rotes Bild«, das Freischärler-Grab, die Altstadt und das Schloss in Hirschhorn sowie die Neckarstaustufe mit Schiffsschleuse.

Die vierte Etappe führt von Hirschhorn nach Eberbach. Die Wanderer passieren die Hoppe-Hütte, den Rastplatz Steinerner Tisch, den Umlaufberg Tannenkopf, den Gretengrund und die Eberbacher Altstadt.

Danach wandert man in der fünften, wieder anstrengenderen Etappe von Eberbach nach Neunkirchen und passiert die Kulturlandschaft Breitenstein, den Aussichtspunkt Teufelskanzel, eine Staustufe, die Burgruine Stolzeneck, den alpin anmutenden Streckenabschnitt Wilder Waibelstein und Neunkirchen.

Die ebenfalls lange sechste Etappe bringt uns von Neunkirchen nach Neckargerach. Besonderes Augenmerk verdienen hierbei die Ruine Minneburg, die markanten Kerbtäler (Klingen), der Mittelberg mit seinem Umlauftal, die Orte Neckarkatzenbach, Guttenbach und Neckargerach sowie der Aussichtspunkt Linde.

Die siebte Etappe führt von Neckargerach nach Mosbach. Hier sollte man sich die Margarethenschlucht, die Flussschleife, die Ludolfs-Klinge, den Schreckberg-Pfad und die Buntsandstein- und Muschelkalk-Aufschlüsse ansehen.

Auf der achten Etappe wandert man von Mosbach nach Gundelsheim. Die Sehenswürdigkeiten dieser Strecke sind das Mahnmal der deportierten Juden Badens, die Burg Hornberg, die Fuß- und Radwegbrücke bei Haßmersheim, die Michaelskapelle, die Altstadt Gundelsheim und Schloss Horneck.

Auf der letzten Etappe geht es von Gundelsheim nach Bad Wimpfen. Hier wird man von der Burg Guttenberg, der Bergkirche Heinsheim und Schloss Heinsheim sowie der Staufischen Kaiserpfalz und der Altstadt von Bad Wimpfen erwartet.

● Schwer | km 1257 km | 4310 Hm Aufstieg | 9 Etappen

✓ Hier geht's lang

Ausgangspunkt: Heidelberg

Endpunkt: Bad Wimpfen

Tourencharakter: Die Wanderung verläuft bergauf und bergab entlang des Neckars und seines Hinterlandes. Leichte Etappen wechseln sich ab mit schwierigeren Wegabschnitten. Die Strecke ist in beide Richtungen markiert.

Information: www.neckarsteig.de

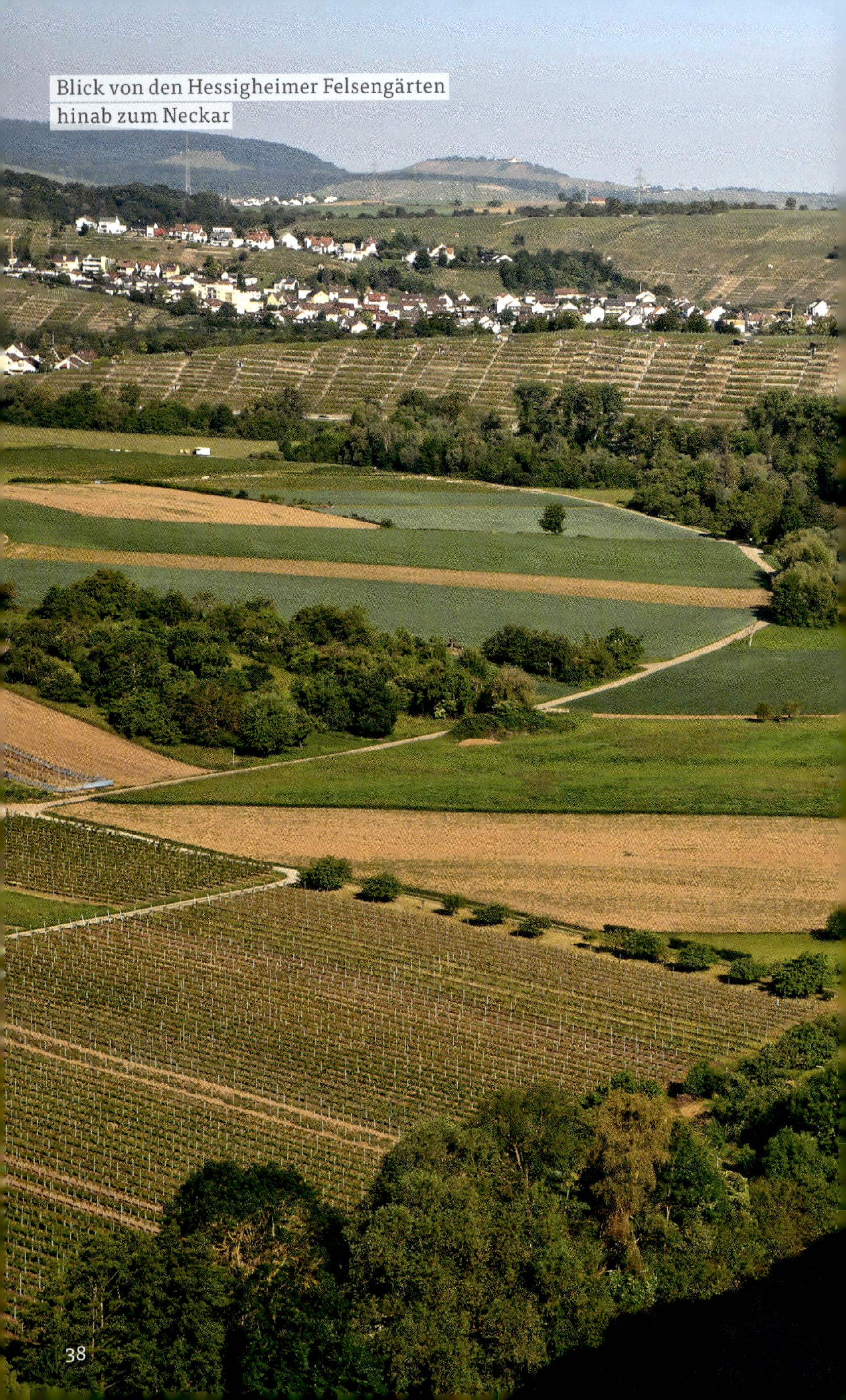

Blick von den Hessigheimer Felsengärten hinab zum Neckar

Rund um Stuttgart – im Zentrum des Landes

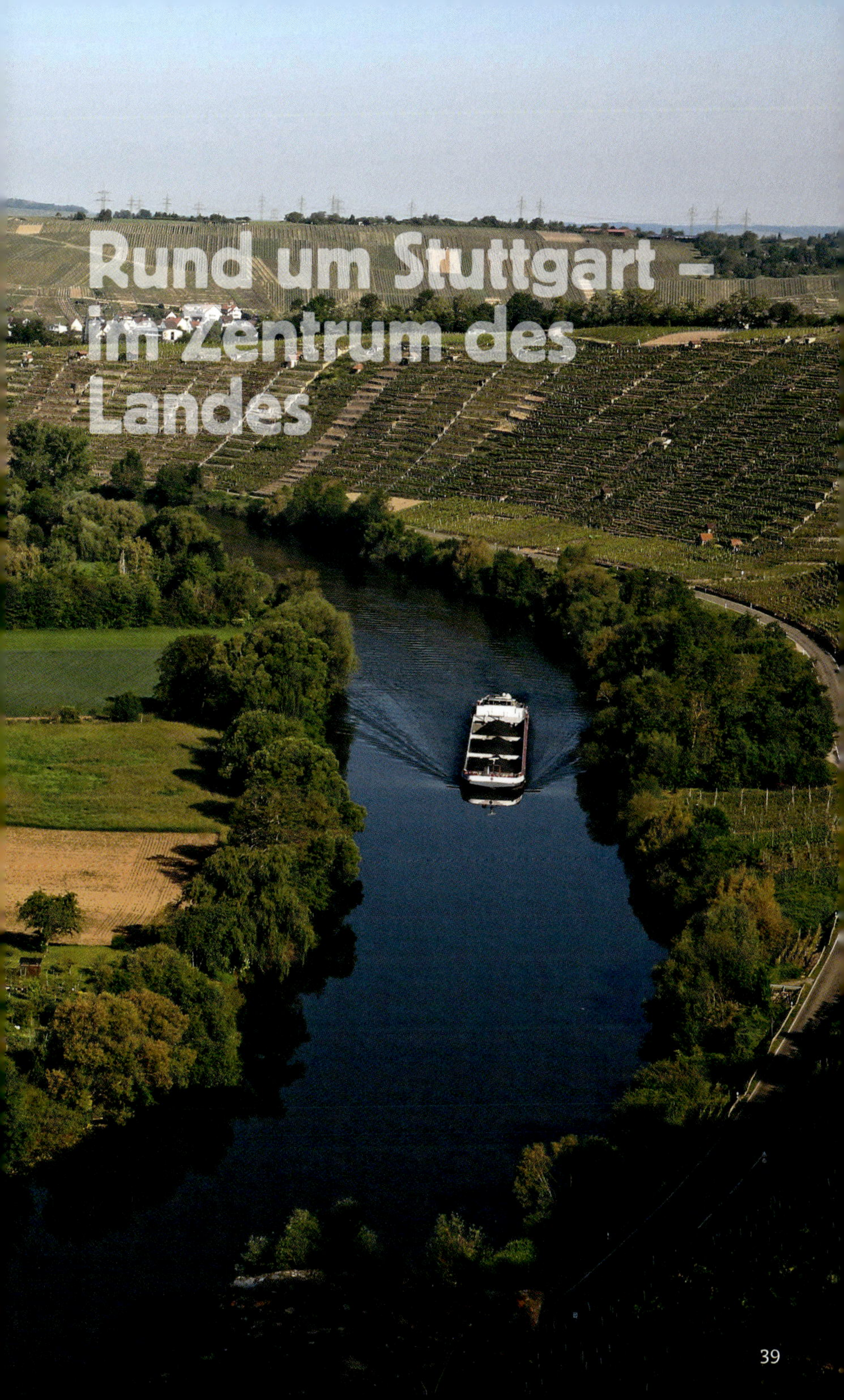

5 Mittel · 7 km · 140 Hm · 2 Std.

Hoch zu den Hessigheimer Felsengärten

Durch die »schwäbischen Dolomiten«

Die Hessigheimer Felsengärten sind bei Kletterfreunden beliebt. Wir wandern oberhalb dieser Natursehenswürdigkeit und haben einen prächtigen Blick hinab ins Neckartal und hinüber nach Besigheim. Die im Frühjahr blühenden Bäume, der gelbe Raps in den Feldern und die im Herbst bunt leuchtenden Weinberge zaubern herrliche Farbspiele.

✔ Darum einzigartig

Ein solch beeindruckendes Felsmassiv wie die Hessigheimer Felsengärten findet man in dieser Gegend nicht mehr. Wer noch Zeit hat, sollte sich nach der Wanderung die umliegenden Orte und Städte wie Hessigheim, Mundelsheim, Besigheim oder Bietigheim ansehen. Es sind wahre Fachwerkparadiese.

Hinauf zur Aussicht Wir parken auf dem Wanderparkplatz bei der Felsengartenkellerei; sie finden wir nach Hessigheim in Richtung Besigheim. Von dort folgen wir dem ansteigenden Weg in die Weinberge. Vor der Schranke werden wir nach rechts zu einer Treppe verwiesen. Auf ihr steigen wir hinauf zum oberen Rand des Steilabfalls. Nun gehen wir entlang der Kletterfelsen, die abgehenden Pfade ignorierend. An manchen Stellen fällt der Fels nahe am Wanderweg steil ab, hier muss man vorsichtig sein.

Nach den Felsen kommen wir an einem Denkmal für den Pfarrer Mayer vorbei, später mündet unser Pfad in den asphaltierten Weg. Ihm folgen wir nach rechts. Am nächsten Querweg orientieren wir uns links zu einem weiteren Querweg.

Nach den Weinbergen durch Felder und Wald Wir biegen mit den Wanderzeichen rechts ab, gleich danach links, noch einmal links und dann rechts und kommen so zur Landstraße. Hinter ihr halten wir uns mit den Wanderzeichen links. Gleich danach werden wir nach rechts, dann nach links verwiesen. An der folgenden Kreuzung biegen wir rechts ab. Der Asphaltweg knickt

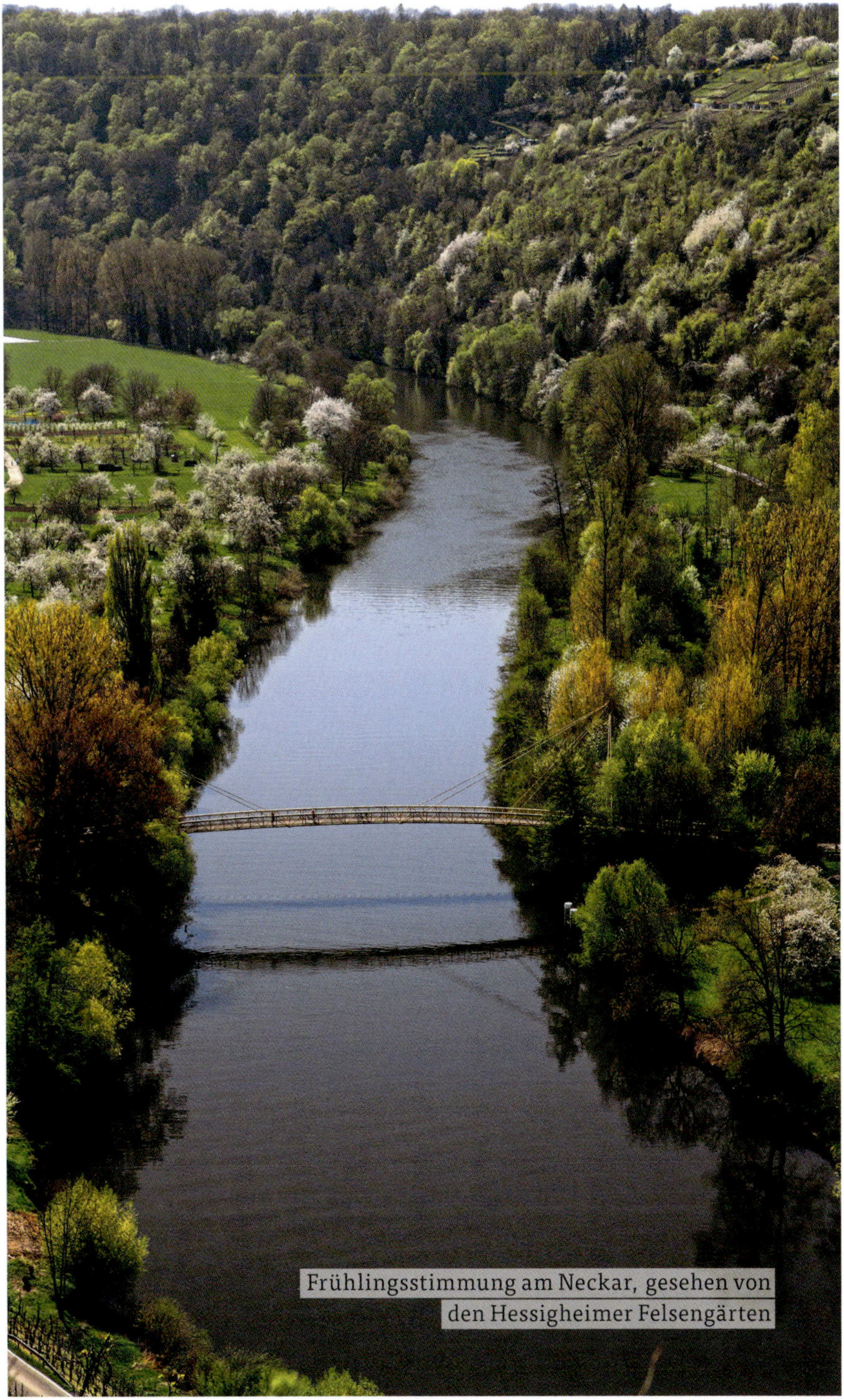

Frühlingsstimmung am Neckar, gesehen von den Hessigheimer Felsengärten

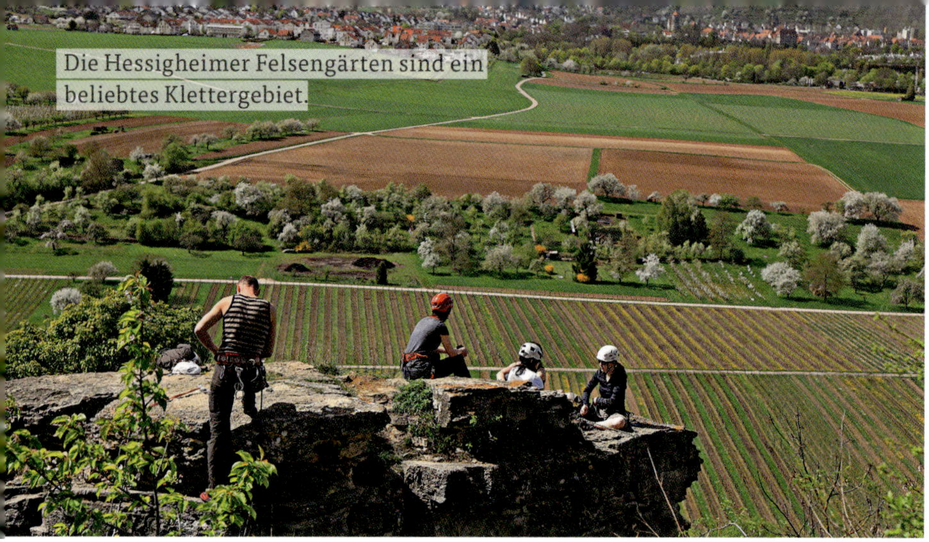

Die Hessigheimer Felsengärten sind ein beliebtes Klettergebiet.

gleich darauf rechts ab, kurz danach wandern wir am Waldrand entlang. Nach einem Rechtsknick orientieren wir uns im rechten Winkel links und kommen zu einem querenden Sträßchen rechts von der Ansiedlung Vogelsang. Wir halten uns rechts, am nächsten Querweg noch einmal.

Nun wandern wir am Fasanenhof vorbei, danach passieren wir einen steinernen Unterstand. Anschließend überqueren wir die Landstraße. Kurz darauf biegen wir in Richtung »Aussiedlerhöfe Im Fetzer Parkplatz Felsengärten« rechts ab und wandern bis zum Parkplatz. Hier orientieren wir uns links. Wer will, geht nach dem Parkplatz nach rechts zum Trauf und zu den Felsengärten und dort nach links auf bekanntem Weg hinab.

Wir können aber auch am Parkplatz geradeaus weitergehen. Am nächsten Querweg biegen wir rechts, dann gleich links ab. Nun spazieren wir hinab bis vor die ersten Häuser von Hessigheim. Hier halten wir uns rechts und kommen zur Felsengartenkellerei.

✔ Nicht versäumen

Ein Besuch und ein Einkauf in der Felsengartenkellerei lohnt sich immer. Für die Qualität ihrer Weine spricht, dass der Titel »Deutschlands beste Winzergenossenschaft« 2021 zweimal an die Felsengartenkellerei Besigheim vergeben wurde. Kommt man an einem Tag mit Verkauf, kann man die Weine hier verkosten und gleich seinen Weinvorrat im Keller auffüllen.

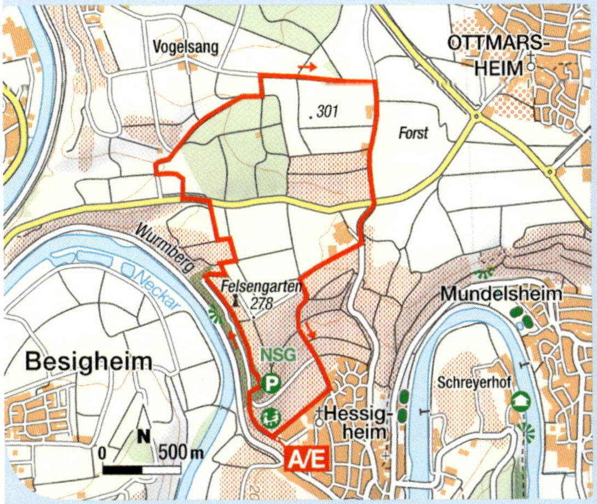

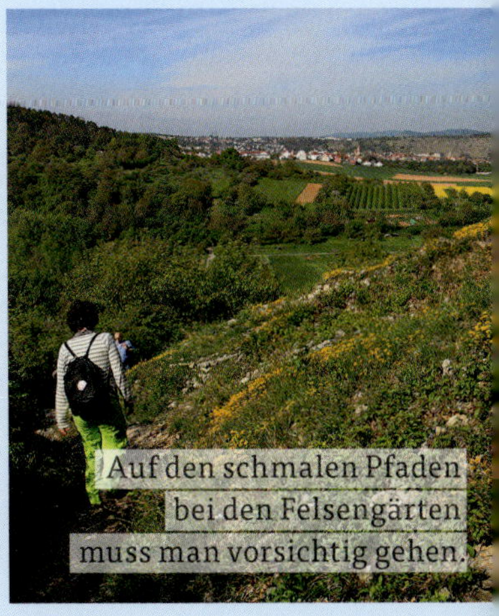

Auf den schmalen Pfaden bei den Felsengärten muss man vorsichtig gehen.

✔ Hier geht's lang

Ausgangs- und Endpunkt: Hessigheim, Felsengartenkellerei, Am Felsengarten, GPS: 48.995977, 9.179589

Tourencharakter: Wir wandern um die Felsengärten auf Pfaden. Hier muss man entlang der Felsen vorsichtig sein, Schwindelfreiheit ist von Vorteil. Ansonsten verläuft die Tour auf festen Wegen.

Empfohlene Karte: Freizeitkarte F517 Stromberg Heuchelberg, 1:50 000, Landesamt für Geoinformation und Landentwicklung Baden-Württemberg (LGL)

Bahn/Bus: Bahn bis Besigheim, weiter mit dem Bus

Auto: A81 bis Ausfahrt Mundelsheim, weiter auf der Landstraße

Einkehr: Keine; gehobene Küche gibt es im Gasthaus Ochsen im nahen Mundelsheim (www.ochsen-in-mundelsheim.de).

Information: www.hessigheim.de

6 | Mittel | 11,2 km | 250 Hm | 3.10 Std.

Über die Hörschbachwasserfälle nach Murrhardt

Es rauscht, strudelt und blubbert

Die beiden Hörschbachwasserfälle bei Murrhardt zählen zu den schönsten Natursehenswürdigkeiten im Naturpark Schwäbisch-Fränkischer Wald. Zum Abschluss der Tour sollte man noch einen Bummel durch das sehenswerte Murrhardt mit seinen Kirchen, dem Carl-Schweizer-Museum, der Städtischen Kunstsammlung und dem Naturparkhaus machen.

✔ Darum einzigartig

Bei der Wanderung zu den Murrhardter Wasserfällen ist alles drin, was den Schwäbischen Wald so beliebt macht: Außer den beiden Wasserfällen ist das natürlich ein urtümlicher Wald, eine kleine Ansiedlung, eine interessante Stadt und viel Natur.

Hoch zum Vorderen Wasserfall Wir folgen am Parkplatz der Blumstraße entlang des Sportplatzes bis zu der modernen katholischen Kirche St. Maria. Dort halten wir uns rechts in die Fritz-Ehrmann-Straße. Nach kurzem Anstieg biegen wir links ab in den Großgartenweg. Nach den letzten Häusern orientieren wir uns rechts in den Höhenweg. Nun wandern wir leicht auf und ab am Ortsrand entlang, teilweise zwischen Streuobstwiesen, Wiesen und Gartengrundstücken, bis zu einem Sträßchen. Ihm folgen wir nach links zum Waldrand.

Dort nehmen wir den links abgehenden Unteren Hörschbachweg in Richtung »Hörschbachwasserfälle«; er ist mit dem blauen Punkt markiert und zieht leicht nach oben. An einer Linkskurve zweigen wir rechts ab in Richtung »Vorderer Wasserfall«. Ihn erreichen wir nach einem kurzen Stück bergab.

Einfacher Weg zum Hinteren Wasserfall Anschließend überqueren wir oberhalb des Wasserfalls den Hörschbach auf einer Brücke. Jetzt haben wir zwei Möglichkeiten: Die einfache ist, dass wir hinauf zur Straße gehen und ihr am Parkplatz nach links folgen. Es steigt vorerst steil an, und knapp einen halben Kilometer später erreichen wir einen weiteren Parkplatz. Wir überqueren

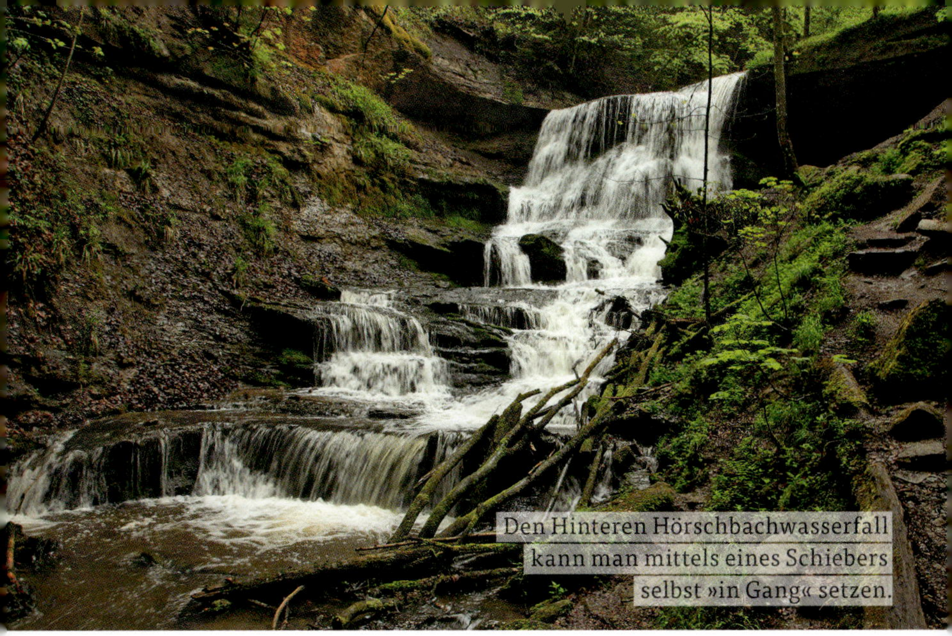

Den Hinteren Hörschbachwasserfall kann man mittels eines Schiebers selbst »in Gang« setzen.

ihn und wandern auf dem Forstweg geradeaus weiter. Es steigt immer wieder etwas an bis zu einer Abzweigung bei einem Felsaufschluss. Hier werden wir nach links zum Hinteren Wasserfall verwiesen.

Es empfiehlt sich, noch den steilen Steig hinab zum Fuß des Wasserfalls zu gehen. Gut ist es, wenn jemand oben die Stellfalle öffnet, denn dann sieht man den Wasserfall in seiner vollen Pracht. Etwas weiter links sehen wir auf der anderen Bachseite einen weiteren Wasserfall.

Es geht auch fast alpin Es gibt noch eine zweite, hochinteressante und eindrucksvolle Möglichkeit, zum Hinteren Wasserfall zu gelangen. Sie ist aber recht schwierig und erfordert fast alpine Erfahrung. Hierzu wandern wir rechts am Bach entlang. Bald stoßen wir auf einen vorübergehend guten, breiten Weg, dem wir nach links folgen. Er führt uns auf und ab neben und über dem Hörschbach. Nach dem Winter oder nach Unwettern können Teile des Weges zerstört sein, sodass die Wanderer sich neue suchen müssen. Es geht manchmal steil hinab zum Wasser, die erdigen Wege können rutschig sein.

Schließlich sehen wir links einen kleineren Wasserfall an einer Wand, der Wasserfall vor uns ist der Hintere Hörschbachwasserfall. Rechts von ihm steigen wir steil hinauf zu der kleinen Fläche, wo das Wasser des Baches in einem Becken gesammelt wird.

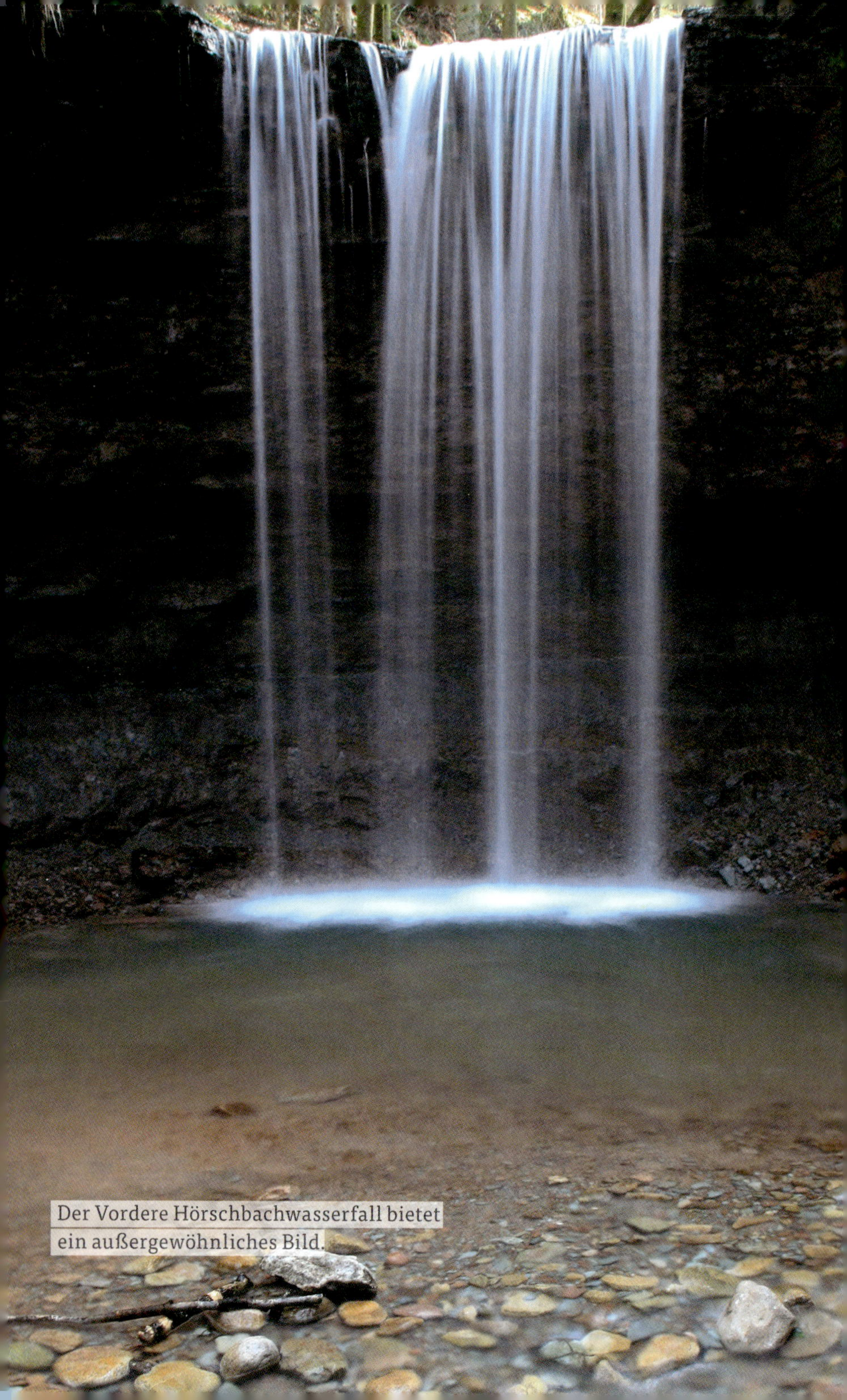

Der Vordere Hörschbachwasserfall bietet ein außergewöhnliches Bild.

Nach dem Wald durch Felder und Wiesen Nach dem Wasserfall wandern wir rechts des Baches weiter, ab jetzt sind die Wege wieder gut zu begehen. Kurz darauf knickt der Weg scharf links ab und wir steigen auf einer hühnerleiterähnlichen Holztreppe hinauf. Bald verlassen wir den Wald und stoßen auf einen breiten Weg. Ihm folgen wir nach links zur ehemaligen Hörschhofer Sägemühle. Nach dem Gebäude biegen wir links ab und kommen wieder in den Wald.

An einer Verzweigung vor einem Verkehrsschild gehen wir geradeaus weiter. Nach dem Wald wandern wir zwischen den Wiesen bis nach Waltersberg und in der Ansiedlung geradeaus, bis die Durchgangsstraße nach Haus Nr. 28 rechts abknickt. Wir halten uns aber links. Wieder durch Wiesen wandern wir zum Waldrand, wo wir links eine Gruppe von Mammutbäumen sehen; rechts des Weges am entfernt liegenden Waldrand ebenso.

Hinab ins sehenswerte Murrhardt Wir nehmen den am Waldrand rechts abgehenden Weg. Auf ihm wandern wir steil bergab, überqueren einen Forstweg und folgen nun einem Pfad bis zu einer Straße vor dem Friedhof. Dort biegen wir links ab. Kurz darauf können wir nach links in den Friedhof hineingehen. Dort sollte man sich die Walterichskirche ansehen.

Danach gehen wir zu dem Fachwerkhaus und vor ihm nach rechts hinab in die Parkanlage. Unten halten wir uns rechts zu der doppeltürmigen Stadtkirche. Wenn wir

✔ Tourencharakter

Bis auf eine Ausnahme wandern wir auf gut zu gehenden Wegen. Der Weg vom Vorderen zum Hinteren Wasserfall direkt am Bach entlang ist jedoch anspruchsvoll. Je nach Wetter an den Vortagen können Teile des Weges zerstört sein, grundsätzlich aber muss mit schwierigen Wegverhältnissen und Abrutschgefahr gerechnet werden. Man sollte diesen Abschnitt nur mit festem Schuhwerk und möglichst mit Wanderstöcken und alpiner Erfahrung begehen. Man muss damit rechnen, dass man stellenweise auch direkt im Wasser wandern muss. Sollte man dieses – natürlich interessante – Wegstück begehen wollen, ist es empfehlenswert, sich vorher in Murrhardt nach der Begehbarkeit zu erkundigen (Touristinfo, Tel. 07192/21 37 77). Wandert man nur auf den Forstwegen, gilt die Klassifizierung mittel, entlang des Bachbetts schwer.

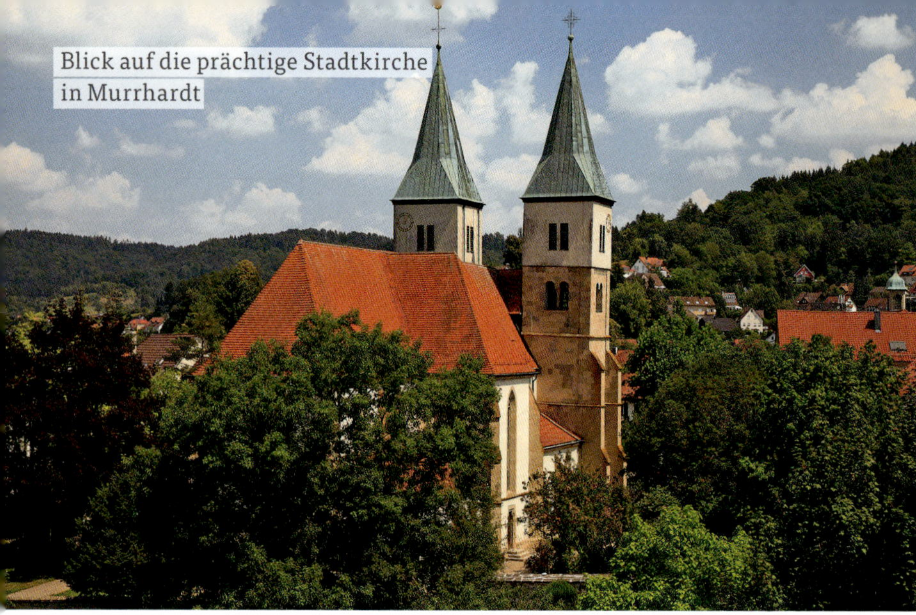

Blick auf die prächtige Stadtkirche in Murrhardt

links an ihr vorbeigehen, kommen wir zu der berühmten Walterichskapelle mit ihrer zum Glück außen angebrachten romanischen Bauplastik; man sollte sich auch den Bauschmuck auf der anderen Seite ansehen.

Wir gehen links der Kirche an den Fachwerkhäusern vorbei in der Kirchgasse zum Marktplatz. Er ist von prächtigen Häusern umgeben, man kann den Brunnen bewundern, einkehren oder das beim Rathaus liegende Naturparkhaus besuchen. Abschließend gehen wir nach links über den Marktplatz und biegen nach ihm in die Karlstraße ein. Sie geht bald in die Nägelestraße über, die uns zum Ausgangspunkt am Parkplatz oder auf bekanntem Weg zum Bahnhof bringt.

✔ Nicht versäumen

Das Carl-Schweizer-Museum zeigt die mitteleuropäische Tierwelt und Zeugnisse der Regional- und Ortsgeschichte. Kindern werden vor allem die vielen ausgestopften Tiere gefallen. In den Stadtgeschichtlichen Sammlungen werden Ausgrabungen und Exponate vom 8. bis zum 18. Jahrhundert gezeigt. Kunstfreunde sollte auf keinen Fall die kleine Walterichskapelle neben der ehemaligen Klosterkirche, heute Stadtkirche, versäumen, die auch von außen sehenswert ist: Hier sieht man herrliche, fein ausgearbeitete Steinmetzarbeiten mit fantastischen Tiergestalten, Pflanzenmustern und religiösen Darstellungen des Bösen und der Finsternis.

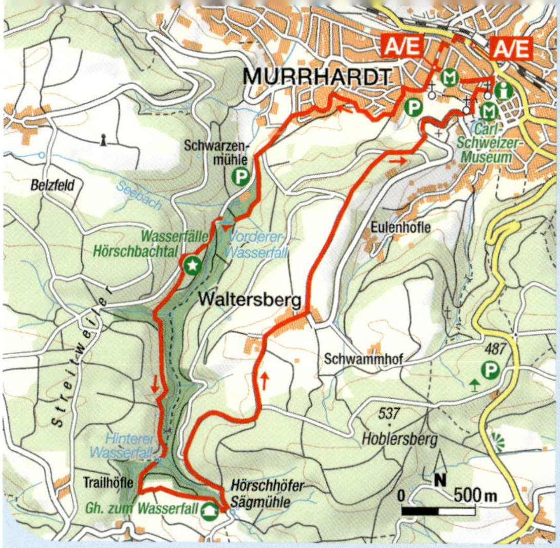

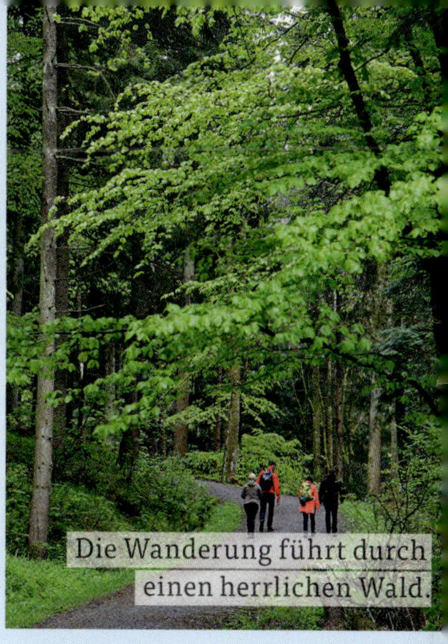
Die Wanderung führt durch einen herrlichen Wald.

✔ Hier geht's lang

Ausgangs- und Endpunkt: Murrhardt, Parkplatz zwischen Nägelestraße/ Blumstraße, GPS: 48.980973, 9.574386

Karte: Wanderkarte W219 Murrhardt, 1:25 000, Landesamt für Geoinformation und Landentwicklung Baden-Württemberg (LGL) in Zusammenarbeit mit dem Schwäbischen Albverein e. V.; Wanderkarte mit Radwegen Blatt 54-542 Backnang Murrhardter Wald (NaturNavi), 1:25 000

Bahn/Bus: Wer mit der Bahn kommt, geht am Bahnhof an der westlichen Parkplatzzufahrt hinab zur Durchgangsstraße (Bahnhofstraße). Etwas nach rechts versetzt können wir die Murr zu den Fachwerkhäusern überqueren. Nach diesen stoßen wir auf die Karlstraße. Wir halten uns rechts, dann biegen wir gleich links in die Blumstraße ab. Ab der querenden Nägelestraße gehen wir wie beschrieben weiter.

Auto: B14 bis Murrhardt

Einkehr: Im Hotel Sonne-Post werden unter anderem regionale – beispielsweise ein Naturparkteller – und internationale Gerichte mit mediterranem Touch, Burger im Brioche-Brötchen, Vegetarisches und Pasta geboten. Im Sommer lockt eine große begrünte Terrasse (www.hotel-sonnepost.de).

Information: www.murrhardt.de

7 | Leicht | 11,6 km | 80 Hm | 3 Std.

Zwischen Solitude und Bärenschlössle

Baummethusaleme im Rotwildpark

Der Stuttgarter Rotwildpark liegt zwischen Schloss Solitude und den Parkseen und zählt zu den schönsten Waldgebieten Stuttgarts. Unzählige markante und charaktervolle alte Baumgestalten sind hier zu finden. In der Mitte der Tour kommen wir zum Bärenschlössle, einer beliebten Einkehrmöglichkeit, danach zum Glemsbrunnen. Ein abschließender Abstecher führt zum Schloss Solitude.

✔ Darum einzigartig

Der Rotwildpark und die Parkseen, also die gesamte Gegend zwischen Schloss Solitude und dem Bärenschlössle, bieten eine derartig prächtige Natur mit wunderschönen alten Bäumen, Seen und natürlich den Schlössern, dass man sich wundert, so etwas in Großstadtnähe zu finden. Sie zählen deshalb nicht zu Unrecht zu den beliebtesten Ausflugszielen der Stuttgarter.

Ein Wald, wie es ihn selten gibt Wir gehen vom Parkplatz aus in den Wald, wo wir dem Bärensträßle immer geradeaus folgen. Nach wenigen Minuten queren die Pappelallee links und das Bernhardsbachsträßle rechts; wer will, geht hier kurz nach rechts, um sich das alte Schießhaus anzusehen. Auf der Pappelallee kommen wir am Ende der Tour von links hergewandert.

Jetzt behalten wir aber unsere Richtung bei. Es folgt eine weitere Lichtung mit Spielgeräten, Grillstelle, Tischen und Bänken und einer Schutzhütte. Danach erreichen wir das Forsthaus beziehungsweise die Wildmeisterei. Wir biegen rechts ab und gehen in der Sibyllengrabenallee hinab ins Tal des Bernhardsbachs. Nach dem Weiher quert ein Weg, dem wir nach links folgen.

Nun wandern wir entlang des Bärensees. An seinem Ende muss man sich entscheiden: Will man nur eine kurze Wanderung machen, biegt man hier links ab und geht über den Damm, danach auf der Treppe oder sanfter ansteigend auf dem nach rechts ziehenden Fahrweg hinauf zum Bärenschlössle.

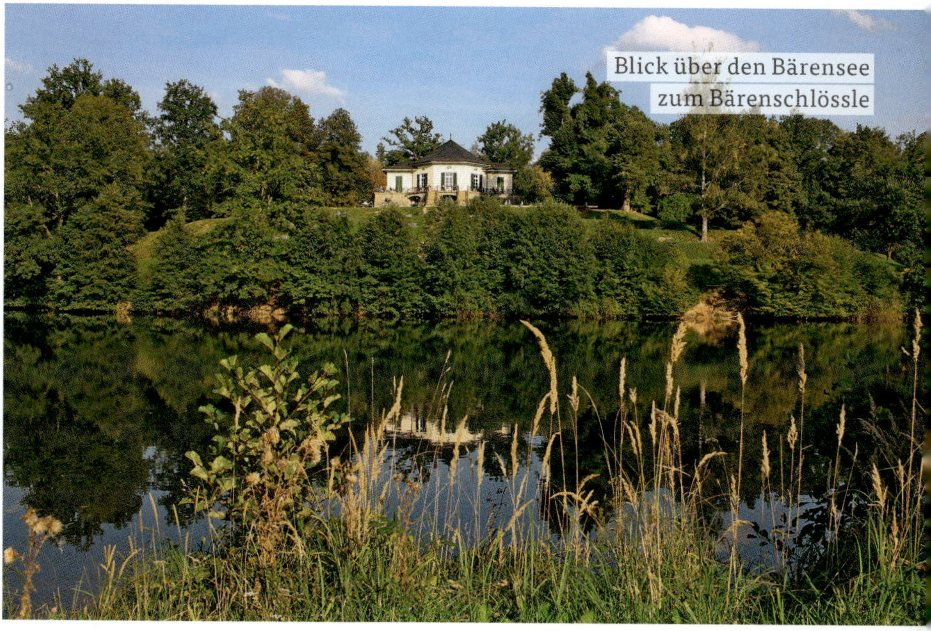

Blick über den Bärensee zum Bärenschlössle

Entlang der nächsten Seen Wer länger wandern will, folgt dem Weg rechts entlang des Neuen Sees. An dessen Ende kann man auf dem Damm nach links gehen und sich dann links halten. Bald ist man auch hier am Bärenschlössle angelangt. Noch ein Stück länger ist es, wenn man auch am folgenden Pfaffensee entlangmarschiert und an dessen Ende auf die andere Seite geht. Nun folgt man den beiden Seen auf der Nordseite bis zum Damm zwischen Bären- und Neuem See. Es geht wie beschrieben nach rechts hinauf, danach nach links zum Bärenschlössle, wo man einkehren kann und im Winter eine warme Stube findet.

Vorbei am Hirschgehege zum Ausgangspunkt Vor dem Bärenschlössle biegen wir rechts ab auf den Königweg, der links der Wiese in den Wald führt. Mit leichtem Auf und Ab bringt er uns zu einer großen Lichtung. Hier sehen wir rechts den Glemsbrunnen und vor uns das Hirschgehege. Jetzt wandern wir im Hirschgehegerundweg links am Futterhaus vorbei und folgen der Einzäunung. Vielleicht sehen wir auch einen der Hirsche. Bald treffen wir auf die Pappelallee, der wir nach links folgen.

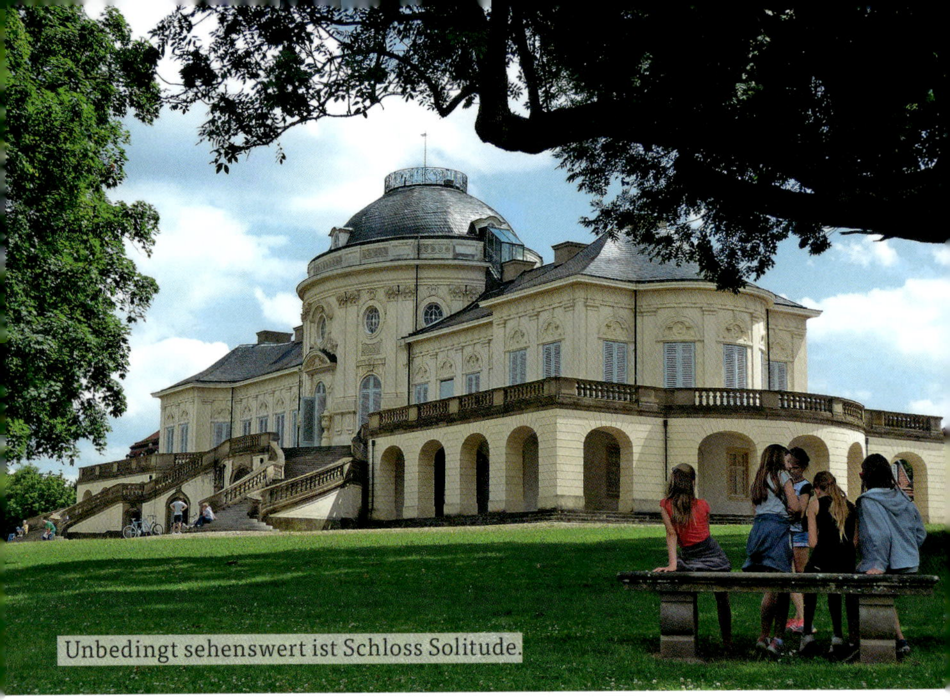
Unbedingt sehenswert ist Schloss Solitude.

Am Ende einer großen Lichtung stoßen wir wieder auf das Bärensträßle, auf dem wir nach rechts zurück zum Ausgangspunkt wandern.

Ausklang am Schloss Solitude Wer Zeit und Lust hat, kann jetzt noch das Schloss Solitude aufsuchen. Dazu geht man vom Parkplatz aus geradeaus nach Norden, überquert die Wildparkstraße und spaziert bis zum rechts liegenden Solitudeparkplatz. Dort biegt man links ab und wandert durch die Solitudeallee bis zum Schloss. Zurück geht es auf demselben Weg.

✔ Nicht versäumen

Schloss Solitude ist ein kleines, aber außergewöhnlich prächtiges Schlösschen, das sich Herzog Carl Eugen hier in der (damaligen) Einsamkeit 1763 bis 1767 als Maison de Plaisance im Rokokostil erbauen ließ. Eine Besonderheit: In Richtung der zwölf Kilometer entfernten Residenz in Ludwigsburg sieht man die Solitudeallee, die der Herzog schnurgerade bis zu seinem dortigen Schloss erbauen ließ. Sie war einst die Grundlage der württembergischen Landvermessung. Das Schloss kann besichtigt werden, u.a. mit Themenführungen. Wer Zeit hat, sollte sich dieses Erlebnis gönnen.

✔ Hier geht's lang

Ausgangs- und Endpunkt: Stuttgart, Parkplatz Solitudetor, GPS: 48.777708, 9.089920.

Tourencharakter: Wir wandern auf geschotterten Waldwegen. Der Abstecher zur Solitude ist 2,7 km lang und nimmt etwa 40 Min. Zeit in Anspruch.

Karte: Wanderkarte W228 Stuttgart, 1:25 000, Landesamt für Geoinformation und Landentwicklung Baden-Württemberg (LGL) in Zusammenarbeit mit dem Schwäbischen Albverein e. V.; Wanderkarte mit Radwegen Stuttgart Südwest Blatt 50-539, 1:25 000, NaturNavi.

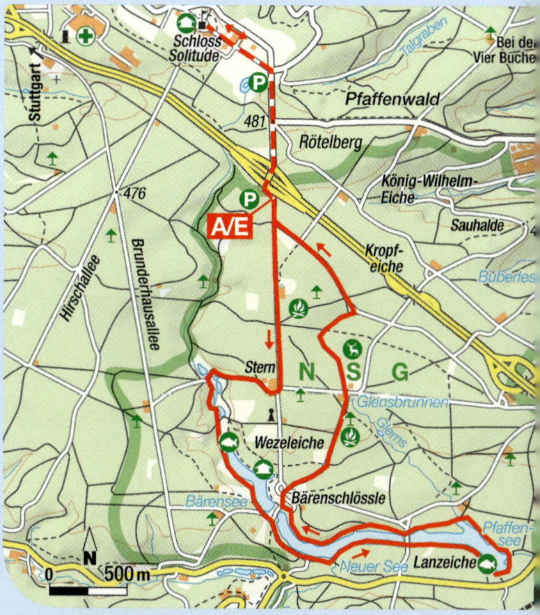

Bahn/Bus: Vom Hauptbahnhof oder der Rotebühlstraße mit dem Bus bis zur Haltestelle Forsthaus II

Auto: Über die A831, die B14 und den Schattenring oder aus Richtung Stuttgart über die Rotenwaldstraße zur Wildparkstraße in Richtung Leonberg. Weiter zum Abzweig zur Solitude. Der Parkplatz liegt südlich der Wildparkstraße.

Einkehr: Das Bärenschlössle ist ein beliebtes Ausflugsrestaurant mitten im Wald, oberhalb des Bärensees mit prächtigem Blick auf den See und die Hirschwiese. Es gibt Tagesgerichte, die Wildgerichte stammen i.d.R. aus der Jagd vor Ort (www.baerenschloessle-stuttgart.de).

Information: www.stuttgart-tourist.de

8

Leicht | 6 km | 160 Hm | 2 Std.

Durch die Weinberge nach Strümpfelbach

Aussicht, Weinberge und Fachwerk

Weinberge entfalten im Herbst ihre größte Schönheit. Dann ist das Weinlaub in leuchtende Farben zwischen Gelb, Orange und Rot gefärbt. Wenn man dann noch einen strahlend blauen Herbsthimmel über sich hat, sich auf aussichtsreicher Höhe bewegt und weiß, dass man zum Schluss durch ein Fachwerkparadies schlendern kann, dann ist das Wanderglück perfekt.

✔ Darum einzigartig

Strümpfelbach ist wie so viele andere Orte im Remstal ein Fachwerkparadies. Im Zentrum reiht sich ein sehenswertes Haus an das andere. Den Wanderer erfreuen zudem die Weinberge und die Aussicht.

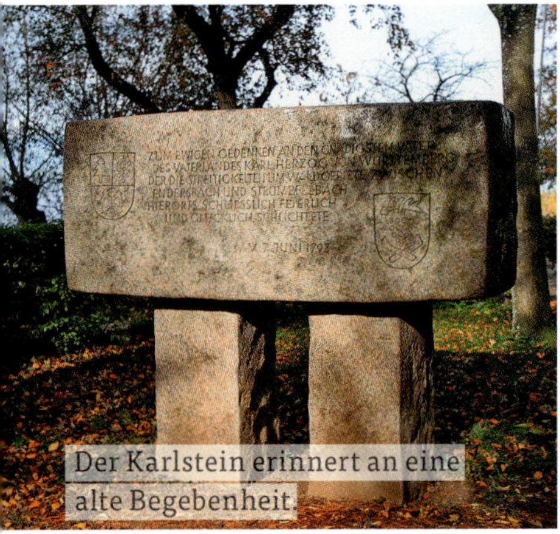

Der Karlstein erinnert an eine alte Begebenheit.

Zu den Weinbergen Wir folgen am Freibadparkplatz noch kurz dem Zufahrtsweg. Dann biegen wir scharf links ab. An einer Wasserentnahmestelle an einer Verkehrsinsel mit einer Bank halten wir uns im rechten Winkel rechts. Nun gehen wir bis zu einem querenden Weg, an dem wir rechts abbiegen. Gleich nach der Linkskurve orientieren wir uns scharf links.

Am nächsten querenden Weg mit einer Bank und einem Weinberghäuschen wandern wir nach rechts, biegen aber in den nächsten links abgehenden Weg ein. Am abzweigenden Weg bei dem Häuschen spazieren wir geradeaus weiter.

An der nächsten Verzweigung gehen wir nach rechts hinauf zum Waldrand; nun geht es relativ eben weiter. Es folgen zwei weitere Verzweigungen, an denen wir immer den rechten, leicht ansteigenden Weg nehmen, der am Waldrand entlangführt.

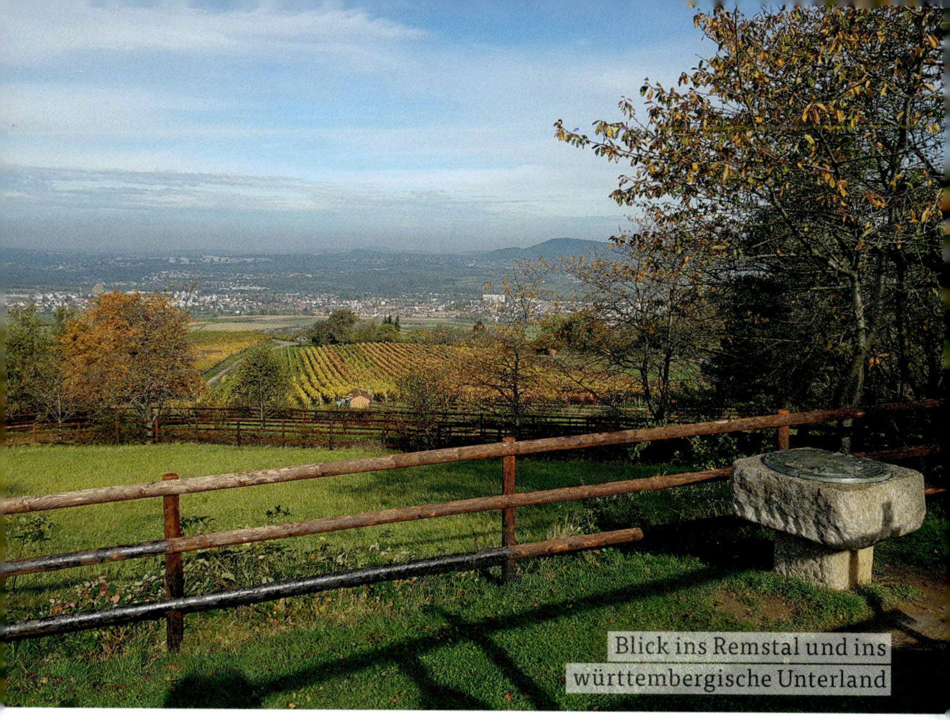

Blick ins Remstal und ins württembergische Unterland

Vorbei am historischen Karlstein Bald kommen wir auf einem Pfad kurz in den Wald hinein. Wo wir ihn vor einer Baumwiese verlassen, gehen wir weiter auf einem Pfad nach links hinunter zu einem Weg und zum Wanderschild Fischerhau (427 m). Hier spazieren wir nach rechts weiter. An der nächsten Verzweigung nehmen wir den rechten Weg, passieren das Schild Karlstein Süd (437 m) und erreichen bald den Karlstein (434 m). Damit haben wir nicht nur einen aussichtsreichen Rast-, Grill- und Spielplatz erreicht, sondern auch einen geschichtsträchtigen Ort.

Wir gehen geradeaus weiter. Gleich danach befindet sich rechts eine Aussichtsterrasse. Hier sehen wir auch ein Denkmal zur Rebflurbereinigung, auf dem die Aussicht auf einem Relief erklärt ist. Wir folgen dem Weg abwärts, wobei wir nach rechts zum Korber Kopf und davor zum burgartigen Schützenhüttle sehen.

Vorbei an einem weiteren Gedenkstein erreichen wir die als Naturdenkmal geschützte Fläche Sandburg, die eine ganz andere Vegetation aufweist, wie wir es von der bisherigen Wanderung durch die Weinberge gewohnt sind. Wenn wir vor zum Steilabfall gehen, bietet sich uns eine prächtige Aussicht.

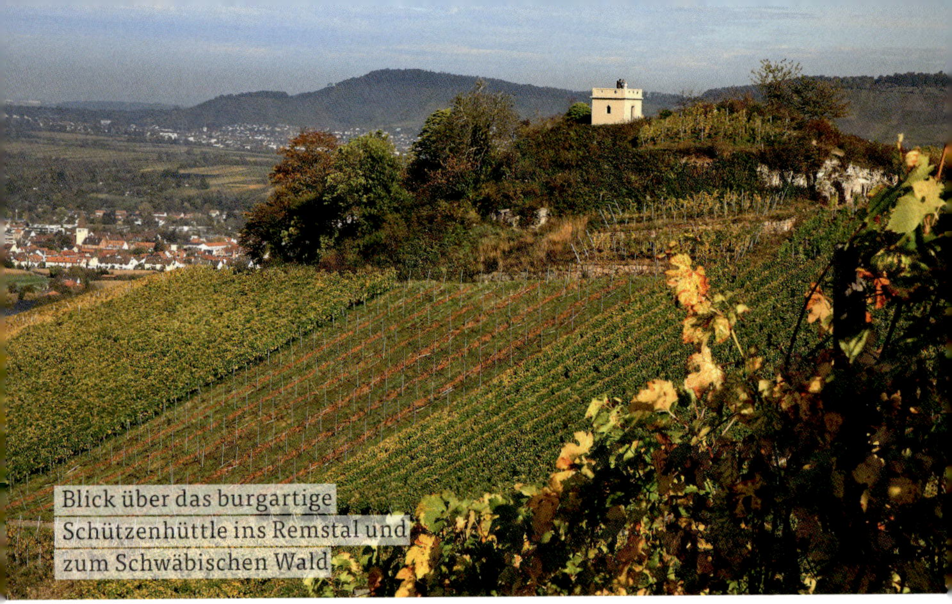

Blick über das burgartige Schützenhüttle ins Remstal und zum Schwäbischen Wald

Hinunter ins Fachwerkparadies Bergab halten wir uns scharf rechts. Weiter abwärts gehend – mit Blick zur rechts oben liegenden Sandburg –, kommen wir zu einem Regenrückhaltebecken. Gleich nach ihm biegen wir links ab.

Vor den ersten Häusern orientieren wir uns nach links und wandern am Ortsrand entlang bis zur Endersbacher Straße. Nach links bringt sie uns zur Hauptstraße. Auf ihr spazieren wir nach links durch Strümpfelbach hindurch.

Immer wieder kommen wir an Bronzeskulpturen des im Ort wohnenden Bildhauers Karl-Ulrich Nuss und seines Vaters Professor Fritz Nuss vorbei. Wir sehen immer mehr Fachwerkhäuser, teilweise durch Tafeln erklärt, bis wir auf das prächtige Rathaus stoßen. Es besitzt eine Vorhalle mit Arkaden. Danach geht es an der Kirche vorbei. Schließlich biegen wir links in den Aichelberger Weg ab, der uns zurück zum Ausgangspunkt bringt.

✔ Nicht versäumen

Im Museum Sammlung Nuss sieht man Exponate der bedeutendsten Künstler der südwestdeutschen Malerei vom schwäbischen Impressionismus Ende des 19. Jahrhunderts über die neue Sachlichkeit bis zum expressiven Realismus der klassischen Moderne, außerdem Skulpturen der Bildhauer Professor Fritz Nuss und Karl-Ulrich Nuss.

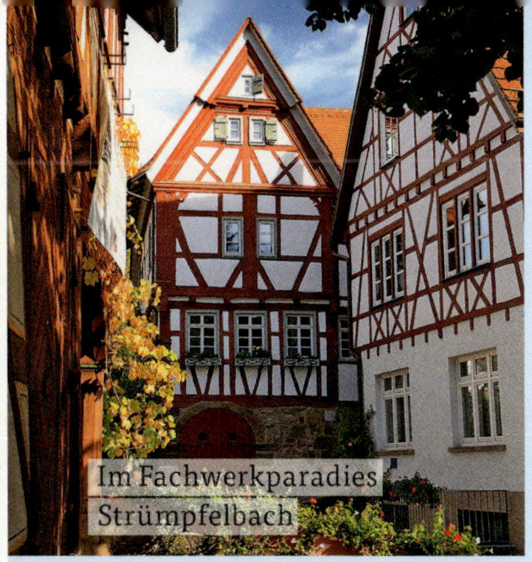

Im Fachwerkparadies Strümpfelbach

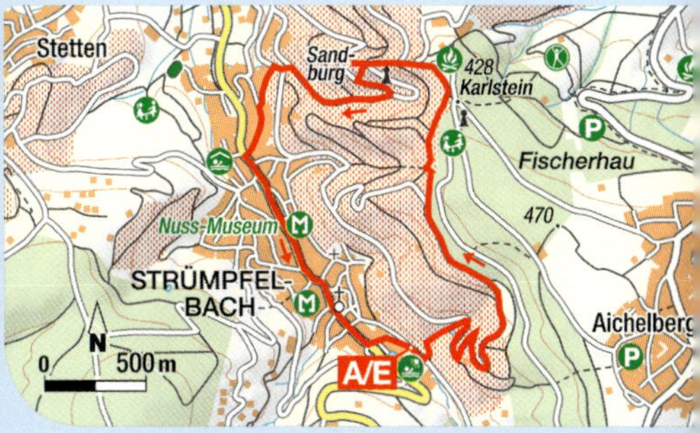

✔ Hier geht's lang

Ausgangs- und Endpunkt: Weinstadt-Strümpfelbach, Freibad, Aichelberger Weg, GPS: 48.778446, 9.373896

Tourencharakter: Wir wandern fast ausschließlich auf festen Wegen.

Karten: Wanderkarte W220 Welzheim, 1:25000, Landesamt für Geoinformation und Landentwicklung Baden-Württemberg (LGL) in Zusammenarbeit mit dem Schwäbischen Albverein e. V.; Wanderkarte mit Radwegen Stuttgart Nordost Blatt 52-541 (NaturNavi), 1:25000

Bahn/Bus: S-Bahn bis Endersbach, Bus bis Strümpfelbach, Haltestelle Rathaus (www.vvs.de)

Auto: Auf der B29 bis Weinstadt

Einkehr: Der Gasthof Lamm ist ein Traditionslokal mit holzgetäfelten Räumen sowie einer im Sommer beliebten Terrasse. Es gibt schwäbische Gerichte mit Produkten aus der Region, außerdem Aktionswochen mit Wild und mehr (gasthof.lamm-struempfelbach.de).

Information: www.weinstadt.de, www.remstal.de

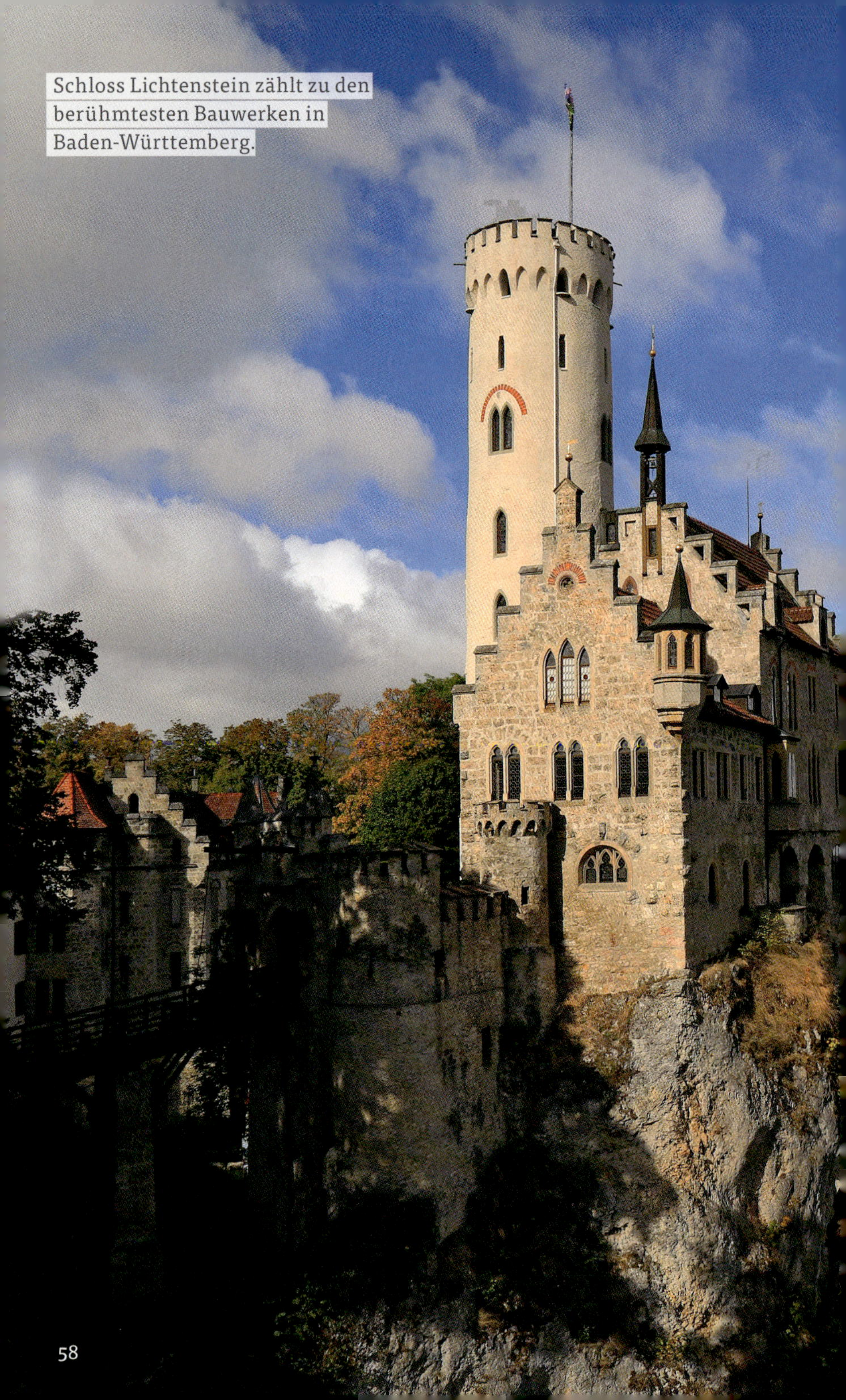

Schloss Lichtenstein zählt zu den berühmtesten Bauwerken in Baden-Württemberg.

Durchs Ammertal und über die Schwäbische Alb

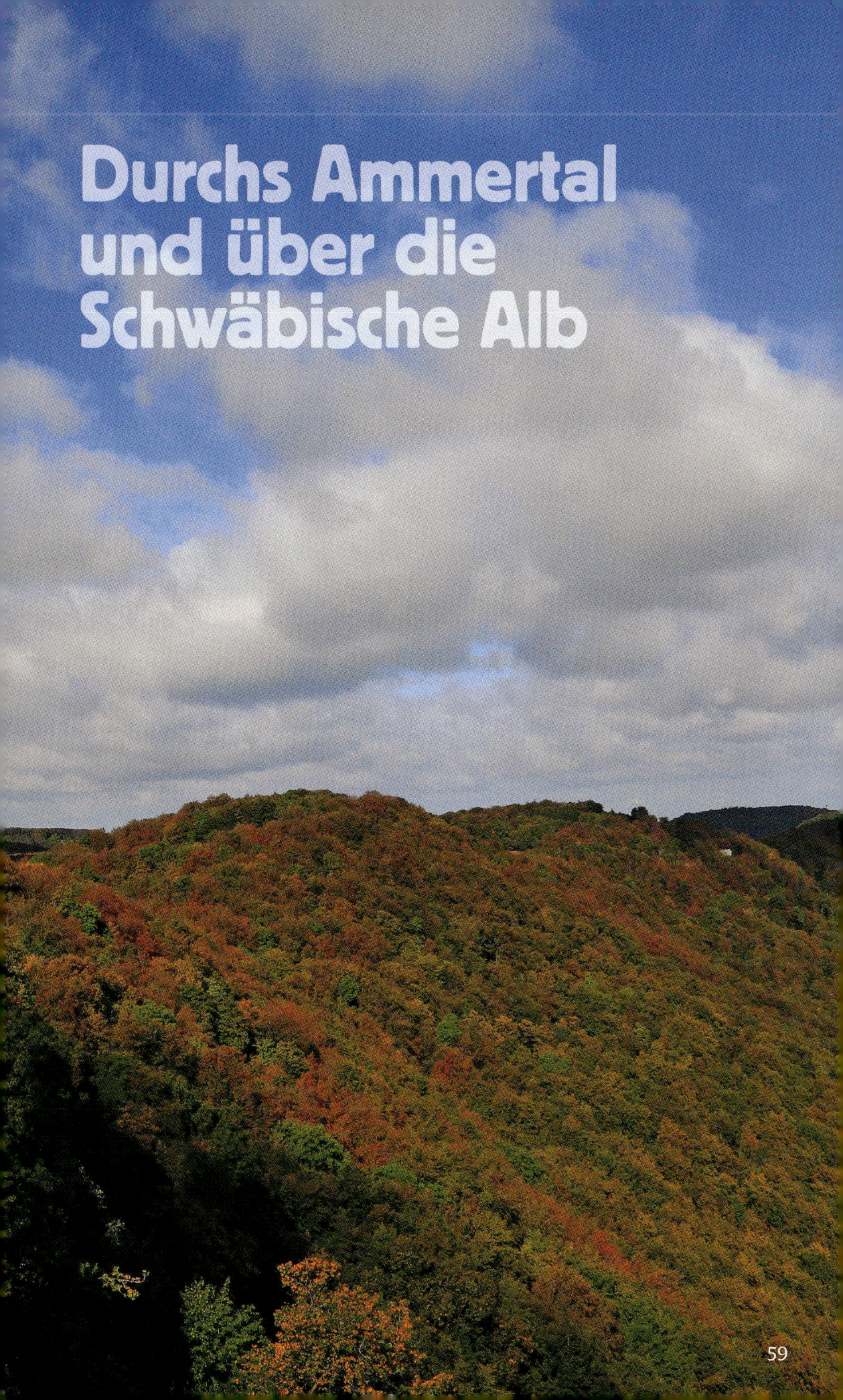

9 Mittel | 10,8 km | 180 Hm | 3 Std.

Durch das Ammertal zur Wurmlinger Kapelle

Reiche Geschichte und Aussicht

Es gibt wohl kaum einen Bildband oder Kalender von Baden-Württemberg, in dem sie nicht auftaucht: die Wurmlinger Kapelle, sagenumwoben und gedichtumrankt. Dank ihrer Einzellage am Westende des Spitzbergs hat man von ihr aus einen wunderbaren Blick über das bukolisch wirkende Ammertal auf den Schönbuch und über das Neckartal zum Rammert und zur Schwäbischen Alb.

✔ Darum einzigartig

Die Wurmlinger Kapelle hat nicht nur eine reiche Geschichte aufzuweisen, sie ist auch Thema verschiedener Dichtungen berühmter Geistesgrößen des Landes. Interessant ist auch die Domäne Ammern mit der kleinen Barockkapelle, und das Ammertal ist sowieso eines der lieblichsten Täler weit und breit. Bereits im 19. Jahrhundert dichtete der Ochsenwirt Späth aus Tübingen: »Das Leben ist kein Jammertal, am wenigsten im Ammertal«.

Durch das Ammertal Wir starten am Parkplatz bei der Uhlandhalle, der nördlich von der nach Hirschau führenden Straße liegt. Hier nehmen wir am Ende des Parkplatzes den links abzweigenden Weg (Wanderwegmarkierung 7). Er knickt mit dem Zeichen roter Strich gleich darauf links ab und führt uns als Kapellenweg nach Wurmlingen hinein. An der Lindenstraße halten wir uns links, gehen an der Bricciuskirche vorbei und biegen nach ihr rechts ab in die Bricciusstraße. Ihr folgen wir, auch dort, wo sie als Durchgangsstraße weiterführt. An der vorfahrtsberechtigten Straße gehen wir auf der anderen Seite mit dem Radwegschild nach »Wendelsheim« geradeaus weiter. Die Straße steigt leicht an und zieht nach rechts, nun wandern wir in der Weidestraße bis zu einer Umspannstation nach Haus Nr. 13; hier folgen wir dem Radwegschild nach links. Nach den Häusern gehen wir bis zur querenden Römerstraße, wo ein Sühnekreuz und ein Bildstock mit den Jahreszahlen 1681 beziehungsweise 1920 stehen.

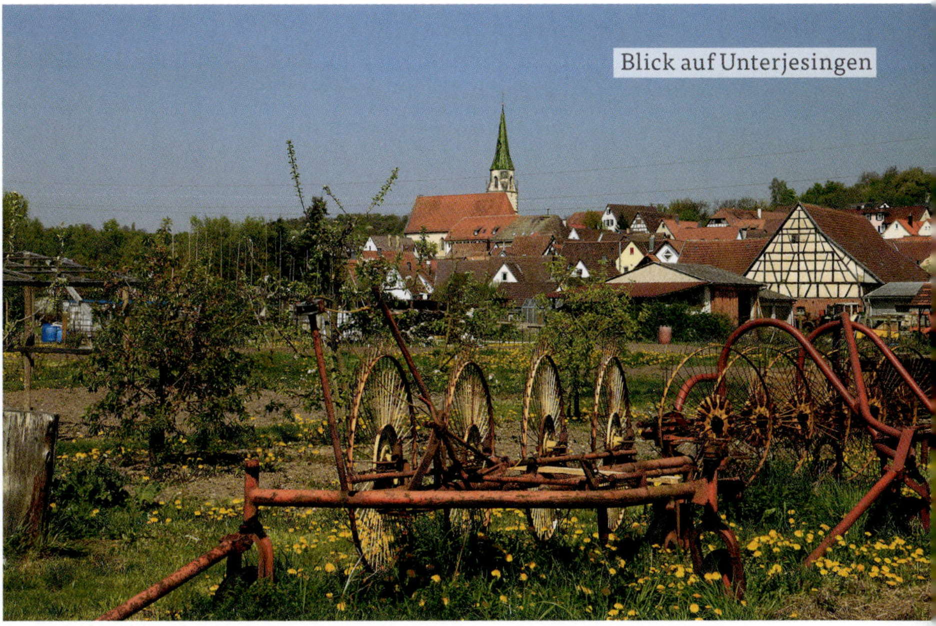
Blick auf Unterjesingen

Wir biegen rechts ab und wandern auf der Römerstraße auf Unterjesingen zu. Wo wir an einer querenden Straße rechts einen Sendemast und links das Ortsschild Pfäffingen sehen, biegen wir rechts ab. Vorbei am Sportplatz kommen wir zu der Landstraße, die von Unterjesingen nach Wurmlingen führt. Dahinter wandern wir mit dem Radwegschild nach »Tübingen« geradeaus weiter.

Zum Kirchlein nach Ammern Wir spazieren auf dem breiten Weg neben einem Zweig der Ammer, bis der Weg links abknickt. Nach der Unteren Mühle überqueren wir die Ammer und die Bahngleise und biegen danach rechts ab. Parallel zu den Bahngleisen kommen wir zu einem querenden Sträßchen vor einer Gärtnerei; hier zweigen wir rechts ab und erreichen die Domäne Ammern. Innerhalb der Anlage kann man das putzige kleine Kirchlein, das wie aus einer Spielzeugeisenbahnlandschaft entnommen aussieht, von außen bewundern.

Wir wandern links an den Gebäuden vorbei zum Waldrand und dort nach links in den Wald hinein. Es steigt sanft an, bis wir zu einem querenden Weg kommen. In diesen biegen wir rechts ein, nun geht es in vielen Windungen zum Waldrand und zum Kapellensattel. Hier behalten wir unsere Richtung bei und

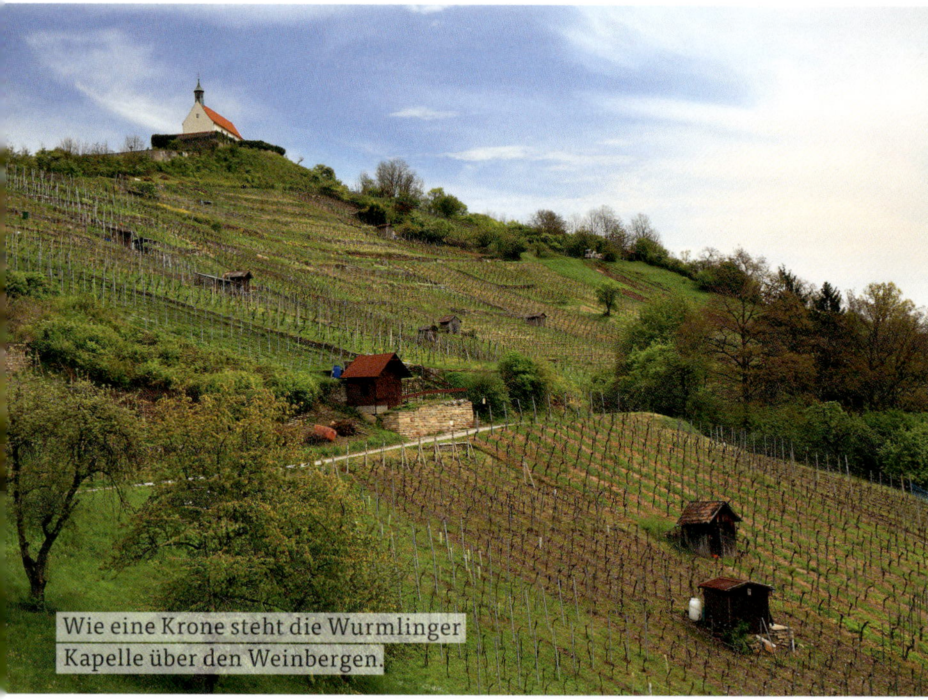

Wie eine Krone steht die Wurmlinger Kapelle über den Weinbergen.

wandern auf dem breiten Weg zu einem Feldkreuz. Dort nehmen wir den links abzweigenden Weg, der uns hinauf zur Wurmlinger Kapelle bringt.

Von der Kapelle hinab zum Ausgangspunkt Nachdem wir vielleicht die Kirche besichtigt, auf jeden Fall aber die Aussicht genossen haben, folgen wir dem Wanderzeichen roter Strich, das uns vorbei an der Mauer und den Kreuzwegstationen hinab bis vor Wurmlingen führt. Nach der Schranke und der Kreuzwegstation 1 gehen wir geradeaus und gelangen zurück zum Parkplatz.

✔ Nicht versäumen

Man sollte die Wurmlinger Kapelle auch von innen besichtigen. Zu sehen sind romanische Säulen mit schwarzen Würfelkapitellen, ein Holzrelief und Holzplastiken (15.–18. Jh.) sowie Altäre der Familie Amrein (um 1682/85).

✔ Hier geht's lang

Ausgangs- und Endpunkt: Wurmlingen, Parkplatz bei der Uhlandhalle, nördlich der Hirschauer Straße/L371, GPS: 48.501286, 8.970113

Tourencharakter: Wir wandern überwiegend auf festen Wegen.

Karte: Wanderkarte W237 Tübingen Schönbuch, 1:25 000, Hrsg.: Schwäbischer Albverein e. V., Kartographie: Landesamt für Geoinformation und Landentwicklung Baden-Württemberg (LGL)

Bahn/Bus: Ammertalbahn, dann beginnen wir an der Station Unterjesingen Mitte mit der Wanderung. Von dort folgen wir der Landstraße in Richtung Wurmlingen und biegen nach dem zweiten Bach links ab (Radwegschild »Tübingen«).

Auto: Auf der A81 bis Ausfahrt Rottenburg am Neckar, dann weiter auf der B29, nach Rottenburg auf der L372

Einkehr: Spezialität des Gasthofes Rössle sind Steaks; hier kann auch übernachtet werden (www.roessle-wurmlingen.de).

Information: www.rottenburg.de

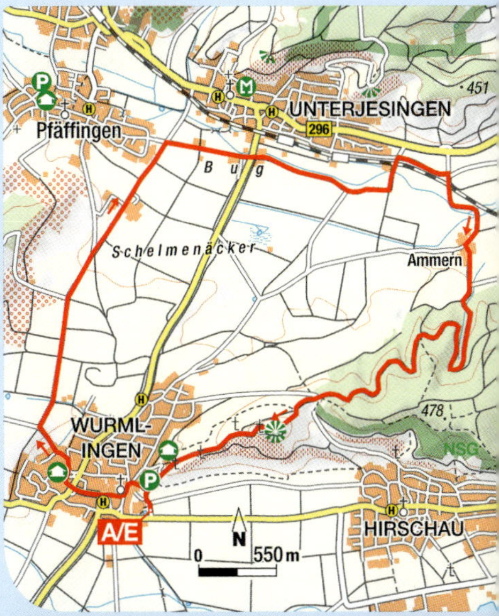

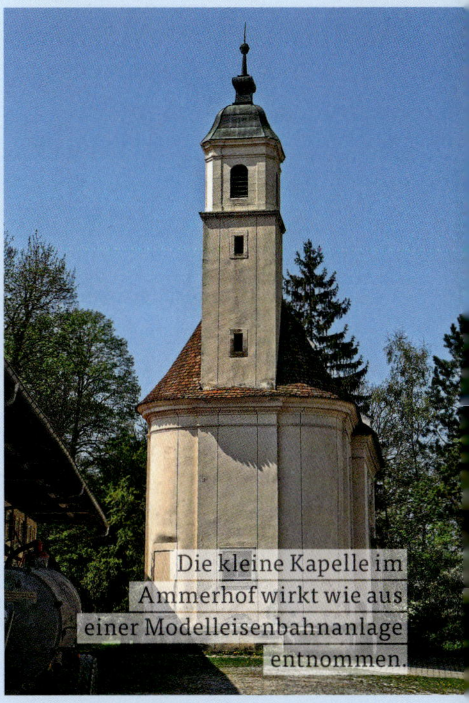

Die kleine Kapelle im Ammerhof wirkt wie aus einer Modelleisenbahnanlage entnommen.

10

Mittel | 9,5 km | 350 Hm | 3 Std.

Über die Ruine zum Panoramaweg

»hochgehfestigt« zum Hohenneuffen

Mit der Ruine Hohenneuffen hat man bei dieser Wanderung ein grandioses Ziel vor Augen. Sie ist nicht nur die größte Ruine der Schwäbischen Alb und hat eine reiche Geschichte zu bieten – für Wanderer gibt es hier auch eine schöne Einkehrmöglichkeit sowie eine herrliche Aussicht ins Albvorland, am Albtrauf entlang und über die Albhochfläche.

✔ **Darum einzigartig**

Diese Wanderung hat mehrere Höhepunkte: Da ist zum einen die Ruine Hohenneuffen, die größte Ruine der Schwäbischen Alb, mit ihrer reichen Geschichte und wunderbarem Ausblick. Viel Aussicht bietet auch der Panoramaweg, der zu Weinbergen führt, die insbesondere im Herbst eine Pracht sind. Und nicht zuletzt kann man die Tour im Thermalbad Beuren oder dem sehenswerten Ort selbst ausklingen lassen.

Steiler Anstieg im Wald Man folgt am Parkplatz der Straße Am Thermalbad bis zu einem querenden Weg. In ihn biegt man rechts ein, hält sich aber gleich danach links. Wir wandern erst entlang des Friedhofs, dann an einem Spiel- und Bolzplatz vorbei. Danach geht es auf einem Grasweg weiter. Nach links haben wir über die Streuobstwiesen einen schönen Blick zum Hohenneuffen. Bald führt der Weg links des kleinen Bächleins weiter; mit den Kopfweiden und dem Schilf zeigt sich hier eine idyllische Szenerie. Vor einem Haus biegen wir in Richtung »Hohenneuffen« links ab und wandern durch die Streuobstwiesen zu Häusern. Dort gehen wir geradeaus zwischen den Gebäuden hindurch und spazieren weiter durch die Baumwiesen bis zu einem Asphaltweg, hinter dem sich ein Biotop befindet.

Hinauf zur Ruine Hohenneuffen Wir biegen rechts ab, hinter dem Biotop und an der Tafel mit der Landkarte und der Bezeichnung Schlossgasse (435 m) halten wir uns scharf links. Nun steigt es geradeaus wieder an bis zum Waldrand. Dort gehen wir mit dem Wanderzeichen blaues Dreieck geradeaus in den Wald hinein. Wo der Weg nach links zieht, wandern wir mit dem Zeichen gera-

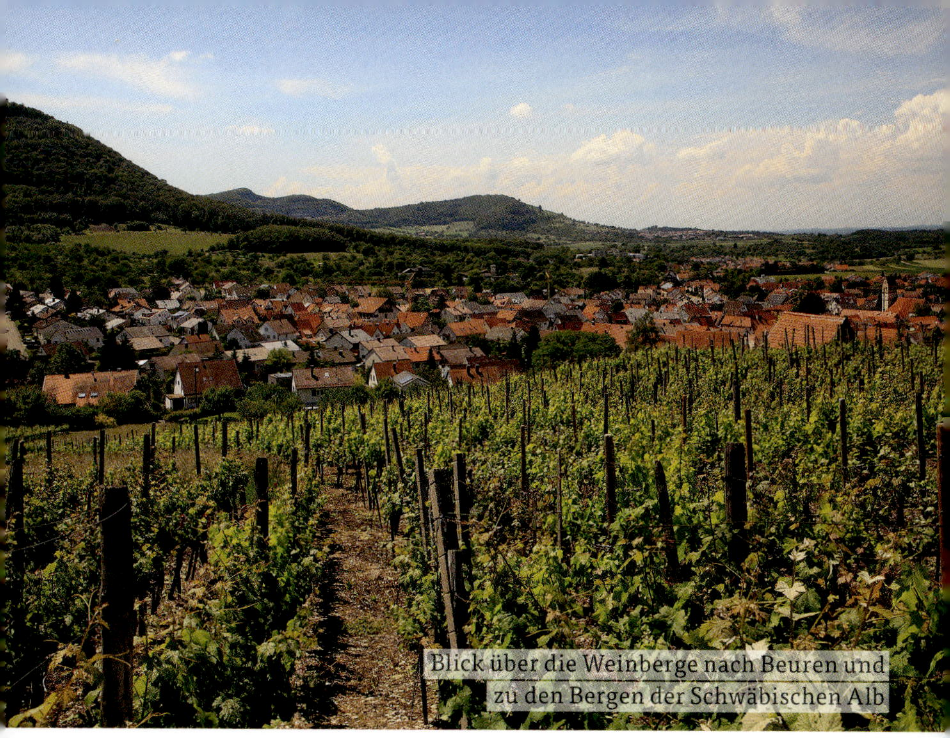

Blick über die Weinberge nach Beuren und zu den Bergen der Schwäbischen Alb

deaus steil empor, nun auf einem Naturpfad. Wir queren einen breiten Forstweg und erreichen nach einer Rechtskurve einen Querweg. Ihm folgen wir, ab jetzt nur noch mäßig ansteigend, nach links.

Der Weg beschreibt eine sanfte Rechtskurve, dann treffen wir auf einen breiten Forstweg. Hier gehen wir noch geradeaus weiter. Kurz danach knickt der markierte Wanderweg zum »Hohenneuffen« rechts ab, die Mauern sieht man bereits von hier aus. Wer am Hohenneuffen-Parkplatz mit der Tour begonnen hat, trifft von oben kommend ebenfalls hier ein.

Nun müssen wir uns entscheiden: Wer nicht zum Hohenneuffen will, biegt hier links ab. Zum Hohenneuffen hält man sich indessen rechts, knickt kurz darauf links ab und kommt zum Sattel, bevor es nach rechts steil hinauf in die Ruine ansteigt. Zurück wandern wir denselben Weg bis zu der Kreuzung. Nun geht es mit dem blauen Dreieck in Richtung »Beuren« steil bergab. Wir überqueren gleich darauf den Weg, von dem wir vorhin abgezweigt sind. Etwas später treffen wir auf einen Forstweg, den wir mit dem Zeichen überqueren. Es geht weiter abwärts bis zu einer Kreuzung, hinter der wir schon den Waldrand sehen. Hier biegen wir, jetzt ohne Wanderzeichen, rechts ab.

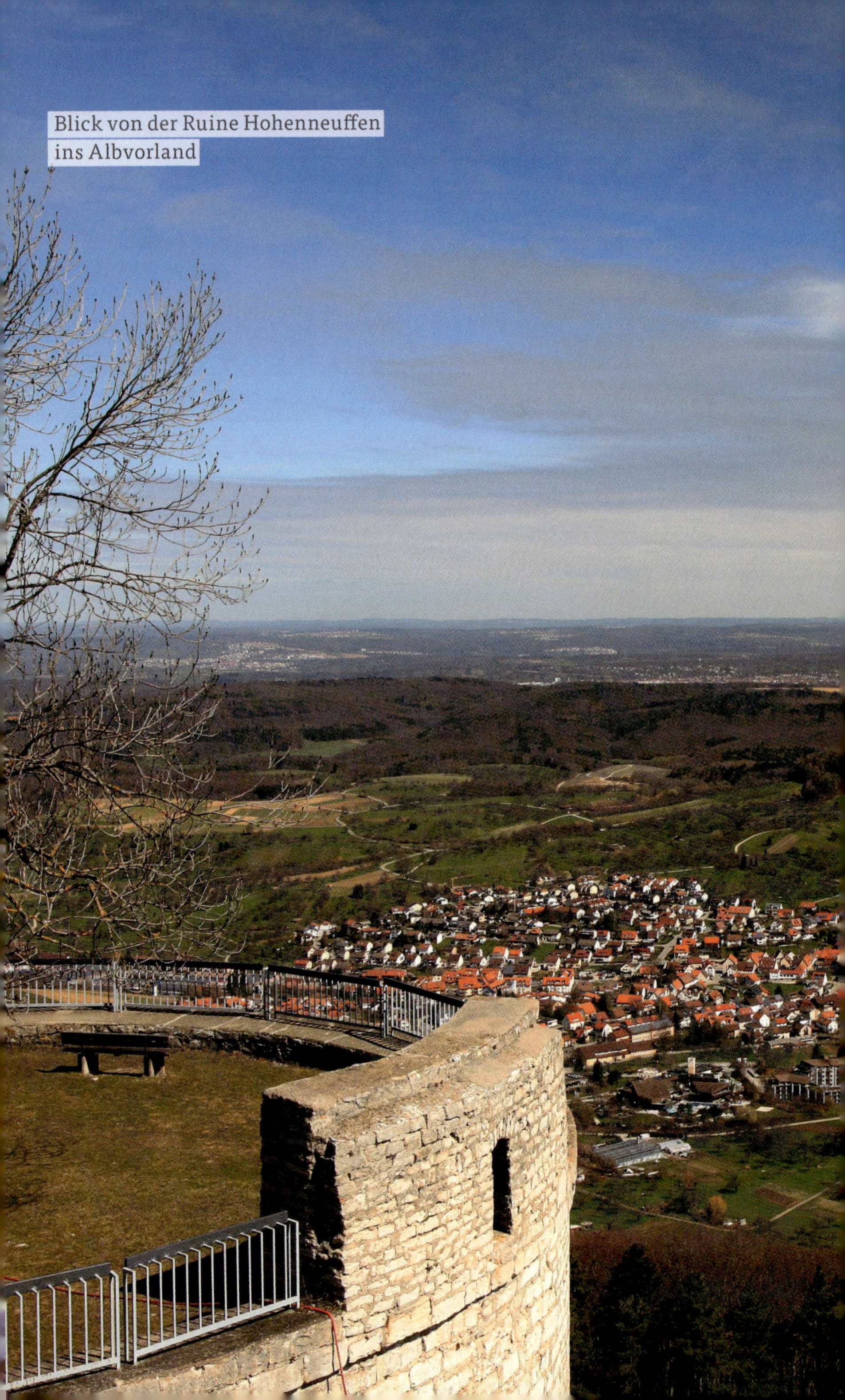

Blick von der Ruine Hohenneuffen
ins Albvorland

Auf dem Panoramaweg Gleich darauf erreichen wir das Waldende, wo wir dem Weg nach rechts folgen. Nun wandern wir eine ganze Weile auf einem wunderschönen Panoramaweg, dem Philosophenweg, am Waldrand entlang, später auch durch den Wald. Wir kommen an einigen Bänken vorbei, von denen man wunderbar die Aussicht nach Beuren genießen kann, außerdem an Tafeln eines Lehrpfads. Zur Rast bietet sich auch die Albert-Ege-Hütte an.

Vom See zu den Weinbergen Nach einem Waldstück wandern wir auf die kleine Seehütte zu. Hier liegt rechts unten der als Naturdenkmal geschützte Tobelsee. Wir gehen hinab zu ihm und links an ihm vorbei bis zu einem Asphaltweg. Ihm folgen wir nach rechts bis zu einem querenden Weg. Auf diesem wandern wir nach links in Richtung »Museum«.

Dieser Bezeichnung folgen wir nun eine Weile. Schließlich liegt links des Weges ein Weinberg. An seinem Ende biegen wir links ab und kommen zu einem Querweg. Auf ihm gehen wir kurz nach rechts, biegen dann aber links ab und wandern auf die bereits sichtbaren zwei Weinberghütten zu. Nach der ersten, einem alten Unterstand, biegen wir links ab und folgen dem Grasweg bis zu einem asphaltierten Weg. Hier halten wir uns kurz rechts, dann biegen wir wieder links ab.

Vorbei am Hochbölle Nach ein paar Minuten orientieren wir uns an einem Asphaltweg rechts und gehen abwärts. Nachdem wir einen Bach überquert haben, nehmen wir an der Kreuzung den zweiten Weg von links. Nach kurzem Anstieg werden wir nach rechts in Richtung »Hochbölle« verwiesen. Es geht kurz hinauf, dann biegt der Weg links und gleich danach rechts ab. Wir wandern nun links des »Gipfels« des Hochbölle und treffen etwas später auf einen Schotterweg. Ihm folgen wir nach rechts abwärts in Richtung »Beuren«. Nun wandern wir wieder durch Streuobstwiesen.

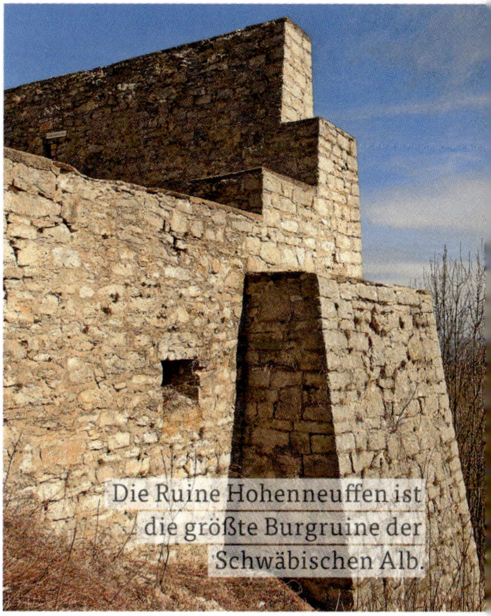

Die Ruine Hohenneuffen ist die größte Burgruine der Schwäbischen Alb.

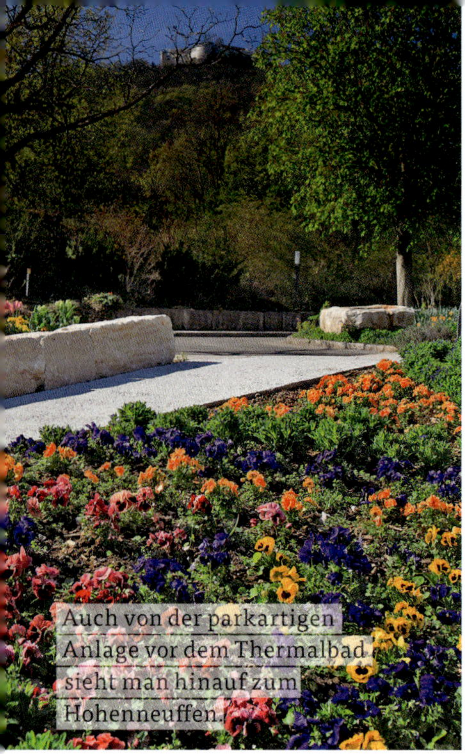

Auch von der parkartigen Anlage vor dem Thermalbad sieht man hinauf zum Hohenneuffen.

Vor einer Rechtskurve biegen wir links ab auf einen Grasweg. Er zieht gleich nach rechts und bringt uns zu einem Asphaltweg. Etwas nach links versetzt geht es auf einem Grasweg weiter. Kurz vor einem Asphaltweg quert ein Grasweg. Ihm folgen wir nach rechts, bis an einer Kreuzung beide Wege zusammentreffen. Hier biegen wir links ab Richtung »Thermalbad«.

Etwas später folgen wir dem rechts abgehenden Weg. Am nächsten querenden Weg biegen wir links ab. Nun wandern wir entlang des Thermalbadgeländes bis zur Straße Am Thermalbad, wo wir die Tour begonnen haben. Jetzt bietet sich natürlich noch ein Besuch des Thermalbads an.

✔ Nicht versäumen

Das Thermalbad sollte man nach der Wanderung nicht verschmähen. Es geht auf eine 1526 erwähnte öffentliche Badestube zurück, deren Quelle aber in den 1920er-Jahren versiegte. 1970 wurde nach Thermalwasser gebohrt, danach ein Thermalwasserbecken errichtet. Bis 1976 hatte Beuren bereits etwa eine Million Besucher zu verzeichnen. 1978 weihte man das neue Thermalbad ein. Es wird aus zwei Mineralquellen mit Thermal-Mineral-Säuerlingen gespeist: der Wilhelmsquelle, aus der etwa 30 000 Jahre altes Wasser strömt, und der Friedrichsquelle, deren Wasser etwa 40 000 Jahre alt ist. Als Thermalquellen dürfen sie sich bezeichnen, weil die Temperatur über 20 °C liegt, als Mineralquellen, weil das Wasser über 1000 gelöste Mineralstoffe pro Liter enthält, und als Säuerling, weil die Quellen pro Liter mehr als 1000 Milligramm gelöste gasförmige Stoffe aufweisen. Das Wasser hilft bei rheumatischen Erkrankungen, Abnutzungserscheinungen, peripheren Durchblutungsstörungen, Ischias und andern Nerv-Muskel-Leiden.

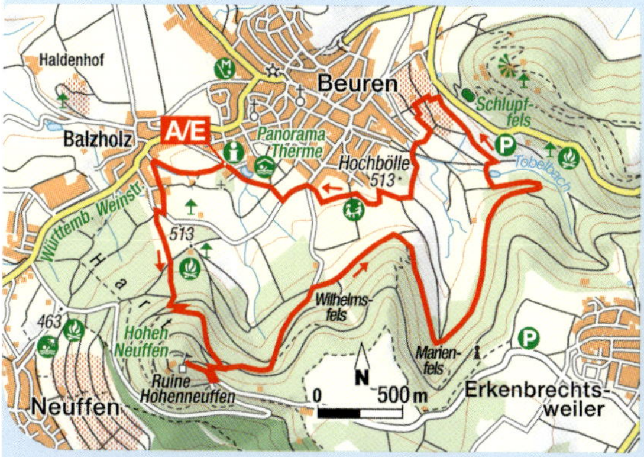

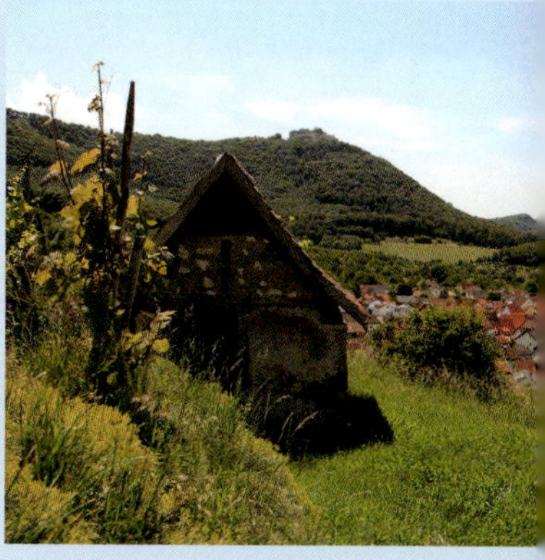

Hier geht's lang

Ausgangs- und Endpunkt: Beuren, Am Thermalbad: GPS: 48.566613, 9.396751; einen Ausweichparkplatz findet man unterhalb der Ruine Hohenneuffen. Hier führt die Tour ohnehin vorbei.

Tourencharakter: Wir wandern auf festen Wegen und Pfaden. Vor allem zur Ruine Hohenneuffen geht es kräftig bergauf.

Karte: Wanderkarte Kirchheim unter Teck, 1:25 000, Hrsg.: Schwäbischer Albverein e. V., Kartographie: Landesamt für Geoinformation und Landentwicklung Baden-Württemberg (LGL)

Bahn/Bus: Bahn bis Neuffen, weiter mit dem Bus nach Beuren, Haltestelle Panorama Therme

Auto: A8 bis Ausfahrt Kirchheim unter Teck/Ost, dann auf der B465 nach Owen. Dort links ab auf die L1210 nach Beuren.

Einkehr: Die Gaststätte Hohen Neuffen bietet eine breite Palette von schwäbischer Hausmannskost bis Feinschmeckermenüs (www.hohenneuffen.de).

Information: www.neuffen.de, www.beuren.de

11 ● Schwer | 9,5 km | 510 Hm | 3.30 Std.

Zum Uracher und zu den Gütersteiner Wasserfällen

Zwei Wasserfälle auf einen Streich

Bad Urach ist wohl die einzige Stadt im Land, die gleich zwei Wasserfälle besitzt. Der Uracher Wasserfall und die Gütersteiner Wasserfälle sind gleichermaßen schön, ansonsten aber sehr unterschiedlich. Unterwegs wechseln sich urwaldartige Szenerien mit der aussichtsreichen Albhochfläche ab.

✔ Darum einzigartig

Zwei wunderschöne Wasserfälle liegen auf der Strecke, dazu hat man auf der Höhe Aussicht vom Feinsten. Und auch nach der Tour hat die Stadt etwas zu bieten: Man kann sich im Thermalbad entspannen oder das Fachwerkparadies Bad Urach, eine der ehemaligen Residenzstädte des Landes, erkunden.

Ein Bach, so schön wie der Wasserfall Ab dem Parkplatz Maisental braucht man sich nur an den Wanderzeichen »Wasserfallsteig« zu orientieren. Erst führt der Weg entlang des Brühlbachs zum Fuß des Uracher Wasserfalls. Bereits auf diesem Wegstück kann man im Bach kleine Wasserfälle beobachten. Danach steigen wir entlang des Uracher Wasserfalls auf zur Hochwiese, wo es mit der Wasserfallhütte eine Einkehrmöglichkeit gibt. Hier sieht man auch, wie das Wasser in die Tiefe stürzt und dabei eine »Nase« aus dem Kalkgestein herausbildet. Sie wird irgendwann einmal abbrechen und ins Tal stürzen.

Der Weiterweg führt am Ameisenbühl entlang nach rechts bergauf. In Serpentinen und mit schönem Blick zu den Rutschenfelsen erreichen wir die Hochfläche, wo wir nach rechts verwiesen werden. Nach dem Wald bleiben wir rechts am Trauf und wandern zu den Rutschenfelsen mit dem Camererstein.

Vom ehemaligen Rutschenhof zum Fohlenhof Links auf der Hochfläche sehen wir eine Unterstandshütte, bei der wir auch eine Grillstelle finden; hier befand sich einst der Rutschenhof. In der Baumgruppe dahinter liegt in einer Doline der Rutschenhofbrunnen.

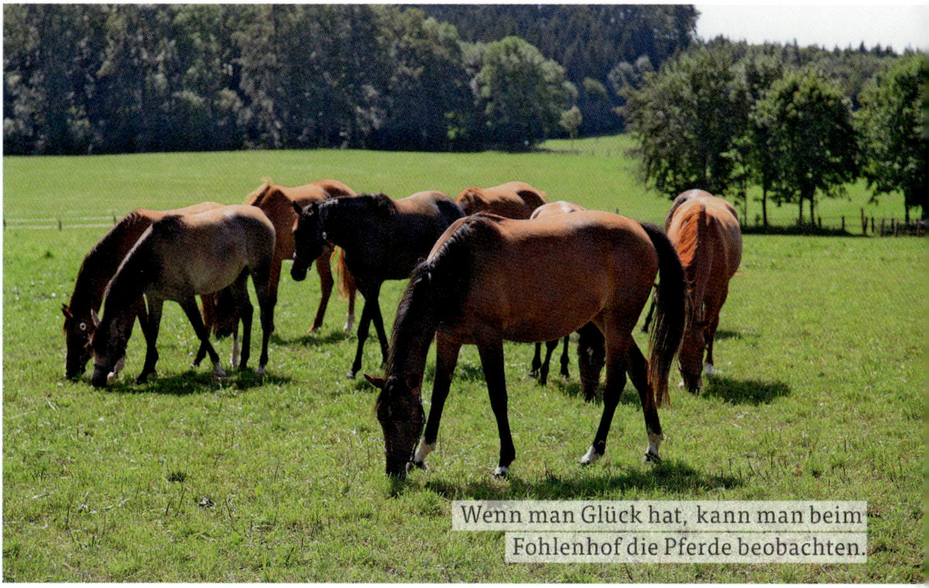

Wenn man Glück hat, kann man beim Fohlenhof die Pferde beobachten.

Weiter am Waldrand entlanggehend, stoßen wir schließlich auf einen querenden Schotterweg mit dem Schild Ramschel Hütte (744 m). Nach dem Weg gehen wir geradeaus weiter, vorbei an den Schildern Leimberg (772 m) und Rohrauer Hütte (772 m); nach links kann man zu diesem Naturfreundehaus gelangen. Weiter dem Unteren Leimbergtraufweg folgend, stoßen wir beim Schild Heselbuch (768 m) auf einen Schotterweg. Ihm folgen wir nach rechts. Vorbei am Schild St. Johanner Feld (751 m) erreichen wir schließlich beim Schild Fohlenhof (756 m) den Fohlenhof. Nach links führt hier die bekannte Lindenallee zum Gestütshof St. Johann. Wir halten uns aber rechts und gehen durch den Fohlenhof hindurch, dann etwas abwärts weiter zum Waldrand.

Hinab zu den Gütersteiner Wasserfällen Hier halten wir uns erst links, dann aber gleich rechts. Nun geht es im Zickzack hinab, wir durchqueren einen Felsdurchlass in einem Bergkamm. Ab hier hören wir bereits die Gütersteiner Wasserfälle mächtig rauschen. Bergab gehend kommen wir zur Gütersteiner Kapelle.

Wir wandern noch kurz geradeaus weiter, wobei wir rechts den Ursprung des Baches im Fels sehen können. Dann halten wir uns links und kommen hinab zum Wasserhäuschen. Über seinem Eingang sehen wir die Reste des württem-

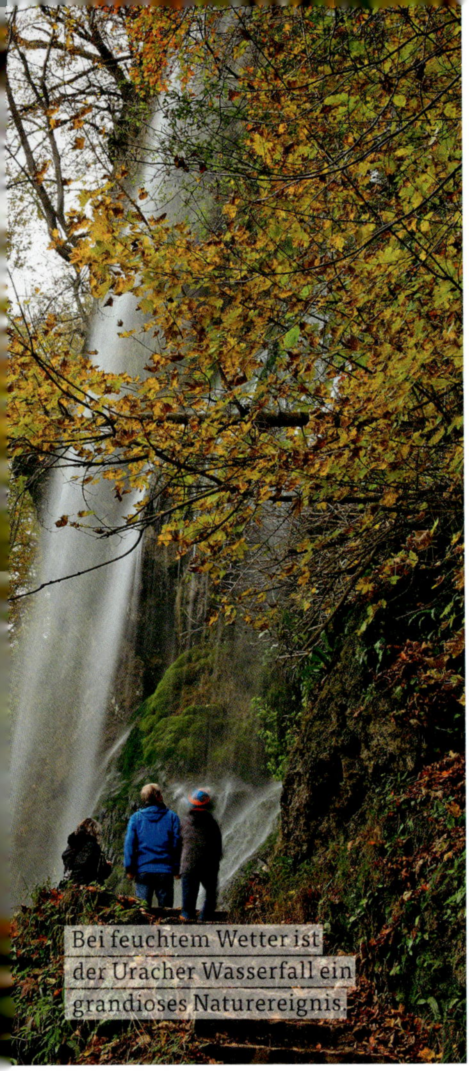

Bei feuchtem Wetter ist der Uracher Wasserfall ein grandioses Naturereignis.

bergischen Wappens und in die Wand eingelassene Buchstaben. Links davon befinden sich romantisch bemooste Felsen mit Wasserfällen und einem Wasserbecken. Der Wasserfall stürzt einerseits in einem großen Strahl hinab, andererseits hat er sich selbst eine Nase aufgebaut, in der er in einer Rille zum Abbruch strömt.

Zurück durch Streuobstwiesen Danach wandern wir im Zickzack weiter hinab zum Fuß des Wasserfalls. Am Querweg biegen wir links ab. Es steigt etwas an, dann geht es bergab bis zum Waldrand. Hier halten wir uns rechts, dann gleich links. Nun wandern wir durch Streuobstwiesen, wobei wir einen schönen Blick hinab ins Maisental und zur gegenüberliegenden Ruine Hohenurach haben.

Nach einer Bank-Schaukel werden wir nach rechts auf einen schmalen Weg verwiesen. Er führt uns zu Pferdekoppeln. Vor dem Bach biegen wir rechts ab, etwas später gehen wir nach links über den Bach und zurück zum Parkplatz.

✔ Nicht versäumen

Beim Uracher Wasserfall stürzt der Brühlbach 37 Meter in freiem Fall über eine von ihm selbstgeschaffene, rund fünf Meter lange Kalktuffnase, danach fällt das Wasser in zahllosen Kaskaden noch rund 60 Meter über Kalktuffpolster. Er ist, wie auch der Gütersteiner, ein sogenannter »konstruktiver« Wasserfall. Das heißt, dass er seine Fallkante nicht wie andere Wasserfälle im Laufe der Zeit durch die Kraft des Wassers und die Erosionswirkung zerstört, sondern durch die ständigen Kalkausscheidungen aufbaut.

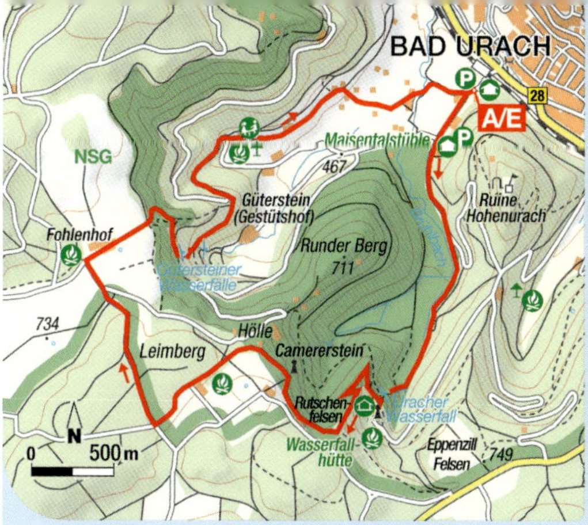

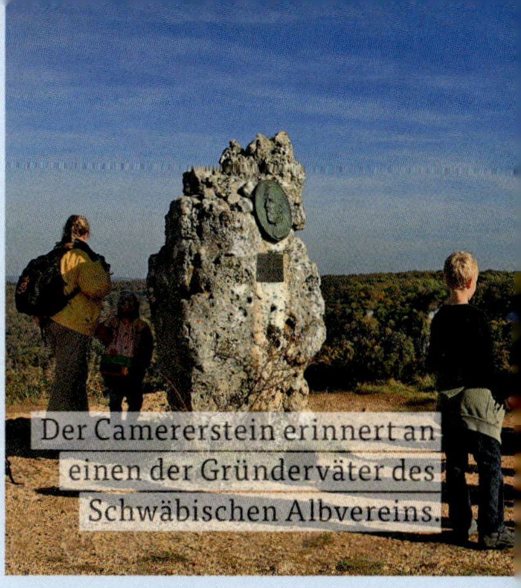

Der Camererstein erinnert an einen der Gründerväter des Schwäbischen Albvereins.

✔ Hier geht's lang

Ausgangs- und Endpunkt: Bad Urach, Parkplatz Maisental, Vorderes Maisental 1, GPS: 48.497812, 9.374566

Tourencharakter: Anspruchsvolle Tour; sie verläuft meist auf Pfaden, teilweise gibt es steile Anstiege.

Karte: Wanderkarte W243 Bad Urach, 1:25 000, Hrsg.: Schwäbischer Albverein e. V., Kartographie: Landesamt für Geoinformation und Landentwicklung Baden- Württemberg (LGL); Wanderkarte mit Radwegen Blatt 52-538 Reutlingen Bad Urach, 1:25 000, NaturNavi.

Bahn/Bus: Ermstalbahn bis Haltestelle Bad Urach-Wasserfall

Auto: B312 oder B313 nach Metzingen, weiter auf der B465 nach Bad Urach

Einkehr: In der Wasserfallhütte auf der Hochwiese bekommt man einfache schwäbische Gerichte und kalte Speisen und Getränke (15. März bis 3. November, tägl. 10–17 Uhr). Das La Cascada bietet süditalienische Speisen an (www.la-cascada.de).

Information: www.badurach-grafensteige.de

Eine große Bitte: Bitte vermeiden Sie es, den Bereich des Wasserfalles zu betreten, und helfen Sie so, dieses Naturwunder der Schwäbischen Alb zu schützen. Die filigranen Strukturen sind sehr verletzlich, beim Betreten werden sie zerstört und müssen sich über eine sehr lange Zeit hinweg wieder regenerieren (www.grafensteige.de).

12 ● Schwer | 13,3 km | 420 Hm | 4.30 Std.

Auf der »Felsenrunde«

Löwenpfad hoch über dem Filstal

Im Landkreis Göppingen wurde mit den Löwenpfaden ein Wanderangebot geschaffen, das seinesgleichen sucht. Wir begehen bei dieser Wanderung die Felsenrunde, die von Bad Überkingen hinauf auf den Michelsberg und dann rund um diesen führt. Immer wieder kommen wir an Felsen vorbei, von denen man eine weite Aussicht hat.

✔ Darum einzigartig

Wegen der überwältigenden Erlebnisse, der abwechslungreichen Naturlandschaften mit wilden Felsen und Wacholderheiden sowie der Ausblicke in das idyllische Filstal wurde dieser Weg 2018 vom Wandermagazin zum zweitschönsten Wanderweg Deutschlands gewählt. Die schönsten Aussichtsplätze findet man am Jungfraufels, am Hausener Fels, am höchsten Punkt der Tour, der »Sandgrube«, am Ramsfels und am Dreimännersitz.

Durch den Wald auf die Höhe Am Parkplatz bei der Autalhalle weist uns ein Wanderschild in Richtung »Löwenpfad Felsenrunde Jungfraufels«. Wir gehen erst auf einem schmalen Weg, dann unterqueren wir die Bundesstraße B466 und werden danach mit dem Wanderzeichen der Löwenpfade und der roten Raute nach rechts verwiesen. Wir wandern kurz parallel zur Straße, dann biegen wir scharf links ab. Das Sträßchen führt uns etwas später über eine Wiese zum Waldrand. Hier haben wir nach rechts einen ersten schönen Blick nach Geislingen an der Steige. Am Waldrand finden wir ein großes Schild mit dem Wegverlauf der Felsenrunde. Wir gehen links des Schilds auf einem Pfad in den Wald. Nun steigt es in vielen Serpentinen an, bis wir auf der Hochfläche des Michelsberges stehen. Hier halten wir uns links. Im Prinzip wandern wir jetzt immer am Trauf entlang, mal im Wald, mal außerhalb; die Wanderzeichen sind in ausreichender Anzahl angebracht.

Von Aussichtspunkt zu Aussichtspunkt Das nächste Ziel, der Jungfraufels, ist schnell erreicht. Danach kommen wir zum Aussichtspunkt Hausener Fels.

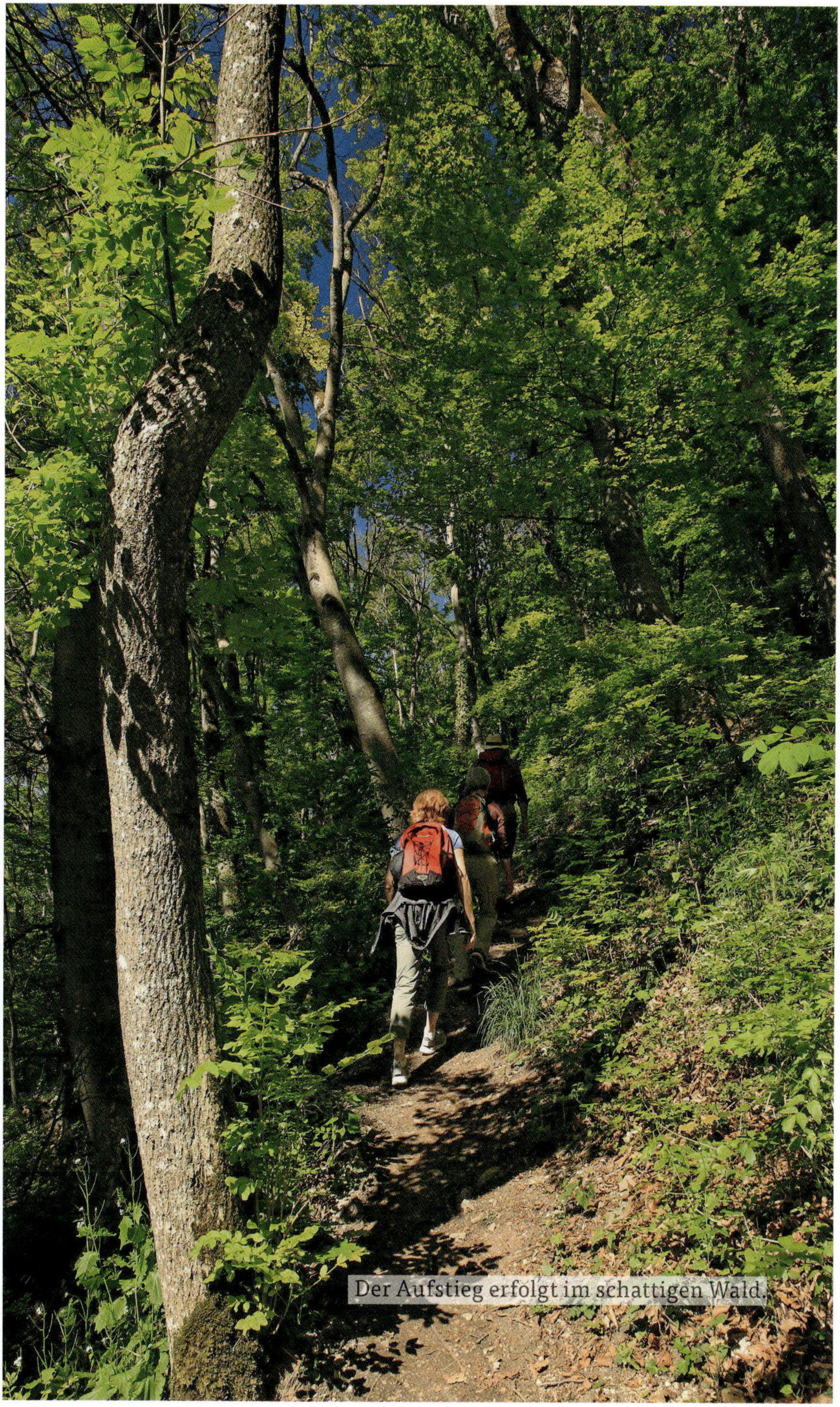
Der Aufstieg erfolgt im schattigen Wald.

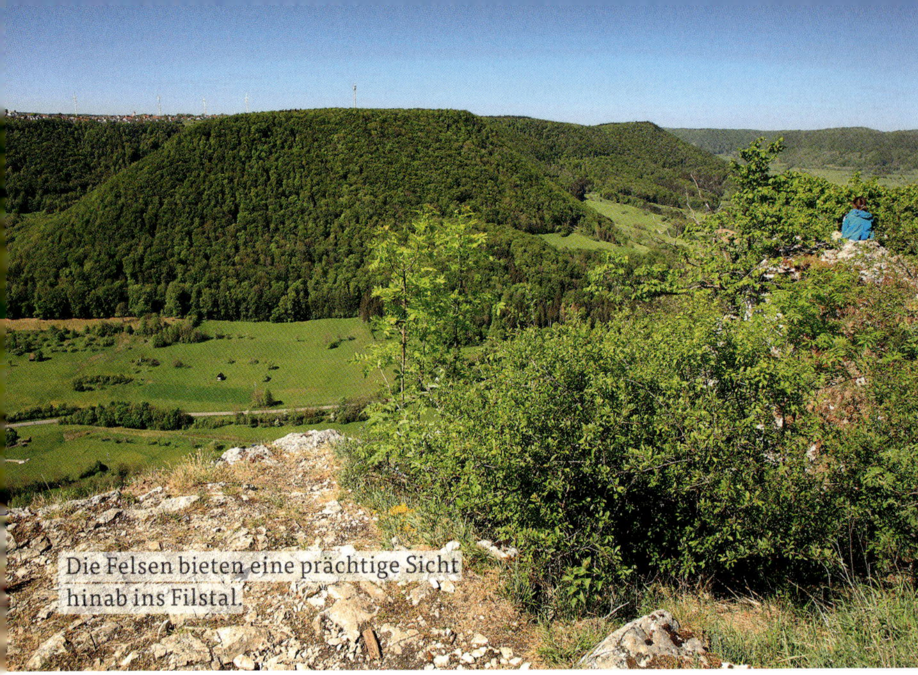

Die Felsen bieten eine prächtige Sicht hinab ins Filstal.

Hier knickt der Weg rechts ab. Etwas später geht es in Richtung »Aussichtspunkt Sandgrube« links ab. Nach etwas sanftem Bergab durch eine Wiesenlandschaft wandern wir nach rechts weiter, gleich danach halten wir uns wieder rechts, nun etwas ansteigend. Bald werden wir nach links in ein Wäldchen geleitet.

Etwas später können wir vor dem Sendemast nach rechts einen kurzen Abstecher von 100 Metern zum Aussichtspunkt Sandgrube machen. Ansonsten wandern wir geradeaus weiter. Nach dem Sendemast treffen wir auf einen festen Feldweg. Ihm folgen wir nach links in Richtung des bereits sichtbaren Unterböhringen, werden aber noch vor dem Ort nach rechts auf einen Feldweg verwiesen.

✓ Nicht versäumen

Die 1275 erstmals erwähnte ev. Pfarrkirche St. Gallus in Bad Überkingen ist eine Chorturmanlage aus dem 15. Jahrhundert. Sie wurde 1589 erweitert, damals erhielt sie auch die eingezogene Holzdecke mit 63 von Künstlern aus Konstanz und Geislingen bemalten Feldern. 1765 wurde sie barockisiert. Taufstein und Kanzel stammen von etwa 1730, die Apostelbilder und der Passionszyklus an den Emporenwänden von 1697. Sehenswert sind auch die verschiedenen Epitaphe.

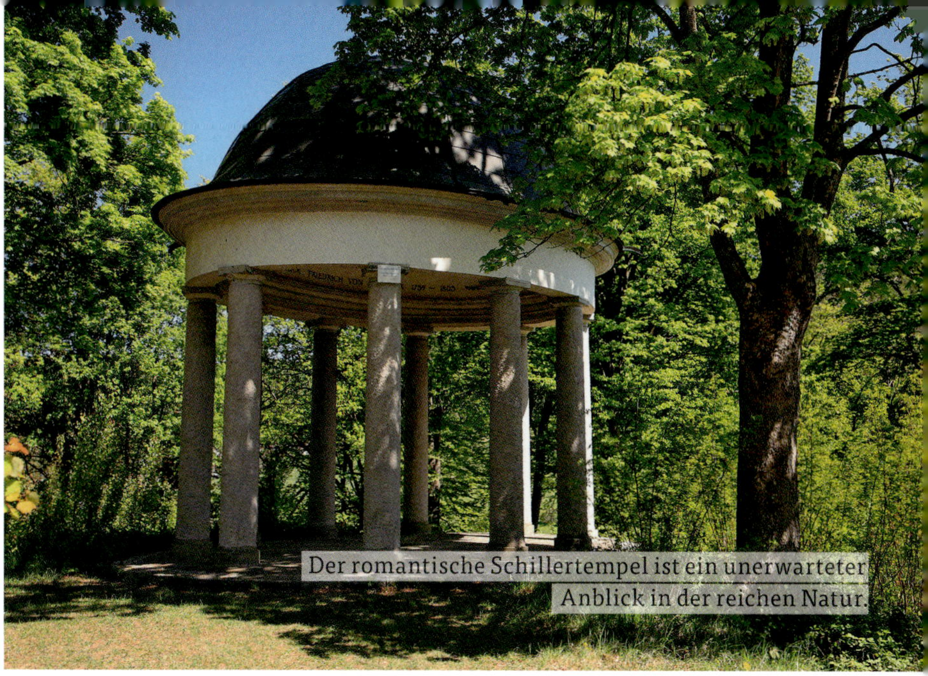

Der romantische Schillertempel ist ein unerwarteter Anblick in der reichen Natur.

Am nächsten querenden Feldweg biegen wir links ab. Er führt uns als Michael-Knoll-Straße in den Ort. Nach der Kreuzung sehen wir wieder eine große Wandertafel, hier gehen wir geradeaus weiter, nun in der von-Krafft-Straße. Nach den Häusern kommen wir zum Golfplatz. Wir behalten an der Schranke unsere Richtung bei, werden aber gleich nach links zum Restaurant verwiesen.

Blick zur anderen Seite des Bergs An diesem spazieren wir links über den Parkplatz vorbei. Danach geht es etwas abwärts zum Waldrand. Hier biegen wir rechts ab in Richtung »Ramsfels«. Wo der Schotterweg nach rechts zieht, wandern wir nach links im Wald auf einem Pfad weiter. Nach einer Weile erreichen wir den Ramsfels. Von ihm aus bietet sich uns ein prächtiger Blick nach Kuchen. Auch der Tegelberg, die Burg Scharfeneck und die drei Kaiserberge sind zu sehen. Der Weg knickt hier rechts ab. Nach einer Weile verlassen wir den Wald, nun geht es zwischen Waldrand und Golfplatz weiter. Vor einer Straße halten wir uns links in den Wald in Richtung »Dreimännersitz«. Es geht bergab zu einem Forstweg, dem wir in Gehrichtung folgen. Bald erreichen wir den Aussichtspunkt Dreimännersitz. Hier gibt es nicht nur Spielgeräte und eine Grillmöglichkeit, sondern auch einen hochsitzartigen Ausguck direkt über Geislingen an der Steige. Was man sieht, ist auf einer Tafel erklärt.

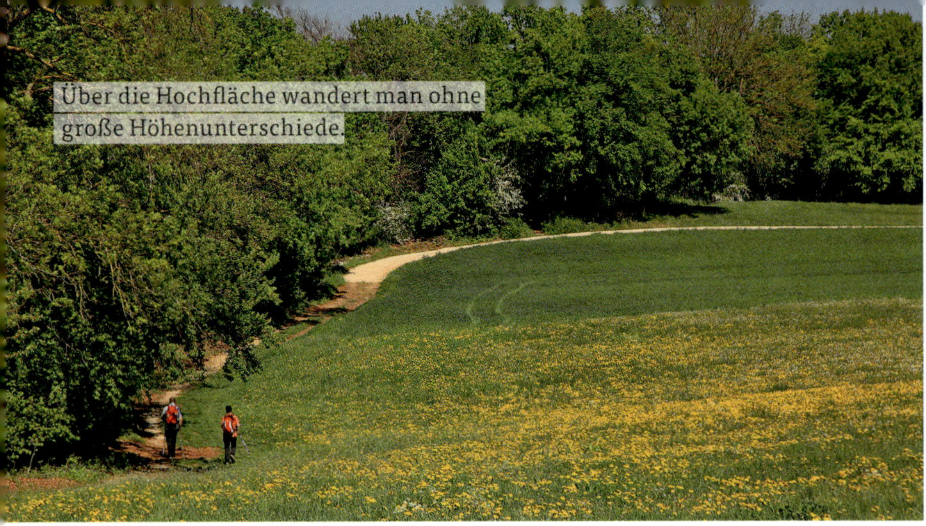

Zurück über den Schillertempel Hier geht es in Richtung »Schillertempel« nach links auf einem Pfad bergab. Er knickt bald rechts ab. Wir kommen zu einer Straße und wandern hinter ihr auf einem schmalen Pfad bis zu einem Querweg bei einem Hochbehälter. Auf diesem spazieren wir nach rechts weiter. Es geht durch eine aussichtsreiche Wiesenlandschaft, bis wir auf einen asphaltierten Querweg treffen. Nun orientieren wir uns rechts hinauf in den Wald und gehen in diesem nach links weiter. Nach etwas Anstieg und einem Stück bergab knickt der Pfad links ab und wir verlassen den Wald. Gleich darauf sind wir am Schillertempel.

Der Wanderweg knickt an dieser Stelle rechts ab. Wir durchqueren einen stellenweise recht urtümlich wirkenden Wald und erreichen nach einiger Zeit die erste Wandertafel dieser Tour am Waldrand. Dann geht es nach links auf bekanntem Weg zurück.

✓ Nicht versäumen

Ein kleiner Rundgang durch das alte Bad Überkingen nebst einer Einkehr wäre ein passender Ausklang nach dieser schönen Tour. Der 1258 erstmals genannte Ort hat dieselbe Geschichte wie die helfensteinische Herrschaft Geislingen. Er war im 14. Jahrhundert das Bad der Reichsstadt Ulm, und bereits Mitte des 15. Jahrhunderts empfahlen Ulmer Ärzte hier Badekuren. Die Überkinger Säuerlinge waren schon im 12. Jahrhundert bekannt. Einen erneuten Aufschwung brachte die Entdeckung der Adelheidquelle 1927.

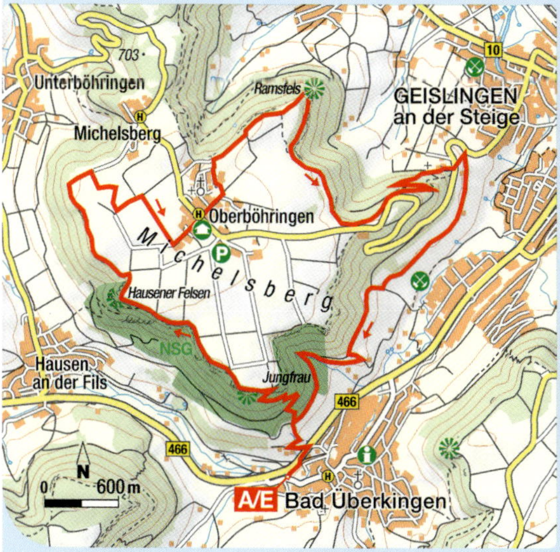

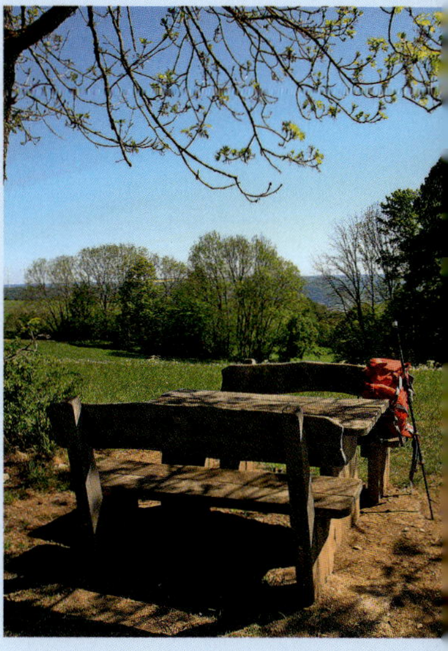

✔ Hier geht's lang

Ausgangs- und Endpunkt: Bad Überkingen, Parkplatz Autalhalle, Hausener Straße, GPS: 48.599678, 9.789925

Tourencharakter: Wir wandern zu großen Teilen auf Pfaden und Naturwegen, aber auch auf befestigten Wegen.

Karte: Wanderkarte W230 Geislingen a. d. Steige, 1:25 000, Landesamt für Geoinformation und Landentwicklung Baden-Württemberg (LGL) in Zusammenarbeit mit dem Schwäbischen Albverein e. V.

Bahn/Bus: Bahn bis Geislingen (Steige), weiter mit dem Bus bis Bad Überkingen Haltestelle Bad Hotel.

Auto: A81 bis Ausfahrt Mühlhausen, dann auf der B466 bis Bad Überkingen

Einkehr: Schwäbische Küche gibt es im Gasthaus Hirsch in Oberböhringen (www.gasthaus-hirsch-oberboehringen.de).

Information: www.loewenpfade.de, www.bad-ueberkingen.de

13 Mittel | 10,7 km | 190 Hm | 3 Std.

Felsenpracht im Eselsburger Tal

Zu den Steinernen Jungfrauen

Die Steinernen Jungfrauen sind markante, menschenähnliche Felsen. Der Sage nach sollen es die versteinerten Mägde von der Burg Falkenstein sein, die von ihrem bösen Ritterfräulein verzaubert wurden. Heute erfreuen wir uns an den beeindruckenden Felsformationen und Heidelandschaften in dem idyllischen Tal, durch das sich die Brenz schlängelt.

✔ Darum einzigartig

Das Eselsburger Tal mit den interessanten Felsformationen zählt zu den schönsten Abschnitten des Brenztals.

Hinab ins Brenztal Wir wandern vom Parkplatz aus auf dem nach Westen ins Eselburger Tal hinabführenden Feldweg durch eine schöne Heidelandschaft. Im Tal angelangt, halten wir uns links. Bald spazieren wir durch die Ansiedlung Eselsburg, dann biegen wir in der Falkensteiner Straße rechts ab.

Über den Spitzbubenfels Nach dem Ort wandern wir wieder im Brenztal. Wo der Weg in den Wald führt, biegen wir links ab und wandern auf dem breiten Forstweg hinauf. Links des Weges sehen wir bald eine markante, ausgehöhlte Felsformation, den Spitzbubenfels. Nach ihm geht es weiter hinauf bis zur Landstraße und einem Parkplatz. Dort orientieren wir uns rechts und gehen nach dem Parkplatz mit dem Wanderzeichen roter Strich nach rechts in den Wald.

Von Falkenstein ins Tal und wieder hinauf Der Wanderweg knickt bald links ab. Nach einiger Zeit verlassen wir den Wald und wandern an Feldern vorbei. Schließlich führt rechts ein Forstweg hinab ins Brenztal. Wir gehen aber noch kurz weiter zur Domäne Falkenstein.

Hier halten wir uns vor dem ersten Gebäude rechts, dann werden wir nach rechts zu einem Aussichtsfels verwiesen. Von ihm aus hat man eine schöne Aussicht hinab ins Tal und zur Brenz. Wer will kann auch der Maria-Magdalena-Kapelle in der Domäne einen Besuch abstatten.

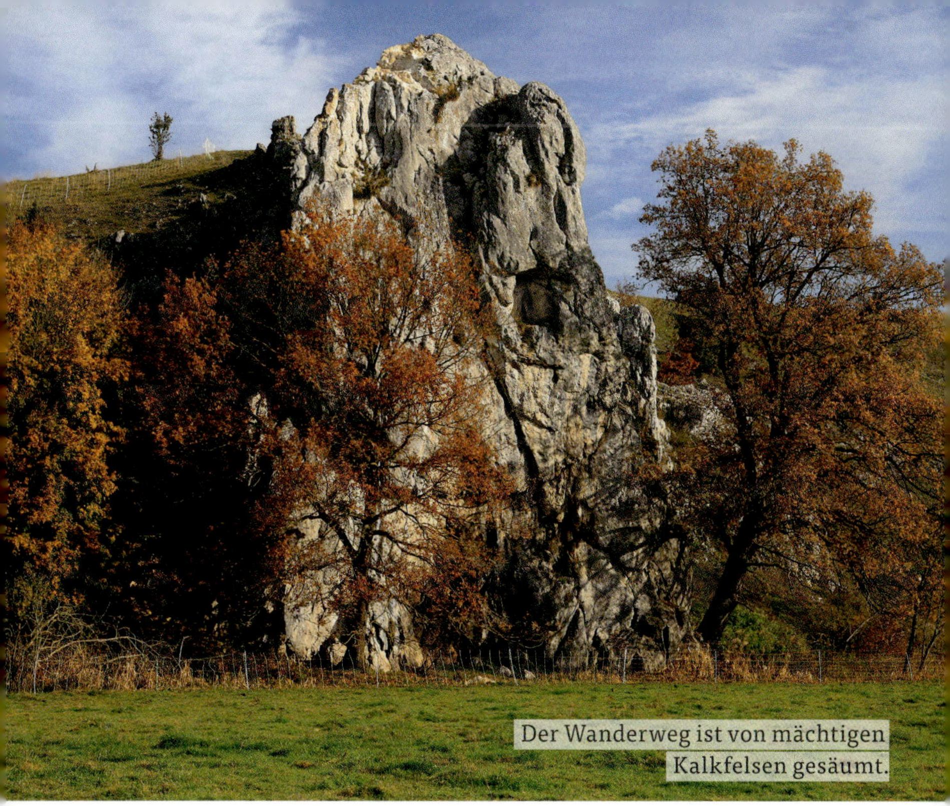

Der Wanderweg ist von mächtigen Kalkfelsen gesäumt.

Danach wandern wir auf dem steilen Steig – Vorsicht bei feuchtem Wetter – hinab zur Brenz. Wir überqueren sie und setzen unseren Weg auf ihrer anderen Seite nach links fort (alternativ könnte man auch links des Flusses weiter bis zur Ansiedlung Bindstein und von dort über den Fluss gehen).

Über Herbrechtingen zu den Steinernen Jungfrauen Nach einiger Zeit sehen wir rechts den Fischerfels, links liegt die Ansiedlung Bindstein; hier finden wir eine Bergwachthütte und einen Grillplatz. Kurz danach folgen wir dem nach rechts schräg durch die Wiesen hinaufführenden Wiesenweg. Oben angelangt, sollten wir zuerst den Rückblick genießen, dann wandern wir noch kurz geradeaus weiter. Am nächsten Weg biegen wir rechts ab, passieren die rechts liegende Scheune und einen links liegenden lichten Laubwaldbestand. Am nächsten querenden Weg, wo es nicht mehr geradeaus weitergeht, biegen wir links ab und wandern auf dem Sträßchen nach links hinab nach Herbrechtingen. Vom Weg aus haben wir einen prächtigen Blick auf den Ort und in Richtung Heidenheim.

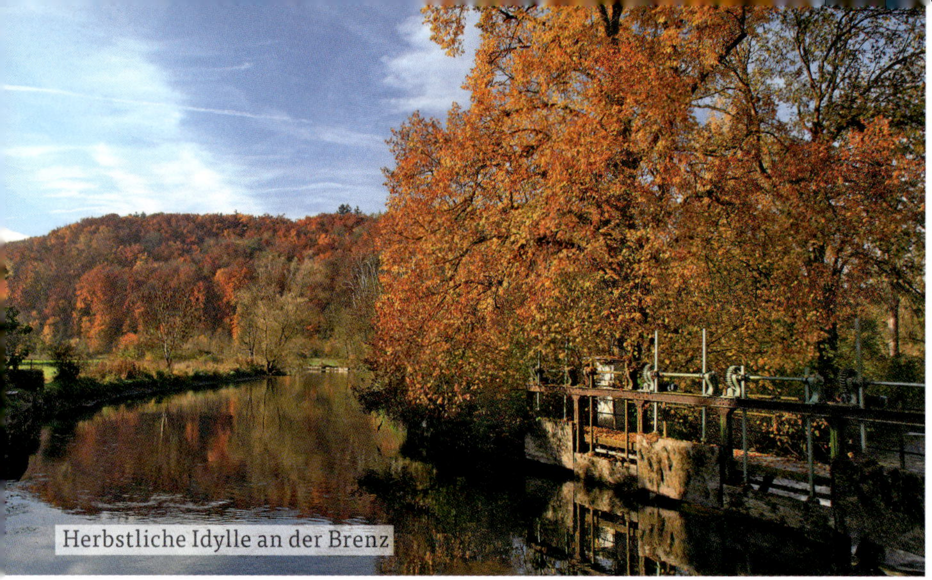

Herbstliche Idylle an der Brenz

Nach dem Hallenbad und dem Parkplatz orientieren wir uns rechts in den Baumschulenweg, überqueren erst die Brenz und wandern an einem Parkplatz vorbei. Nach dem querenden Kanal biegen wir rechts ab in die Eselsburger Straße. Wir kommen am Heimatmuseum vorbei, anschließend verlassen wir Herbrechtingen und spazieren gemütlich entlang der Heide- und Felslandschaft durch das Eselsburger Tal. Schließlich kommen wir zu den »Steinerne Jungfrauen« genannten spitzen Felsen.

Kurz danach gehen wir auf bekanntem Weg nach links hinauf zum Ausgangspunkt.

✔ Nicht versäumen

Das in einem kleinen Fachwerkhaus, der ehemaligen Sägemühle von 1799, eingerichtete Heimatmuseum Herbrechtingen gibt einen guten Einblick in die einstigen bäuerlichen Wohn- und Arbeitsverhältnisse der Schwäbischen Alb. Interessant ist auch die Einrichtung mit Stube, Küche, Schlafkammer, dazu Waschküche und Mostkeller, denn sie zeigt die heute verschwundene Wohnkultur des 19. Jahrhunderts. Auch die gezeigten landwirtschaftlichen und handwerklichen Arbeitsgeräte wird wohl kaum noch jemand kennen. Besonders interessant sind hier die Exponate zur Flachsverarbeitung, früher ein bedeutender Erwerbszweig auf der Alb.

✔ Hier geht's lang

Ausgangs- und Endpunkt: Herbrechtingen, Wanderparkplatz Eselsburger Tal an der L1079, GPS: 48.601540, 10.186633

Tourencharakter: Die Wanderung verläuft meist auf festen Wegen. Es gibt aber auch unbefestigte Abschnitte, bei denen man aufpassen muss und trittsicher sein sollte.

Karte: Wanderkarte W231 Heidenheim a. d. Brenz, 1:25000, Hrsg.: Schwäbischer Albverein e. V., Kartografie: Landesamt für Geoinformation und Landentwicklung Baden-Württemberg (LGL)

Bahn/Bus: Bahn bis Herbrechtingen, Bus bis Haltestelle Herbrechtingen Hallenbad

Auto: A8 bis Kreuz Ulm/Elchingen, dann auf der A7 bis Ausfahrt Niederstotzingen, weiter auf der L1079

Einkehr: Im Restaurant Hirschbachkeller & Klostergarten in Herbrechtingen wird in designten Räumen schwäbische Küche modern interpretiert. klostergastronomie.info

Information:
www.herbrechtingen.de

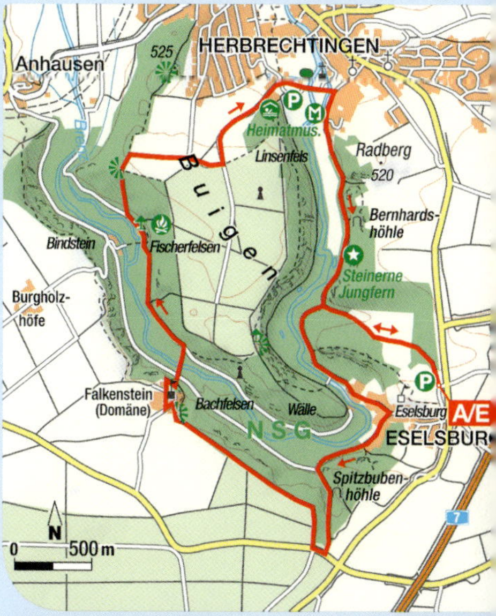

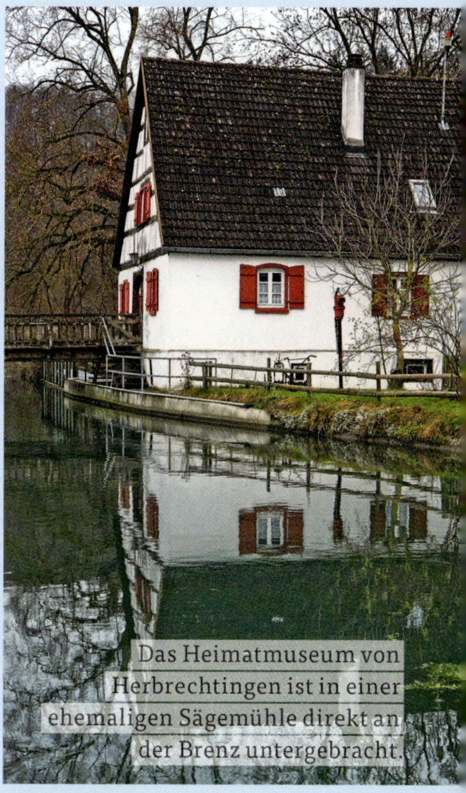

Das Heimatmuseum von Herbrechtingen ist in einer ehemaligen Sägemühle direkt an der Brenz untergebracht.

14 Leicht | 5,2 km | 100 Hm | 2 Std.

Den Schneewalzer tanzen

Bequemer geht's im Winter kaum

Da freut man sich auf den Winter: Die Schwäbische Alb glänzt im gezuckerten Winterkleid. Die Natur ist herabgefahren, nur Stille und weiße Pracht. Auf dem »Schneewalzer« ist man zwar nicht alleine unterwegs, aber das malerische Dörfchen Burgfelden, die aussichtsreiche Hochfläche des Heersberges und die Wacholderheide lohnen diese Tour allemal.

✓ Darum einzigartig

Zu den vielen »normalen« Premiumwanderwegen, den Traufgängen, hat Albstadt auch zwei Premium-Winterwanderwege ausgewiesen. Einer davon ist der »Schneewalzer«. Er ist gewalzt, also bestens zu begehen. Wacholderheide, Freiflächen und Aussichtspunkte bestimmen die Landschaft. Sollte der Premiumweg noch nicht präpariert sein, kann man immer noch auf dem normalen Weg zum Heersberg wandern. Optimal ist es, wenn man Schneeschuhe dabei hat, um bequem über die ungebahnte Schneefläche wandern zu können.

Auf die gewalzte Bahn In Burgfelden folgen wir dem Burgweg zum Parkplatz Heersberg. An dessen Anfang werden wir auf den gebahnten Premium-Winterwanderweg nach rechts verwiesen. Verfehlen kann man die Strecke nicht, denn sie ist nicht nur bestens mit blauen Schildern markiert, sondern man folgt einfach der gewalzten Bahn. Zuerst geht es links der Häuser zum Trauf wo wir uns links halten. Am nächsten Linksknick befindet sich ein Aussichtspunkt mit herrlichem Blick hinab ins Eyachtal und zu den Albhöhen dahinter. Sollten bereits Wegspuren nach rechts hinabführen, ist dies ein (nicht gewalzter) Abstecher zur Schalksburg und zu ihrem Aussichtsturm. Der Weg dorthin lohnt sich, er beträgt einfach nur 700 Meter.

Nach der Schalksburg geht's zum Heersberg Ansonsten folgen wir dem gebahnten Weg nach links. Er verläuft ständig entlang des Traufs, wobei wir immer wieder an Aussichtspunkten vorbeikommen. Nach einiger Zeit überqueren wir das Sträßchen und wandern auf seiner linken Seite sanft aufwärts.

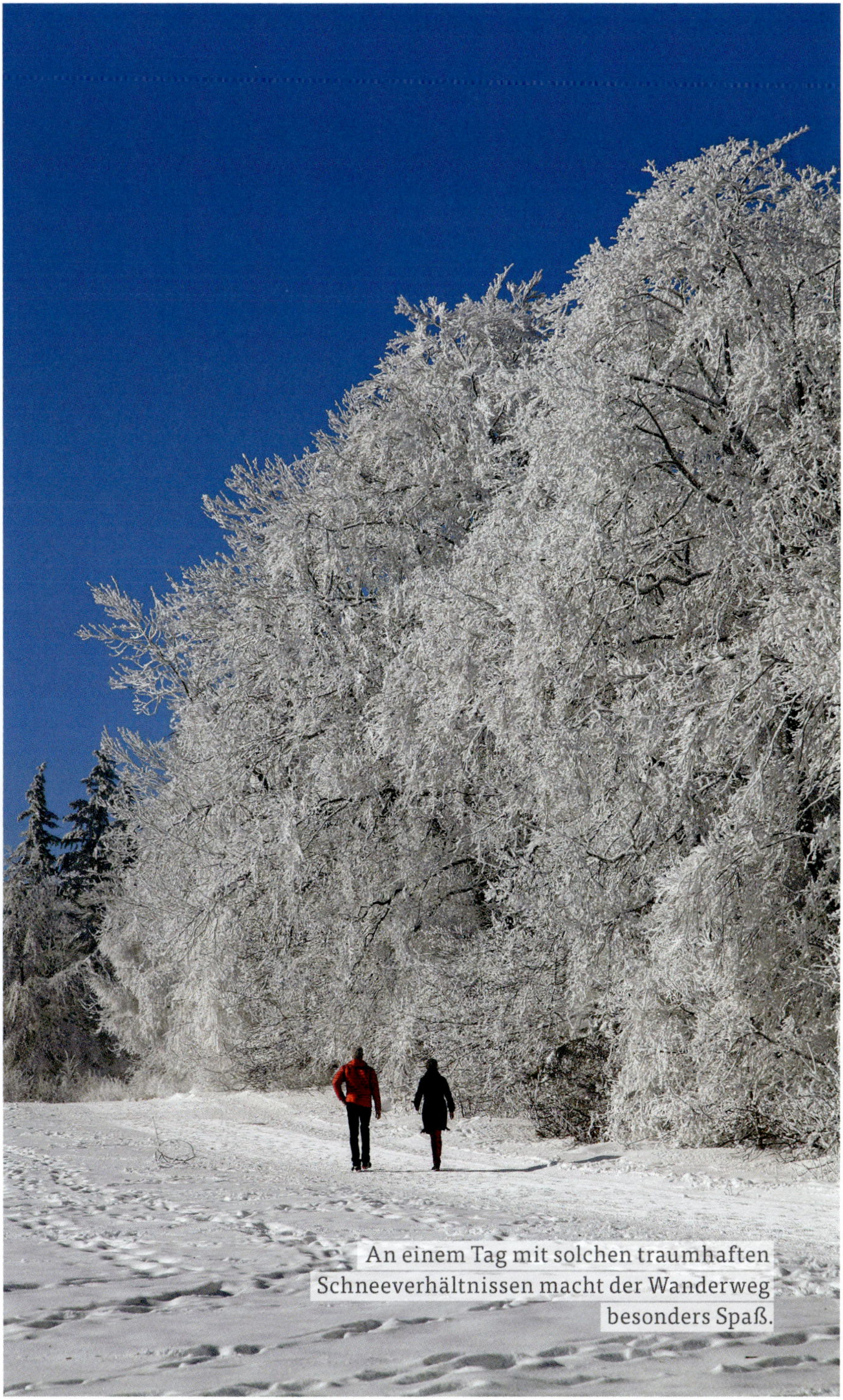

An einem Tag mit solchen traumhaften Schneeverhältnissen macht der Wanderweg besonders Spaß.

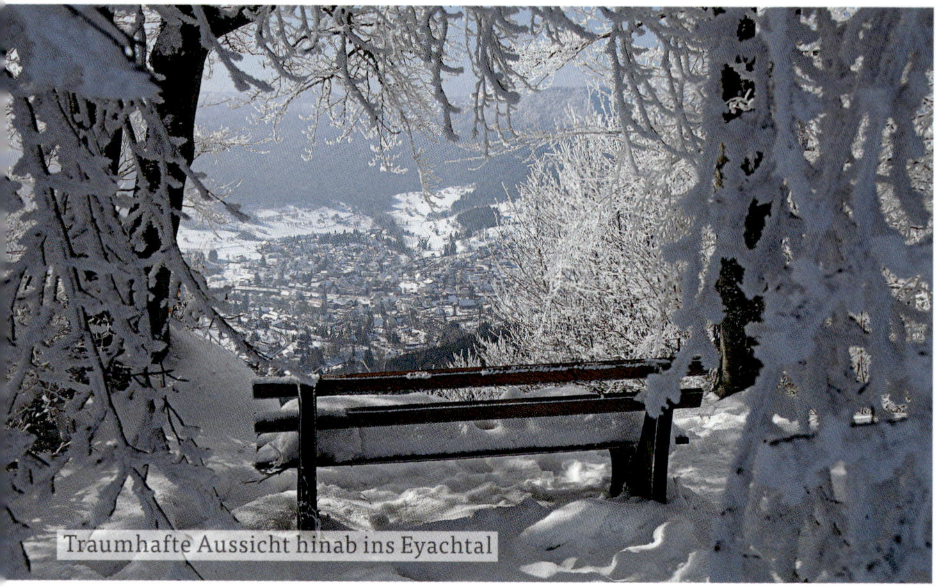

Traumhafte Aussicht hinab ins Eyachtal

Dann überqueren wir den vom Sträßchen im rechten Winkel links abknickenden Weg zum Wasserbehälter. Kurz danach führt der präparierte Weg ebenfalls nach links leicht bergauf zum Heersberg.

Mit auf und ab durch die weiße Pracht Auf dieser Erhebung können wir uns an einer für die Schwäbische Alb typischen Wacholderheide erfreuen. Die markanten Bäume haben durch die Last des Schnees teils bizarre Formen angenommen. Vom höchsten Punkt bietet sich eine weite Aussicht über das Gebiet, auf Burgfelden und zur Schalksburg.

Anschließend führt uns der Weg in einigen Kurven wieder abwärts. Er zieht kurz nach rechts, dann wieder hinab und schließlich nach links. Nach einer »Ausbuchtung« nach rechts bringt uns der Weg wieder in die Nähe des Sträßchens. Er verläuft nach einem Spielplatz nach rechts bis kurz vor die Häuser und von dort nach links zurück zum Ausgangspunkt.

✔ Nicht versäumen

Die kleine Michaelskirche von Burgfelden ist mit sehenswerten Fresken ausgemalt.

✔ Hier geht's lang

Ausgangs- und Endpunkt: Albstadt-Burgfelden, Burgweg 44, GPS: 48.238341, 8.931020

Tourencharakter: Der Premium-Winterwanderweg ist nur bei entsprechender Schneelage präpariert und begehbar. Nach Schneefall kann es auch etwas dauern, bis er hergerichtet ist. Informationen hierzu findet man auch im Schneebericht (www.albstadt-tourismus.de/Schneebericht), www.traufgaenge.de oder bei der Tourist-Information Albstadt, Tel: 07431 1601204.

Karte: Freizeitkarte F526 Sigmaringen, 1:50 000, Landesamt für Geoinformation und Landentwicklung Baden-Württemberg (LGL)

Bahn/Bus: Bahn bis Albstadt-Ebingen, weiter mit dem Bus nach Burgfelden, Haltestelle Ortsmitte

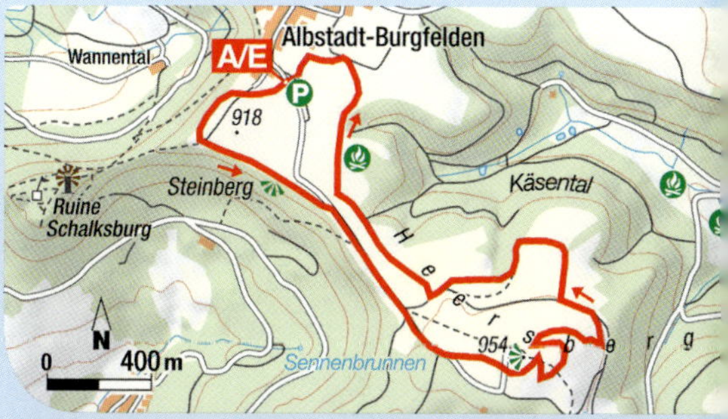

Auto: Ab Balingen auf der B463 in Richtung Albstadt-Ebingen. Dann auf der L442 über Dürrwangen, Stockenhausen und Zillhausen bis kurz vor Pfeffingen. Dort rechts ab nach Burgfelden. Den Parkplatz erreicht man, wenn man dem Burgweg aus dem Dorf hinaus folgt.

Einkehr: Nach der Tour isst man gut im Landhotel Post in Burgfelden (www.landhaus-post.de).

Information:
www.traufgaenge.de

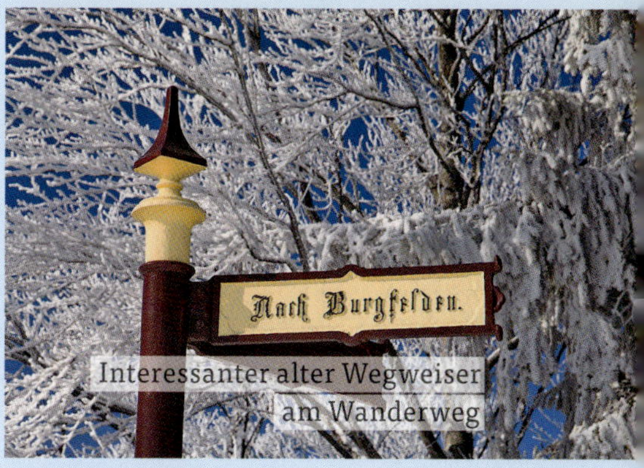

Interessanter alter Wegweiser am Wanderweg

15 ● Schwer | 15,6 m | 410 Hm | 6 Std.

Premiumwandern mit dem »Zollernburg-Panorama«

Berühmte Burg, berühmter Anblick

Der Weg zum wohl berühmtesten Blick zur Burg Hohenzollern ist für manche der schönste der Albstädter Traufgänge. Aber auch die Aussicht vom Kohlwinkelfels, vom Backofenfels oder vom Hangenden Stein ist grandios. Die Wacholderheiden, die Landschaft auf dem Raichberg, die Felsformationen sowie die zahlreichen Orchideen und der Gelbe Enzian in den naturnahen Wiesen machen diese Wanderung zu etwas Besonderem.

✔ Darum einzigartig

Die Wanderung führt zu dem aus vielen Kalendern und Bildbänden bekannten Aussichtsplatz zur Burg Hohenzollern, dem Zeller Horn. Zudem gibt es unterwegs viele weitere Aussichtspunkte, Wacholderheiden, einen Aussichtsturm mit Blicken zum Schwarzwald mit dem Feldberg und den Alpen mit der Zugspitze sowie einen Schaukohlemeiler.

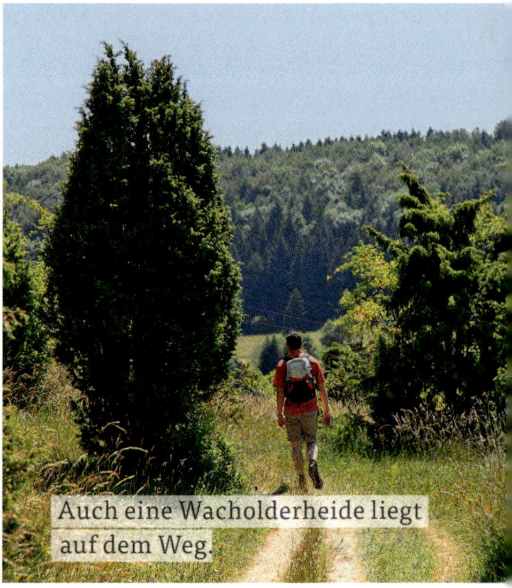

Auch eine Wacholderheide liegt auf dem Weg.

Über den Heiligenkopf zum Zeller Horn Von den Parkplätzen beim Stichwirtshaus gehen wir rechts des Gasthauses auf dem Zugangsweg zum Traufgang. Außer »Stich« als Endziel auf allen Wanderschildern ist vorerst als Nahziel »Heiligenkopf« angegeben.

Am Hang treffen wir auf einen querenden Weg und halten uns links – am Ende kommen wir hier von rechts zurück. Nun steigt es im Wald etwas an und mit

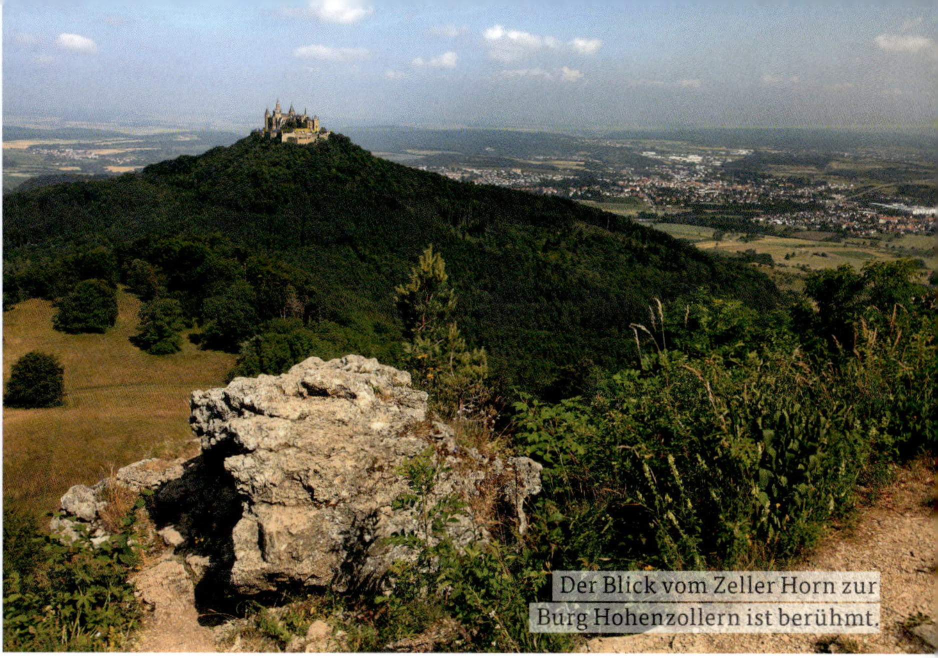
Der Blick vom Zeller Horn zur Burg Hohenzollern ist berühmt.

immer wieder schönen Aussichten nach links zum Bergrücken des Irrenbergs wandern wir auf teilweise überwurzeltem Weg bis zum Aussichtspunkt Heiligenkopf (893 m).

Dort halten wir uns rechts in Richtung »Zollersteighof«. Auch jetzt kommen wir an verschiedenen Aussichtspunkten, unter anderem zum Hohenzollern, vorbei. Nach dem Wald gehen wir kurz über die Wiese nach rechts, dann nach links zum Zollersteighof. Wer will kann hier eine Rast einlegen und einkehren. Ansonsten orientieren wir uns links zum »Zeller Horn«. Wir wandern im Wald auf einem breiten Weg etwas abwärts. Danach geht es im Zickzack auf einem steilen Steig hinauf zum Zeller Horn.

Zum Hangenden Stein Nun halten wir uns an das nächste große Ziel, den »Hangenden Stein«. Es geht erst im Wald auf gutem Weg relativ eben zurück, danach biegen wir links ab und steigen auf einem Steig etwas hinauf. Jetzt folgen weitere Aussichtsfelsen mit Blick zum Hohenzollern und ins Albvorland. Immer am Trauf entlang, vorbei am Backofenfelsen, am Trauffelsen und an markanten Bäumen geht es abwärts zum Hangenden Stein. Noch vor diesen mächtigen Felsformationen am Trauf überqueren wir einen tiefen Felsspalt auf einer Brücke. Auch hier haben wir immer wieder einen schönen Blick zum gegenüberliegenden Albtrauf.

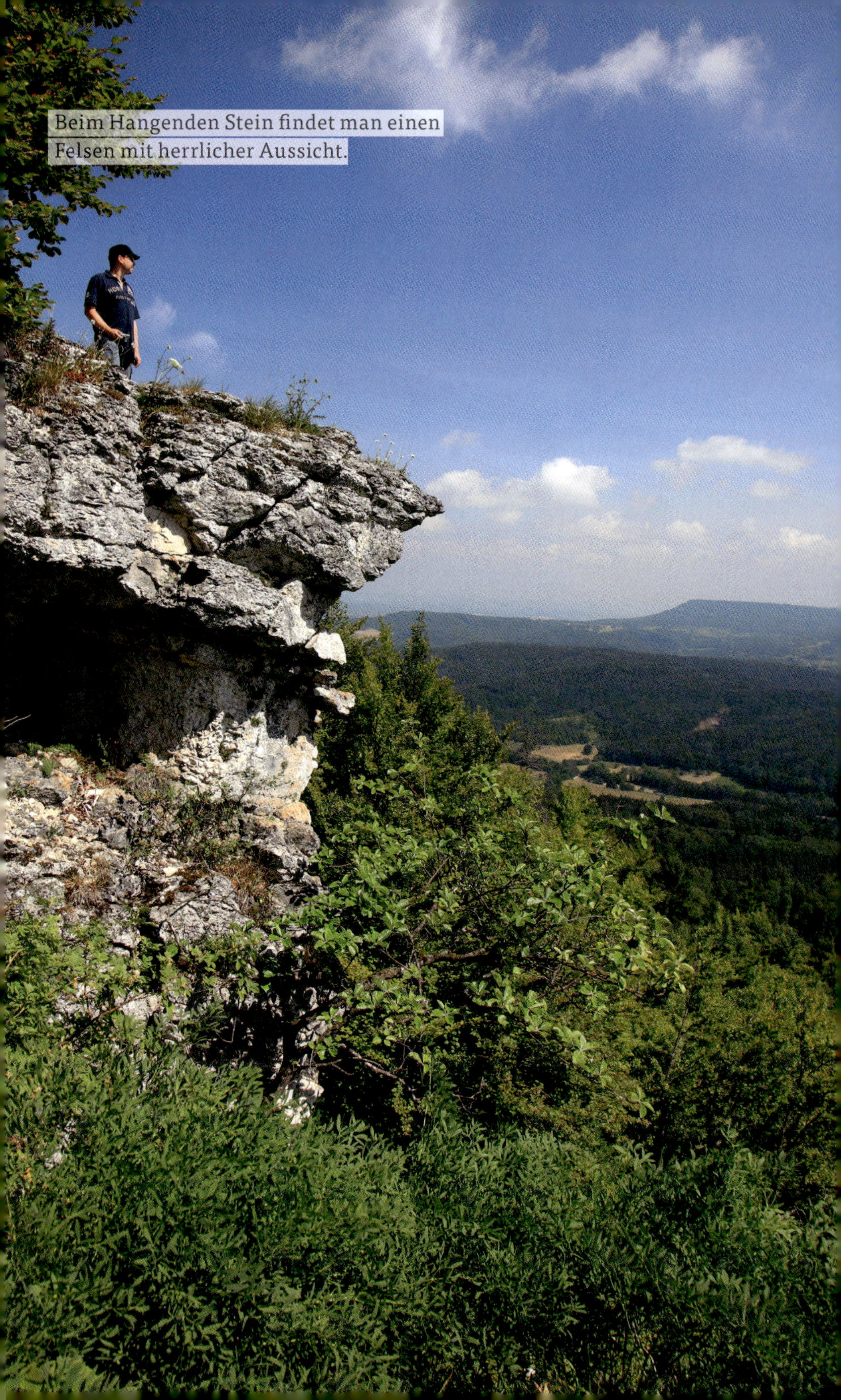

Beim Hangenden Stein findet man einen Felsen mit herrlicher Aussicht.

Kurz nach dem Hangenden Stein zieht der Pfad nach rechts. Wir verlassen den Wald und biegen mit den Schildern des Traufgangs Richtung Parkplatz »Stocken« links ab. Nach einer Wiesenfläche wandern wir in einer Schneise am links liegenden Waldrand entlang. In diesen werden wir verwiesen. Nach kurzem Anstieg geht es an einem querenden Weg rechts weiter. Erst gehen wir aber 100 Meter nach links zum »Kohlwinkelfels«. Er bietet uns eine prächtige Aussicht auf den Hangenden Stein, den Albtrauf und das Albvorland. Danach wandern wir wieder zurück und geradeaus weiter zum Waldrand. Dort biegen wir links ab.

✔ Einkehr

Zur Einkehr empfehlen sich das Wanderheim Nägelehaus des Schwäbischen Albvereins (www.naegelehaus.de) mit einem LOWA-Testcenter, in dem man die neuesten Wanderschuhe des Herstellers direkt im Gelände kostenlos testen kann, oder das Berghotel Zollersteighof (www.hotel-restaurant-zollersteighof.de). In beiden kann auch übernachtet werden.

Über den Gockeler zum Nägelehaus Wir überqueren einen Feldweg, dann gehen wir am Waldrand des links liegenden Hügels »Gockeler« entlang. Nach ihm halten wir uns vor dem links liegenden »Schafhaus« auf den Feldweg rechts. Wo von rechts ein Feldweg einmündet weist uns das Zeichen nach links. Etwas unterhalb des Feldwegs halten wir uns an die Beschilderung zum Parkplatz »Stocken«.

Beim Parkplatz überqueren wir das Zufahrtssträßchen zum Nägelehaus und folgen auf der anderen Seite dem Feldweg, der uns zu einem weiteren Parkplatz bringt. Wir halten uns rechts und überqueren die Straße. Dahinter nehmen wir den Weg, der uns, vorbei an einer Köhlerstätte mit einem Meiler und danach im Wald, zum Nägelehaus des Schwäbischen Albvereins und dem bei ihm stehenden Aussichtsturm bringt. Eine Besteigung lohnt sich, hat man doch einen Blick zum Feldberg im Schwarzwald und zu den Alpen,unter anderem zur Zugspitze.

Zurück durchs Flachmoor Ab dem Nägelehaus folgen wir der Beschilderung in Richtung »Dagersbrunnen«. Es geht erst über eine Wiese, dann durch ein Waldstück und darauf nach links. Wir wandern an ein paar Bauernhäusern,

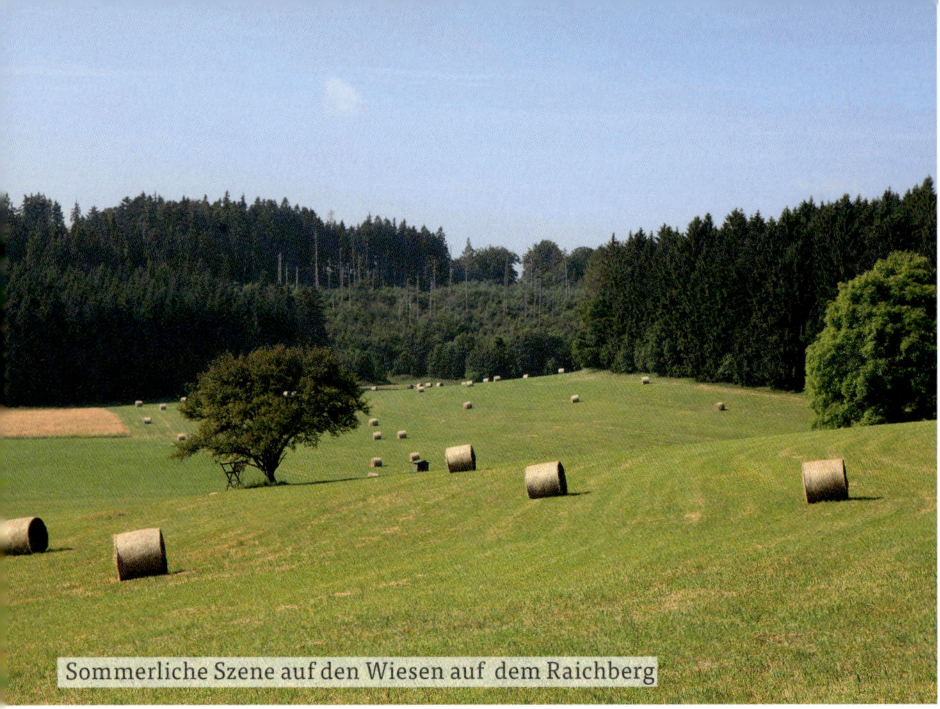

Sommerliche Szene auf den Wiesen auf dem Raichberg

der Ansiedlung Dagersbrunnen, vorbei und treffen danach auf eine Straße. Wir überqueren sie und wandern bergab zu einem breiten Weg. Hier biegen wir links ab in Richtung »Stich«. Der Weg führt uns zwischen Wäldern durch das Ruchtal, wo wir einmal auf die linke Talseite wechseln müssen, unsere Richtung aber beibehalten.

Der Weg zieht nach links und wir wandern unterhalb einer Wacholderheide, bis wir im rechten Winkel nach rechts verwiesen werden. Wir überqueren die junge Schmiecha und gehen durch das feuchte Flachmoor wieder etwas hinauf. An einem querenden Weg geht es etwas nach rechts versetzt auf der anderen Seite weiter bis zur bekannten Verzweigung vor dem Stichwirtshaus. Nach links kommen wir zurück zum Ausgangspunkt.

✔ Nicht versäumen

Der Hangende Stein ist eine nähere Erkundung wert: Die vielen, zum Teil tiefen Gräben im Fels zeigen uns, wie hier langsam, aber sicher der Albtrauf abbricht und abbröckelt. Bis in etwa 15 Millionen Jahren wird die Alb eingeebnet sein.

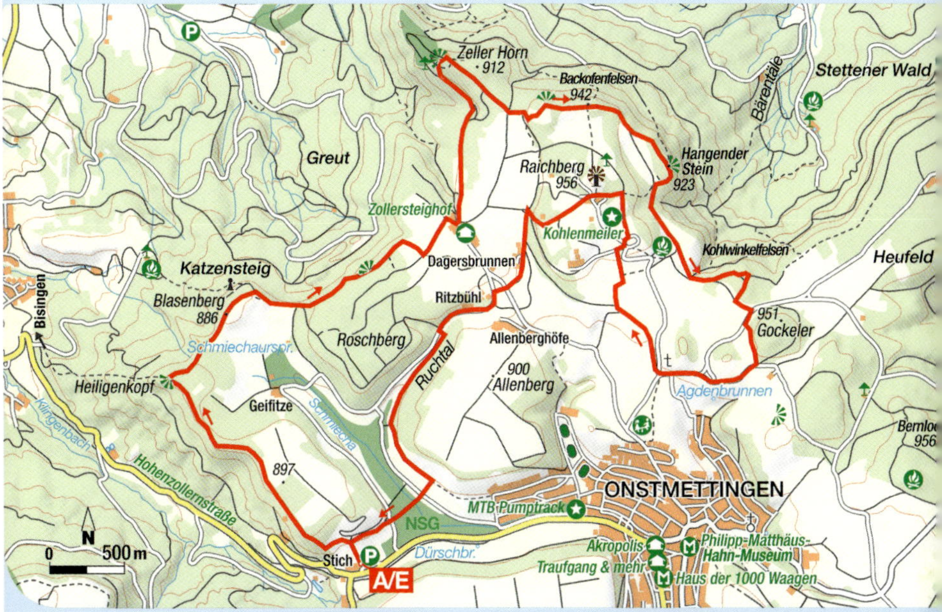

✔ Hier geht's lang

Ausgangs- und Endpunkt: Albstadt-Onstmettingen, Parkplatz Stich. GPS: 48.283016, 8.972843; Ausweichparkplätze auf dem Raichberg am Parkplatz Stocken, Zollersteighof, Parkplatz Langer Weg, Parkplatz Fuchsfarm und beim Nägelehaus.

Tourencharakter: Überwiegend Pfade. Ausdauer und Trittsicherheit ratsam.

Karte: Freizeitkarte F523 Tübingen Reutlingen, 1:50 000, Landesamt für Geoinformation und Landentwicklung Baden-Württemberg (LGL)

Bahn/Bus: Bahn bis Bisingen, weiter mit dem Bus bis Albstadt-Onstmettingen, Haltestellen Stich, Stocken oder Nägelehaus.

Auto: Auf der B27 bis nach Hechingen, dann über Wessingen und Zimmern nach Thanheim, von dort auf der L360 zum Stich bzw. weiter nach Albstadt-Onstmettingen und von dort auf den Raichberg.

Information: www.traufgaenge.de

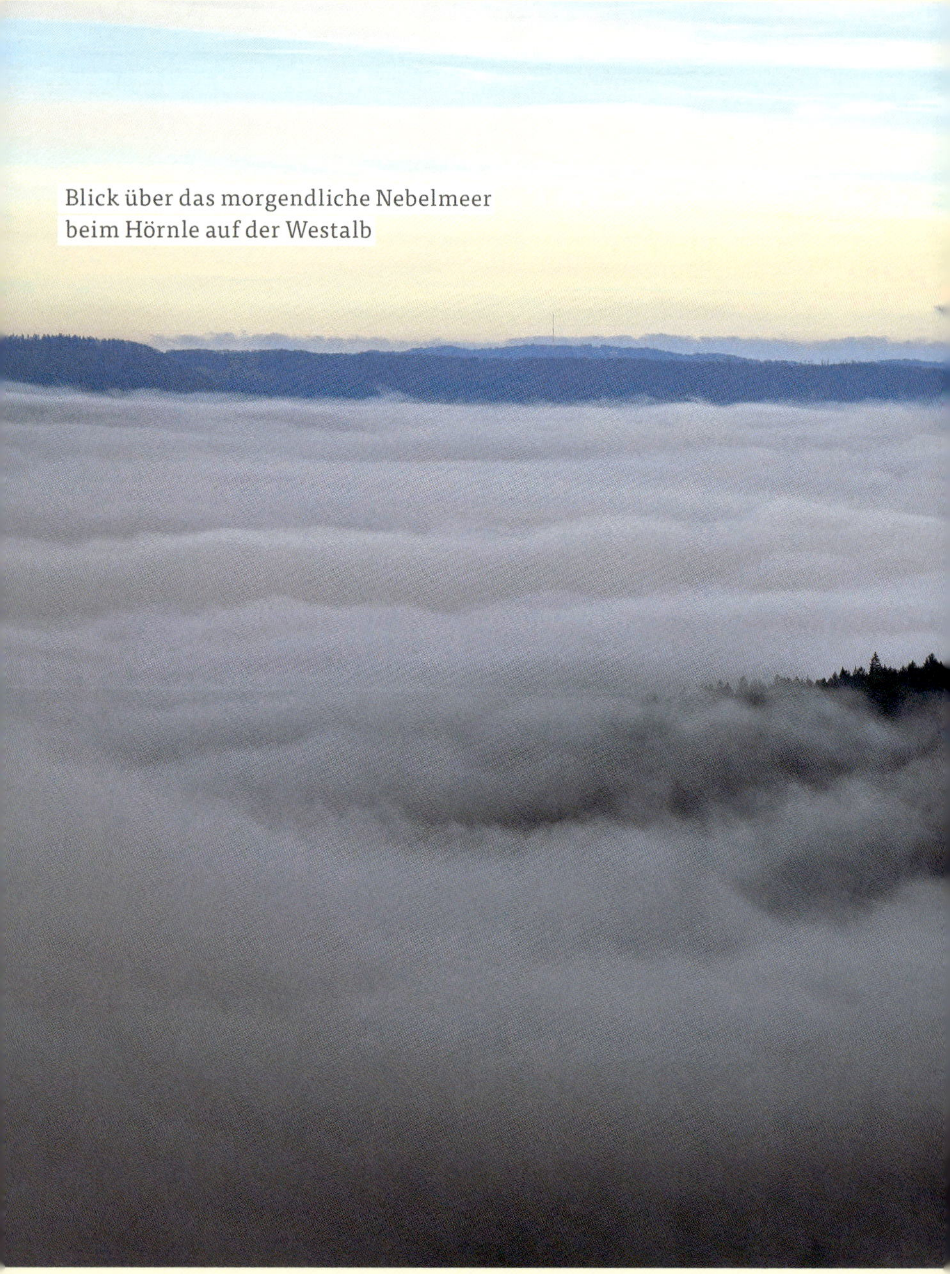

Blick über das morgendliche Nebelmeer beim Hörnle auf der Westalb

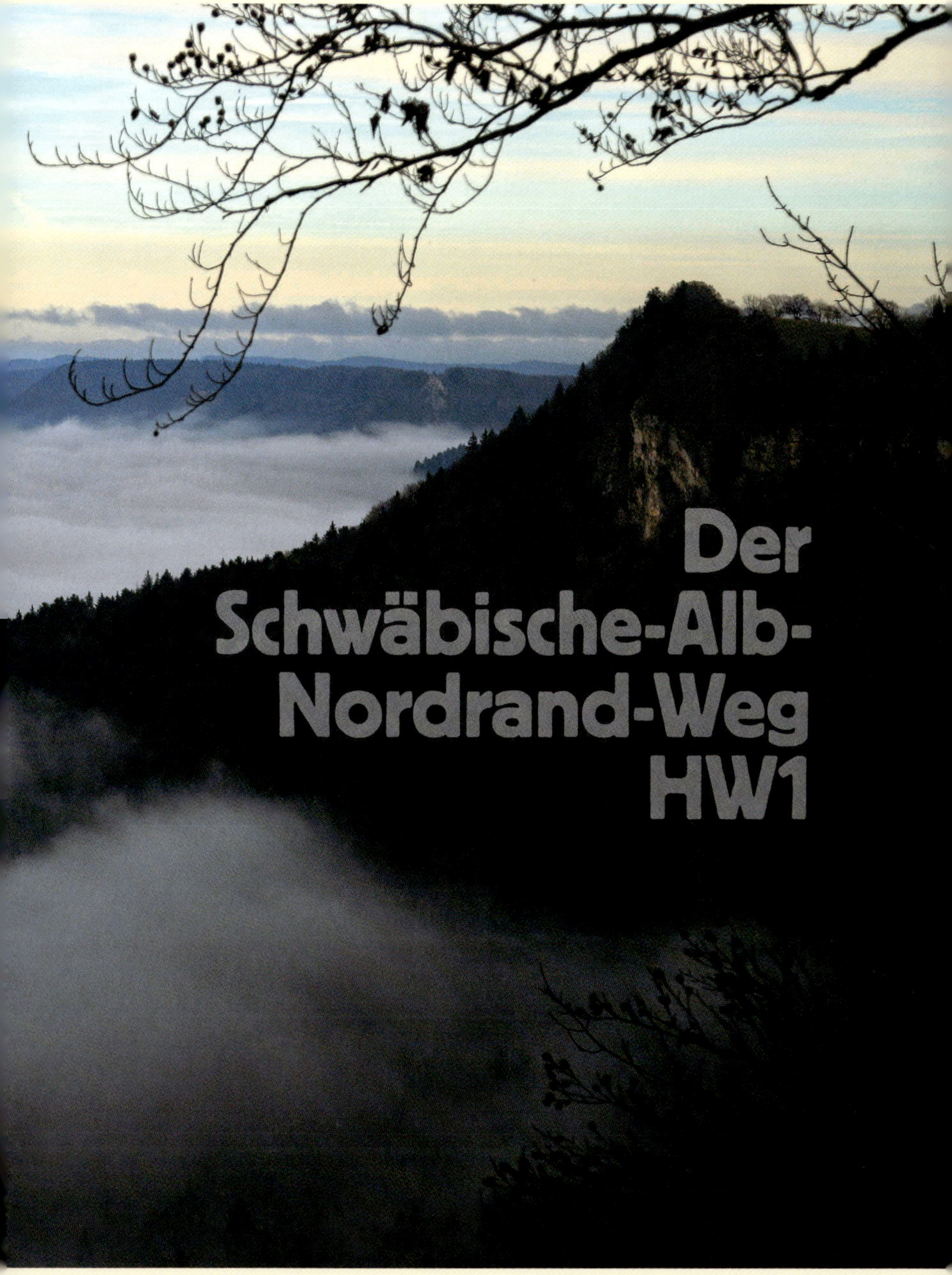

Der Schwäbische-Alb-Nordrand-Weg HW1

Der Schwäbische-Alb-Nordrand-Weg HW1

Aussichtsreich entlang des Albrands

Der Weg verläuft entlang des Albtraufs von Donauwörth über die gesamte Nordseite der Schwäbischen Alb bis nach Tuttlingen auf der Südwestalb. Er verspricht, dass die Wanderer immer wieder eine prächtige Aussicht haben, nicht zuletzt von den Burgen und Burgruinen, die sich hier in großer Zahl befinden. Zudem sind auf dem Weg prächtige Natur und reiche Landesgeschichte traulich vereint.

✓ Darum einzigartig

Von den zehn Hauptwanderwegen, die der Schwäbische Albverein in seinem Vereinsgebiets ausgewiesen hat, ist der HW1, der Nordrandweg, der älteste. Er verläuft zwischen einer Höhe von 379 Metern an seiner tiefsten und 1015 an seiner höchsten Stelle auf dem Lemberg auf der Südwestalb. Seit 2009 ist er als Qualitätsweg Wanderbares Deutschland des Deutschen Wanderverbands zertifiziert. Wer gerne seine Wanderungen dokumentiert, kann in der Hauptgeschäftsstelle einen Wanderpass anfordern, für den man nach erfolgreicher Begehung eine Wandernadel erhält.

Am Anfang einfach und flach Der Beginn des HW1 ist noch recht harmlos: Er verläuft ab Donauwörth relativ flach durch das Tal der Wörnitz zum Schloss Harburg, entlang des Ries' und des Härtsfelds, wobei hier die typische Ostalb-Landschaft eher herb und bewaldet und noch nicht so bergig ist wie später. Durch das vom Kocher charakterisierte Tal erreicht man Unterkochen. Hier steigt man aber steil auf zum Volkmarsberg, auf dem man einen Aussichtsturm findet. Danach folgt Weißenstein, dann geht es entlang des Albtraufs zum Wasserberg mit dem Wanderheim des Albvereins. Berühmt und beliebt ist das nächste Ziel, die Ruine Reußenstein, die in burgtypischer Ideallage hoch über dem Neidlinger Tal auf einem Felsen thront. Viele Aussichtsfelsen, wie zum Beispiel der Breitenstein, Burgruinen, Hinterlassenschaften des ehemaligen »Schwäbischen Vulkans« wie das Randecker Maar, die Burg Teck mit einem Wanderheim, und die Ruine Hohenneuffen folgen auf dem Weg nach Bad Urach mit dem berühmten Uracher Wasserfall.

Auch das »schwäbische Neuschwanstein«, Schloss Lichtenstein, sowie die nahe Nebelhöhle liegen auf dem weiteren Weg. Es folgen der Roßberg, der Dreifürstenstein bei Mössingen und der herrliche Raichberg. Ein kleiner Abstecher führt zum Aussichtspunkt Zeller Horn, von dem aus man den wohl schönsten Blick zur Burg Hohenzollern hat.

Burgruinen und ein Gipfelkreuz Nun wandert man über die Balinger Berge zum Aussichtsfelsen Böllat. Über Burgfelden mit seiner freskengeschmückten Michaelskirche und der Ruine Schalksburg geht es hinab ins Eyachtal. Danach steigt es wieder steil an, hinauf zum Hörnle und zum kreuzgekrönten Lochen mit dem kleinsten Wanderheim des Schwäbischen Albvereins. Die Flora weist hier alpinen Charakter auf, zudem findet man prächtige Wacholderheiden und hat am Gipfelkreuz eine herrliche Aussicht.

Über den Schafberg geht es weiter zum Plettenberg, danach quert man das Schlichemtal, steigt hinauf zum Oberhohenberg und zum 1015 Meter hohen Lemberg, dem höchsten Berg der Schwäbischen Alb. Es folgt der Dreifaltigkeitsberg mit seiner Wallfahrtskirche, danach geht es hinab zum Ziel Tuttlingen.

● Schwer | km 355 km | 10 232 Hm | 10 Etappen

✔ Hier geht's lang

Ausgangspunkt: Donauwörth

Endpunkt: Tuttlingen

Tourencharakter: Durch das Auf und Ab ist der HW1 anspruchsvoll, zudem verläuft er überwiegend auf Naturpfaden. Er ist durchgehend mit einem roten Dreieck markiert, dessen Spitze in Richtung Tuttlingen zeigt.

Information: www.albverein.net

Inmitten der weiten Weinberge liegt Schloss Staufenberg.

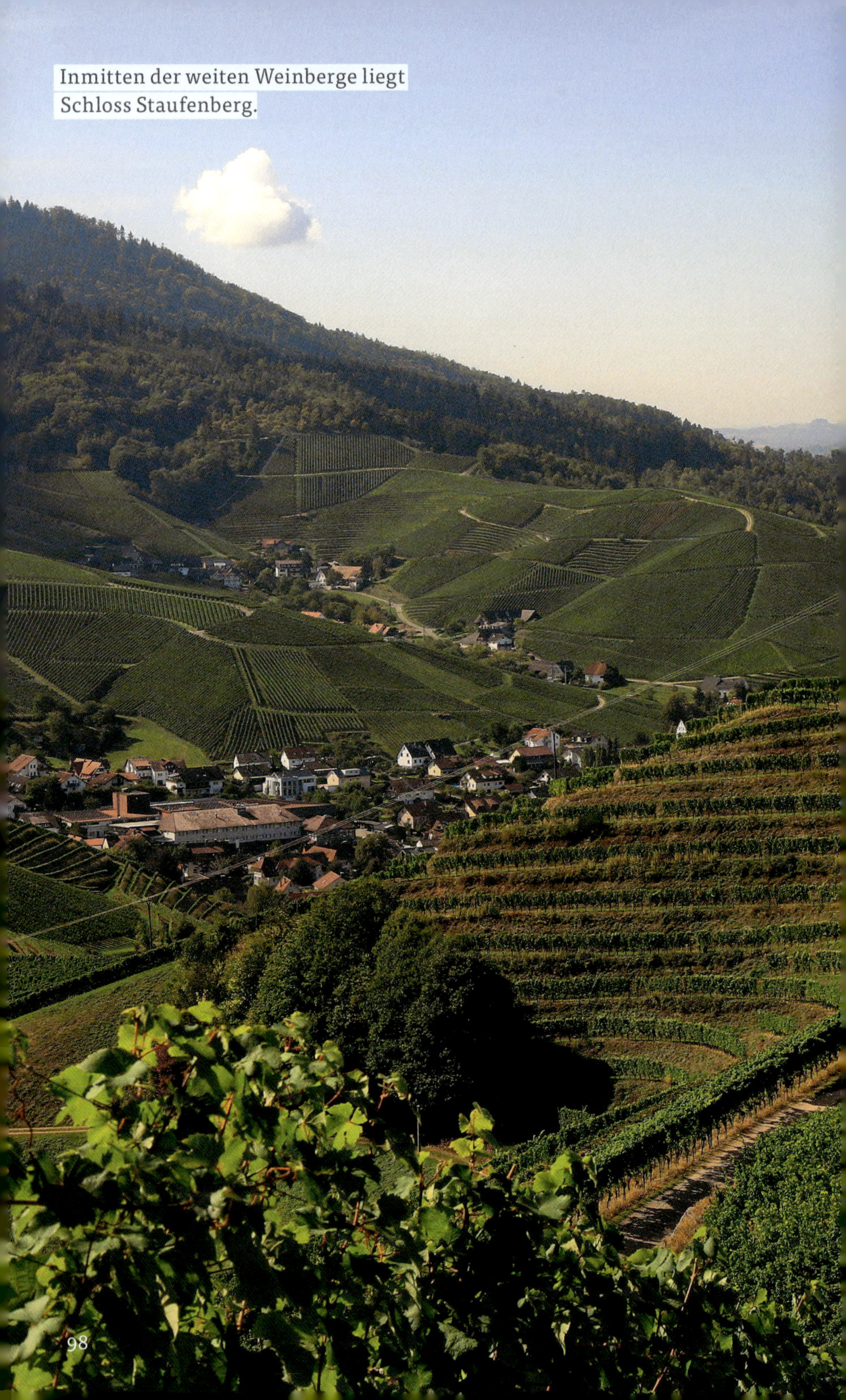

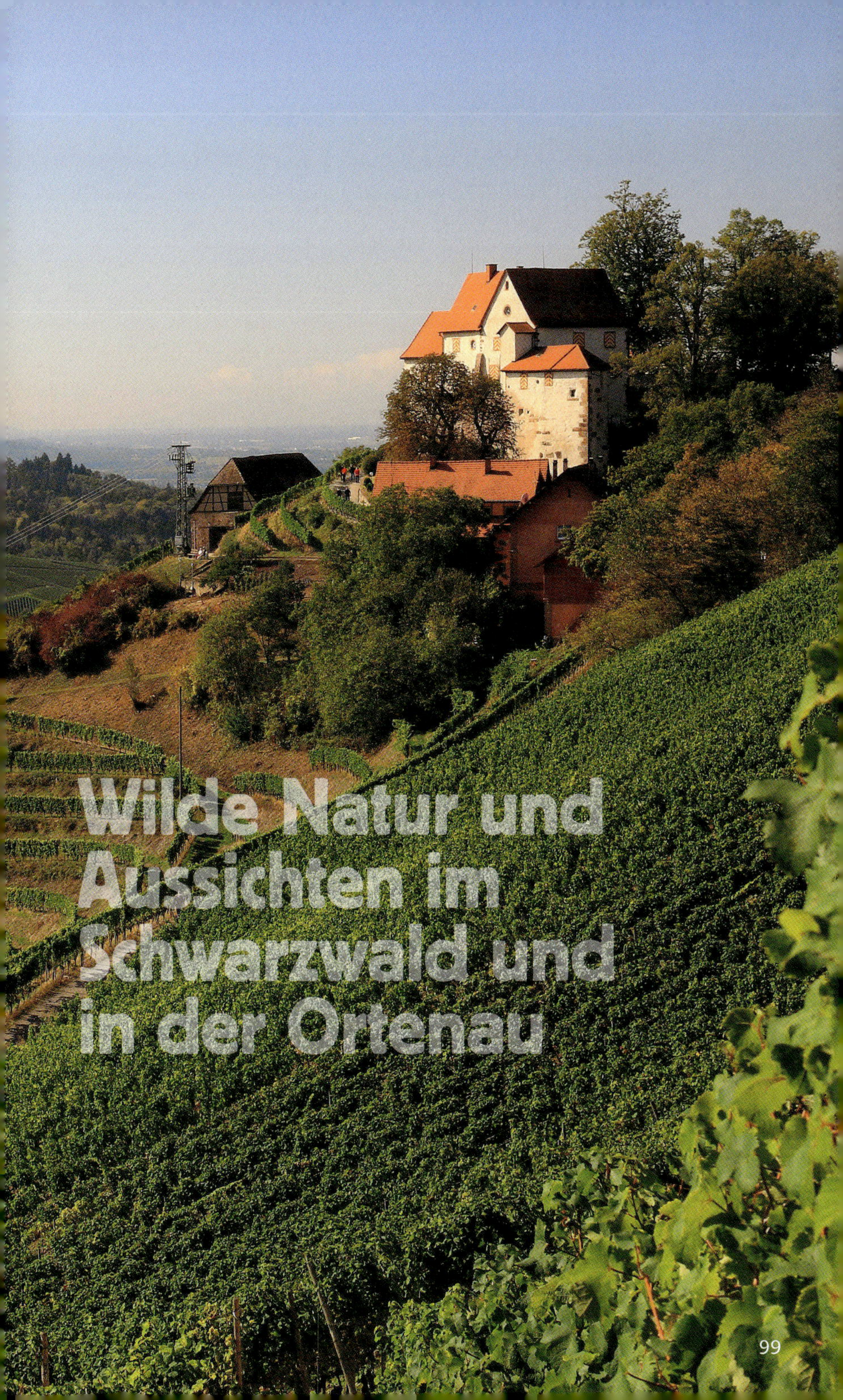

Wilde Natur und Aussichten im Schwarzwald und in der Ortenau

16 ● Schwer | 13,8 km | 190 Hm | 3.40 Std.

Vom Hohlohturm über den Hohlohsee zum Wildsee

Ein Aussichtsturm und prächtige Moorseen

Zu den schönsten Moorgebieten und Moorseen des Landes gehören sicherlich der Wildsee und der Hohlohsee auf dem Kaltenbronn im nördlichen Schwarzwald. Und das, obwohl noch 1822 in der Zeitschrift »Geographie und Statistik von Wirtemberg« von einem »wilden See in einer scheußlichen Gegend« gesprochen wurde.

✔ Darum einzigartig

Mit den beiden Mooren bzw. Moorseen und dem Aussichtsturm in so nächster Nähe erlebt man auf dieser Tour eine solche Fülle von Sehenswürdigkeiten wie sonst selten. Für Kinder sind das Naturzentrum und der extra für sie konzipierte Wanderweg ein bleibendes Erlebnis.

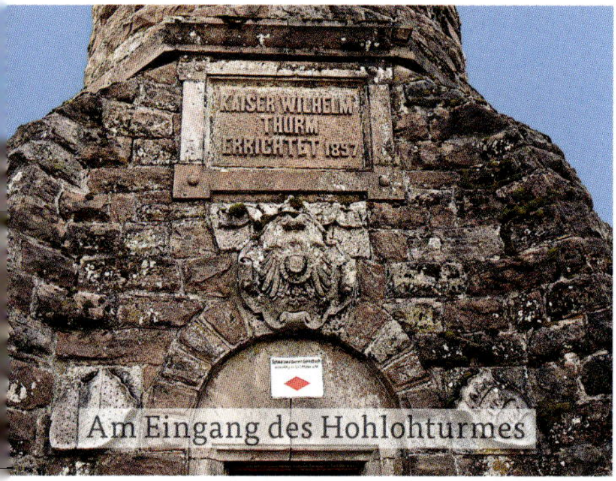

Am Eingang des Hohlohturmes

Hinauf zum Hohlohsee Vom Schild Parkplatz Kaltenbronn (875 m) auf dem ersten Parkplatz (F) nach Kaltenbronn gehen wir in Verlängerung in Richtung »Wildsee«. Ab hier teilt sich die Wanderung in zwei Sektionen auf. Der kürzere Teil führt zum Hohlohsee, wo man auch den Aussichtsturm besteigen kann, der längere zum Wildsee. Der Abschnitt zum Hohlohsee ist 5,2 Kilometer lang, dauert etwa 1,5 Stunden und bringt 140 Höhenmeter mit sich. Die größere Runde zum Wildsee ist 8,6 Kilometer lang, dauert etwas mehr als zwei Stunden und hat einen Höhenunterschied von 50 Metern. Zum Hohlohsee nehmen wir den am Parkplatz nach Norden abgehenden Pfad entlang des Grabens in Richtung »Schwarzmisssattel«, der mit der blauen Raute markiert ist. Wir queren die Landstraße und treffen etwas später wieder auf sie. Ihr entlang folgen wir zum nächsten Parkplatz, wo wir mit der roten Raute nach links abbiegen. Es geht nun

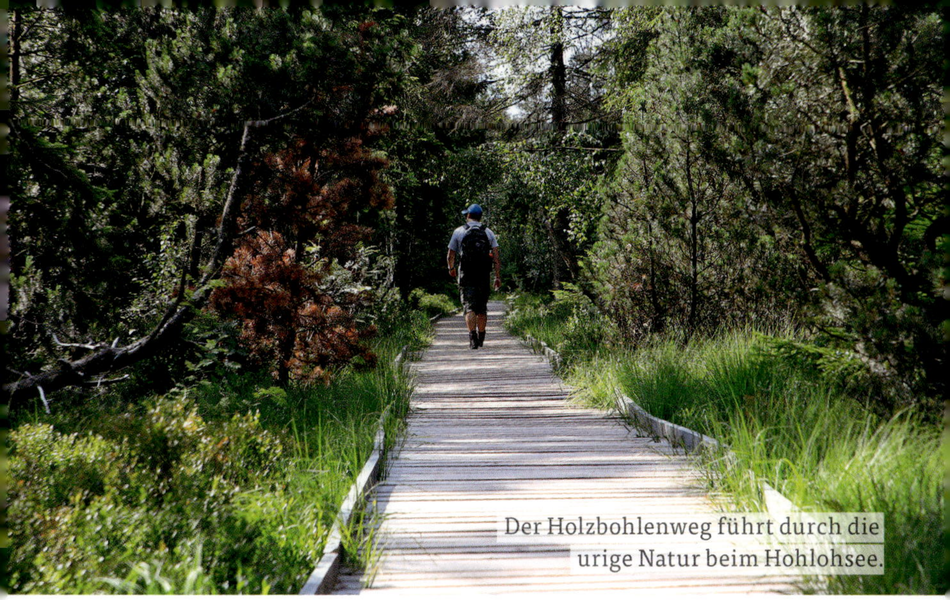

Der Holzbohlenweg führt durch die urige Natur beim Hohlohsee.

geradeaus auf den bereits sichtbaren Hohlohturm zu. Ihn sollten wir auf jeden Fall besteigen, bietet er doch eine prächtige Sicht über den Schwarzwald und in die Rheinebene.

Über den Auerhahnenstein nach Kaltenbronn Am Turm biegen wir nach links ab und spazieren bald auf einem Bohlenweg zum Großen Hohlohsee. Nachdem der Weg nach links abgeknickt ist, enden auch die Holzbohlen. Am querenden Forstweg kurz danach muss man sich entscheiden. Wer schnell zurück will, vielleicht weil er Kinder dabei hat, geht hier geradeaus steil bergab und ist kurz darauf zurück am Parkplatz. Etwas länger ist der Weg, wenn man nach rechts abbiegt. Wir kommen am Skihang vorbei, etwa 300 Meter danach zweigt nach rechts ein Grasweg ab. Wenn wir ihn etwa fünfzig Meter hochgehen und dann den Pfadspuren nach links folgen, kommen wir zum Auerhahnenstein. Er erinnert daran, dass Großherzog Carl Friedrich von Baden hier am 22. April 1797 einen Auerhahn erlegte.

Zurück auf dem Forstweg folgen wir ihm nach rechts bis zu einem querenden Forstweg, der uns mit der roten Raute nach links hinab nach Kaltenbronn bringt. Auf der Straße gehen wir nach links hoch zum Ausgangspunkt.

Teil zwei zum Hochmoor Nun folgt der zweite Teil der Tour. Hierzu folgen wir am Parkplatz dem nach rechts (Osten) führenden Forstweg, der mit der roten Raute markiert ist. Rechts unten sehen wir die Häuser von Kaltenbronn.

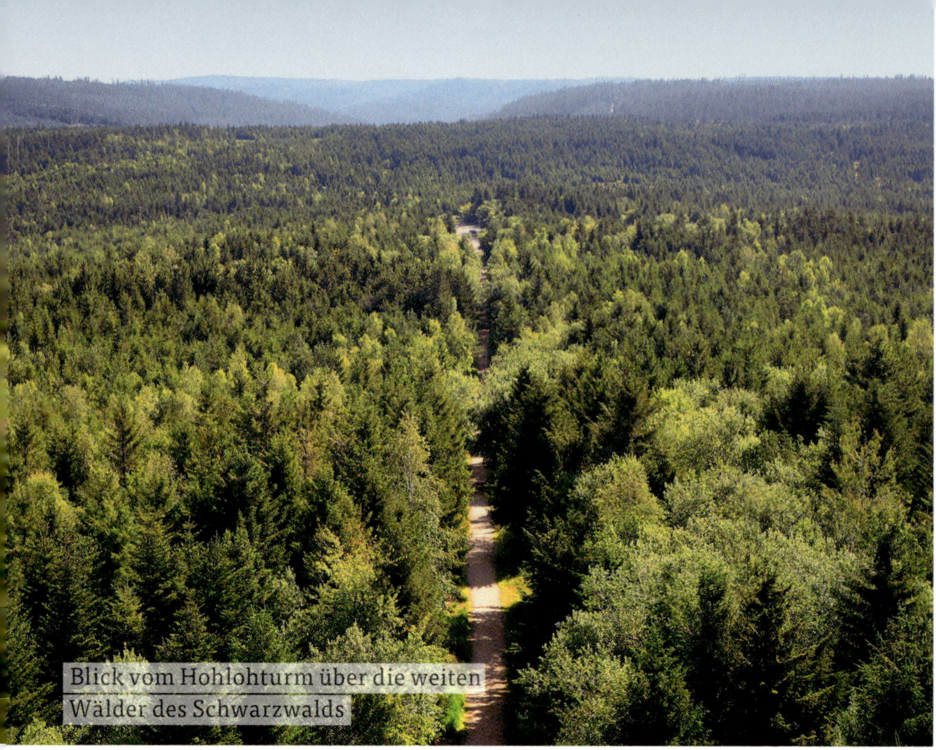
Blick vom Hohlohturm über die weiten Wälder des Schwarzwalds

✓ Für Kinder

Kinder mögen im Allgemeinen Moore und auch die Seen mit ihrer Natur werden ihnen gefallen. Allerdings muss man ihnen klarmachen, dass sie nicht zu den Seen hinkönnen. Gut ist, dass man die Strecke teilen kann. Der Hohlohsee ist vielleicht nicht so interessant für sie, dafür gibt es hier einen Aussichtsturm und die Strecke ist kürzer. Wer mit Kindern auf dem kürzesten Weg zum Wildsee möchte, zweigt kurz nach dem Parkplatz nicht nach links ab, sondern geht wie bezeichnet geradeaus weiter. Die Entfernung beträgt dann hin und zurück etwa fünf Kilometer. Hier verläuft links und rechts des Normalweges auch der extra für Kinder markierte Naturerlebnisweg, der beides Mal zu Trollfiguren führt. Auf den Forstwegen kann man Kinderwagen schieben (allerdings nicht auf der Strecke zwischen den beiden Parkplätzen, wer mit Kinderwagen zum Hohlohturm und -see möchte, parkt am besten am Parkplatz Schwarzmisssattel und kehrt auf demselben Weg dorthin zurück). Auf beiden Teilstücken führt durch das Moor ein Bohlenweg, der bis auf kurze Stücke mit längs liegenden Holzbohlen bestückt ist.

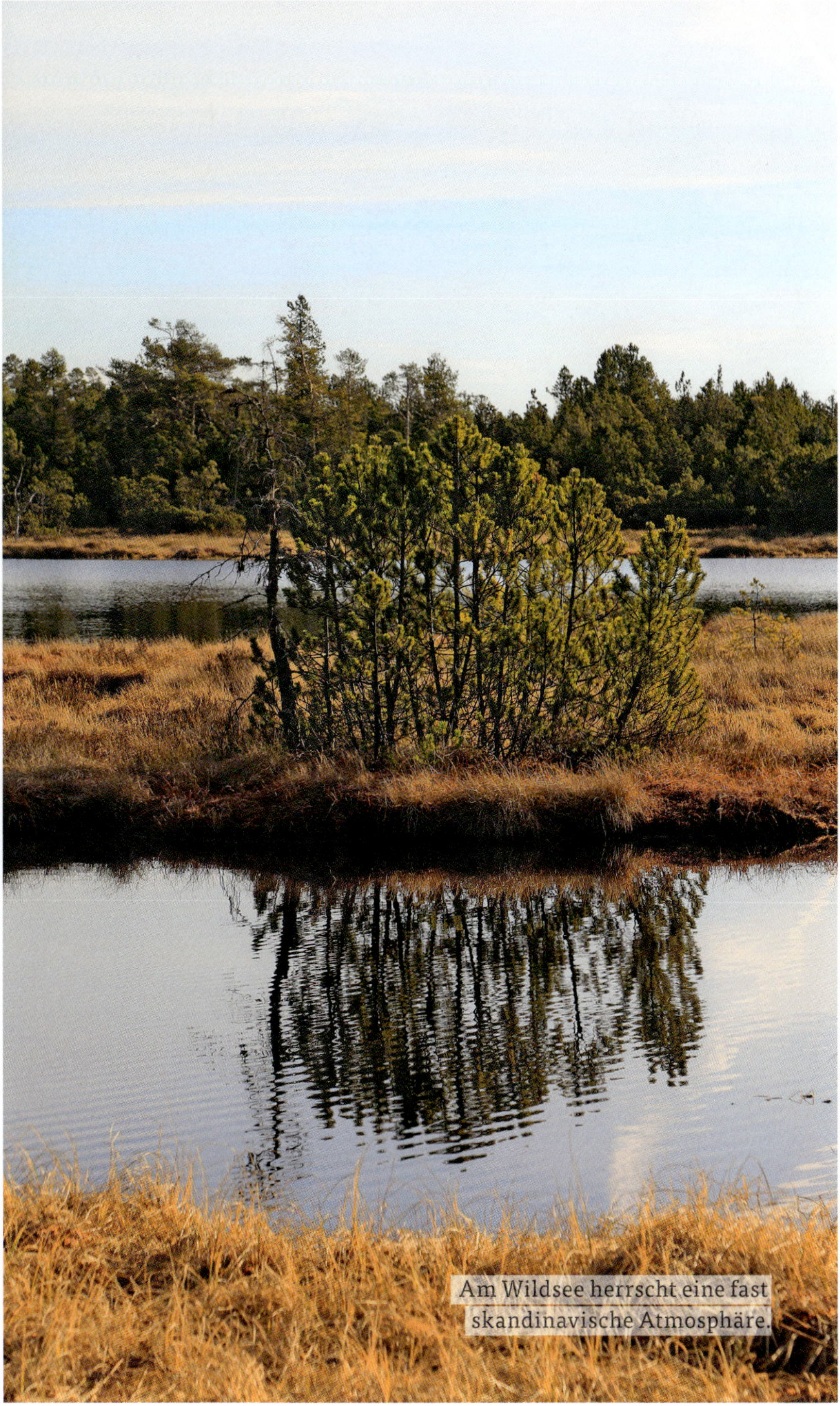

Am Wildsee herrscht eine fast skandinavische Atmosphäre.

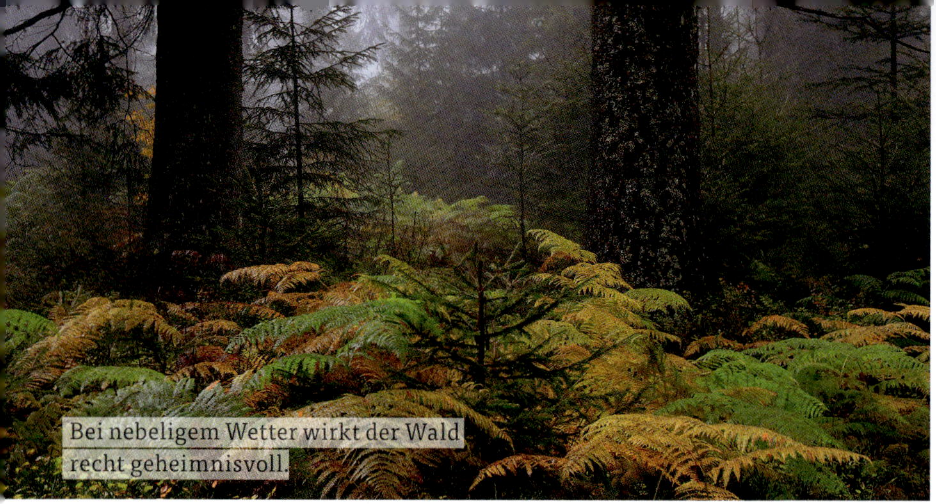

Bei nebeligem Wetter wirkt der Wald recht geheimnisvoll.

Am Ende der Lichtung verzweigt es sich, der direkte Weg zum Wildsee ginge geradeaus weiter, wir biegen aber mit der roten Raute nach links ab. Nun steigt es etwas an. Nach einer Hütte gehen wir mit dem Wanderzeichen immer geradeaus weiter, queren einen Weg und gehen kurz unbefestigt etwas abwärts bis zum nächsten Schotterweg. Er beschreibt einen großen Rechtsbogen um das Naturschutzgebiet, steigt allmählich an und führt wieder nach Süden. Kurz nachdem der Carl-Postweiler-Weg (blaue Raute) nach links abgezweigt ist, werden wir zum »Wildsee« nach rechts verwiesen. Wir marschieren nun auf dem Bohlenweg durch das Hochmoor. Mitten im Naturschutzgebiet liegt rechts des Weges der Hornsee, den man allerdings kaum sieht, danach links der Wildsee. Im Anschluss führt der Bohlenweg noch weiter.

An seinem Ende behalten wir unsere Richtung bei und gehen links an der kleinen Leonhardshütte (906 m) vorbei. Hier verläuft links und rechts des Weges der für Kinder konzipierte Naturerlebnisweg, den man allerdings in der Gegenrichtung begeht. Wenig später kommen wir zur Mannsloh Redoute, die aus der Zeit des Spanischen Erbfolgekrieges (1701–1704) stammt. Kurz danach sind wir auch schon zurück am Parkplatz.

✔ Nicht versäumen

Man sollte auf jeden Fall den Hohlohturm besteigen; auch ein Gang durch das Infozentrum Kaltenbronn ist empfehlenswert, erfährt man hier doch einiges über die Umgebung und den Schwarzwald sowie über den Auerhahn.

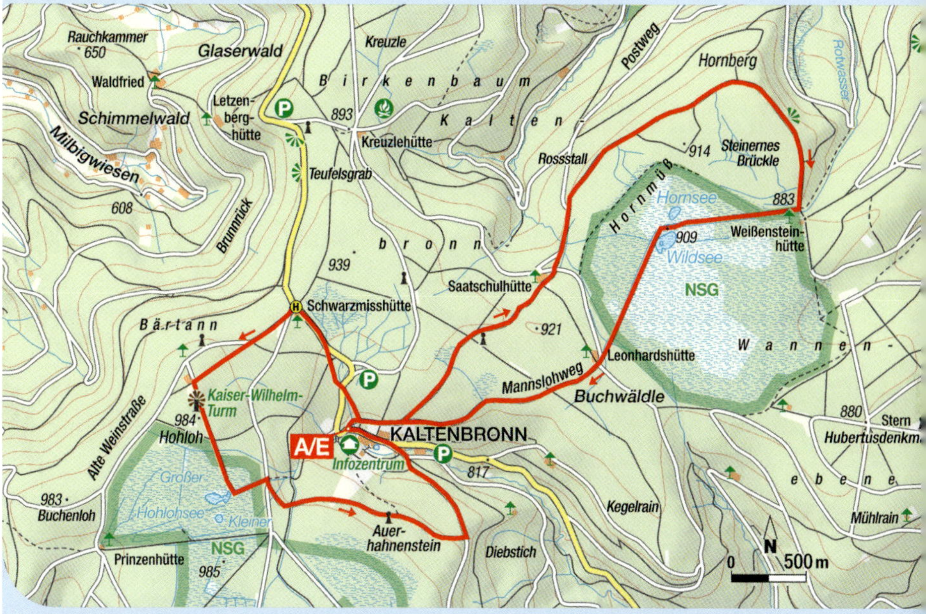

Hier geht's lang

Ausgangs- und Endpunkt: Gernsbach-Kaltenbronn, Wanderparkplatz Kaltenbronn F an der Linkskurve der L76b östlich des Infozentrums, GPS: 48.707290, 8.430284

Tourencharakter: Wanderung auf Naturpfaden, festen und Bohlenwegen

Karte: Freizeitkarte F501 Baden-Baden, 1:50 000, Landesamt für Geoinformation und Landentwicklung Baden-Württemberg (LGL)

Bahn/Bus: S-Bahn bis Gernsbach, dann Bus bis Haltestelle Kaltenbronn

Auto: A8 bis Ausfahrt Leonberg-West, dann B295 und B296 über Weil der Stadt und Hirsau nach Calmbach. Von dort über Bad Wildbad und Sprollenhaus nach Kaltenbronn.

Einkehr: Gut essen und gemütlich übernachten kann man im Hotel Sarbacher in Kaltenbronn. www.hotel-sarbacher.de

Information: www.infozentrum-kaltenbronn.de

17 ● Schwer | 15,4 km | 400 Hm | 5 Std.

Auf dem Premiumwanderweg »Durbacher Weinpanorama«

Ein Schloss und herrliche Weinberge

Dass Durbach von Weinbergen umgeben ist merkt man bei dieser Wanderung. Und wie eine Krone thront hierbei Schloss Staufenberg über der herrlichen Rebenlandschaft. Über mangelnde Aussicht kann man ebenfalls nicht klagen, man hat fast immer herrliche Blicke über die Weinberge und über das Rheintal zu den Vogesen.

✔ Darum einzigartig

Die Wanderung führt durch eine der schönsten Weinberglandschaften Badens und bietet immer wieder eine prächtige Aussicht. Auch Schloss Staufenberg ist ein Höhepunkt, und das nicht nur, weil man dort stilvoll einkehren oder zumindest einen einheimischen Riesling auf der Terrasse genießen kann.

Hinauf zur Aussicht Wir gehen vom Parkplatz Festplatz zu dem am Südrand liegenden Gebäude und folgen hier dem Durbach. Vorbei am Schild Festplatz Durbach (202 m) kommen wir zum Schild Bühlmatte (197 m), wo wir rechts abbiegen. An der Straße beim Schild Am Bühl (203 m) halten wir uns rechts zum Schild Weingut Laible (204 m). Hier orientieren wir uns links, gehen hinauf zu dem Anwesen und halten uns nach den Häusern rechts.

Gleich danach werden wir nach links verwiesen; nun wandern wir auf einem Grasweg durch die Weinberge. Wir überqueren einen breiten Weg und biegen am nächsten etwas höher links ab. Nach einem Rechtsknick geht es scharf rechts hinauf zum Sendemast mit dem Schild Beim Umsetzer (296 m). Hier halten wir uns links und wandern zum Schild Plauenrainer Köpfle (280 m), wo wir nach dem Denkmal nach rechts verwiesen werden. Hier finden wir auch eine Aussichtsplattform und einen Schutzpavillon.

Über die Kapellenruine zum Schloss Nun wandern wir mit herrlichem Blick über die Rheinebene zu den Vogesen am Hang entlang weiter. Dann geht es nach rechts in den Wald und vorbei am Schild Vor Stöcken (249 m). Gleich

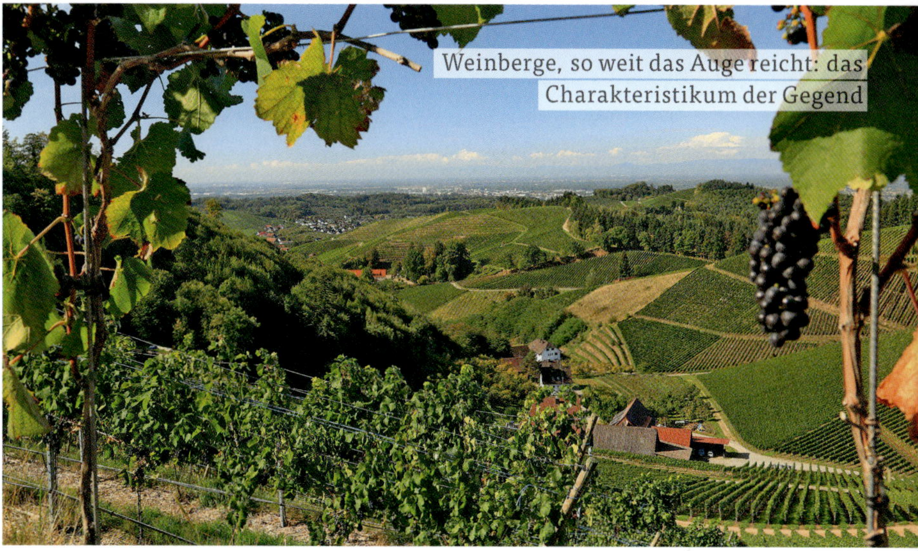

Weinberge, so weit das Auge reicht: das Charakteristikum der Gegend

danach an der Verzweigung nehmen wir den rechten, aufwärts führenden Weg, zweigen aber gleich links ab auf einen Pfad. Er bringt uns zur Kapellenruine St. Anton.

Zur Hilsbacher Höhe An der Ruine gehen wir links vorbei und halten uns am nächsten Weg rechts. Am Haus sehen wir das Schild St. Anton (280 m), hier geht es scharf nach links weiter. Gleich danach an der Verzweigung nehmen wir den linken, ansteigenden Weg, genauso an der nächsten Verzweigung. Nach einem Rastplatz mit Tisch und Bänken fällt der Naturweg steil ab zu einem Schotterweg, dem wir in Gehrichtung folgen. Danach bringt uns ein Asphaltweg zu einem Sattel mit dem Schild Hilsbacher Höhe (275 m). Hier gehen wir links in den Wald.

Gleich danach an der Verzweigung wandern wir auf dem rechten, oberen Weg weiter. An der nächsten Verzweigung gehen wir auf dem linken, ebenen Weg weiter. Nach dem Wald wandern wir entlang der Weinberge zum Schild Wiedengrün (262 m). Hier gehen wir nach rechts in den Wald. Dem nächsten querenden Weg folgen wir nach links, zweigen aber gleich rechts ab auf einen ansteigenden Naturweg. Am Schild Illental Reben (299 m) gehen wir geradeaus weiter.

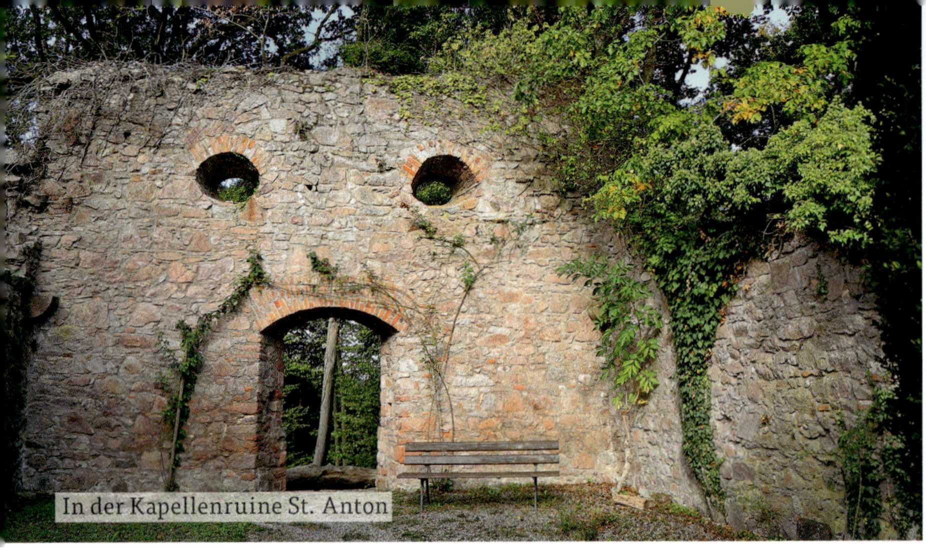

In der Kapellenruine St. Anton

Einkehr im Schloss Staufenberg Es steigt an zum Schild Kohlstettblick (341 m); wir orientieren uns links und kommen zum Schild Illental (360 m), wo wir uns rechts halten und zum Schild Schloss Staufenberg (365 m) kommen. Rechts können wir zum Schloss gehen, einkehren, die Aussicht genießen und uns die Anlage ansehen.

Danach wandern wir an diesem Schild links weiter und folgen an der Verzweigung dem linken, ansteigenden Weg. Am Waldrand nehmen wir den geradeaus weiterführenden Weg. Er fällt und führt uns vorbei an den Schildern Ehemalige Stollenburg (382 m) und Am Klingelberg (358 m). Jetzt geht es kurz steil bergab, dann knickt der Weg links ab in den Wald, wo wir das Schild Stollenwald-Hölzle (341 m) erreichen. Hier geht es nach rechts weiter.

Von der Kapelle zur Bildeiche Nach dem Wald wandern wir zur Brandstetter Kapelle (319 m). Nun steigt es wieder an. Gleich danach zweigen wir rechts ab und kommen zu einem Asphaltweg. Etwas nach rechts versetzt geht es links von ihm weiter. Der Weg zieht nach links und bringt uns zu einer Asphaltstraße, wo wir uns rechts halten zur Kreuzung mit dem Schild Stürzelbacher Höhe (325 m). Hier nehmen wir den zweiten Weg von rechts, der unbefestigt ansteigt bis zu einem querenden Weg. Hier halten wir uns links, wandern an einer Bank vorbei und kommen zu einem Flurkreuz. Nun geht es nach links zum Schild Hummelwald (343 m). Wir biegen rechts ab und halten uns kurz darauf an der Dreierverzweigung links. Jetzt wandern wir auf einem Pfad hinauf zur Bildeiche (470 m).

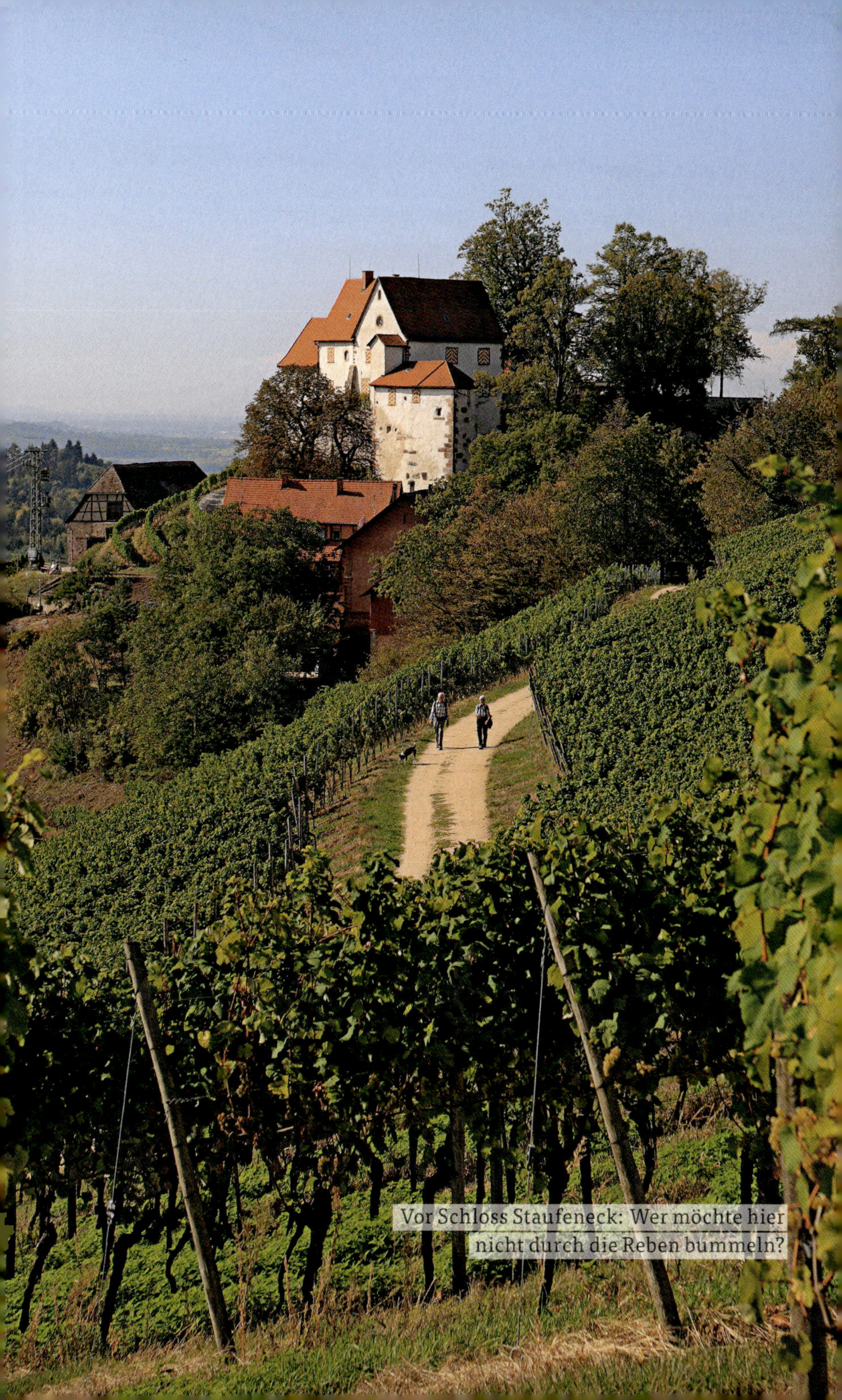

Vor Schloss Staufeneck: Wer möchte hier nicht durch die Reben bummeln?

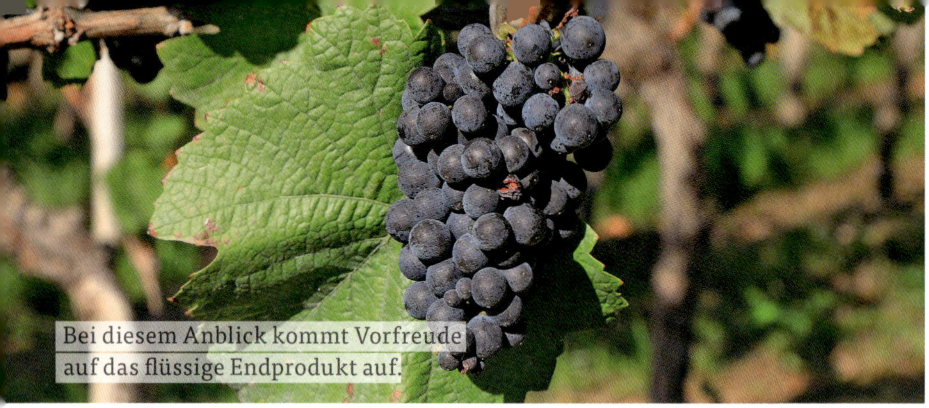

Bei diesem Anblick kommt Vorfreude auf das flüssige Endprodukt auf.

Wir biegen rechts ab, gleich darauf am Schild Abzweig Mahlengrund (473 m) nehmen wir an der Verzweigung den rechten, abwärts führenden Weg. Auch an der nächsten Verzweigung halten wir uns rechts, der Weg knickt bald rechts ab und wir kommen zu einem querenden Forstweg, hier gehen wir geradeaus weiter bis zum nächsten Forstweg. Ihm folgen wir nach links.

Durch die Weinberge zum Ausgangspunkt Wo wir den Wald verlassen gehen wir vor den Weinbergen nach rechts und wandern zwischen den Weinbergen über einen Bergkamm. Der Weg zieht nach links und wir wandern in weiten Bögen durch die Weinberge bergab, danach kommen wir in den Wald. Nach einer Rechtskurve werden wir nach links verwiesen.

Bald sind wir im Durbachtal, wo wir bei einem Haus auf das Schild Beim Durbachtalweg (260 m) treffen. Hier biegen wir rechts ab zur Straße, wo das Schild Immersbach (255 m) steht. Wir orientieren uns rechts und wechseln gleich auf die linke Bachseite. Nun wandern wir eben immer neben dem Bach weiter. In Obertal halten wir uns nach dem Sägewerk links zum Schild Obertal Sägewerk (240 m), dort führt der Weg rechts weiter. Es geht an den Schildern Rebstock (229 m) und Schwimmbad (218 m) vorbei, danach durchqueren wir Durbach. Nach der rechts liegenden Kirche kommen wir zum Ortsende, wo wir links in der Straße Auf der Alm zurück zum Parkplatz gehen.

✔ Nicht versäumen

Schloss Staufenberg lohnt einen Blick, auch wenn es nur von außen ist. Noch schöner ist allerdings eine Einkehr, und sei es nur zu einem Glas Riesling auf der Schlossterrasse.

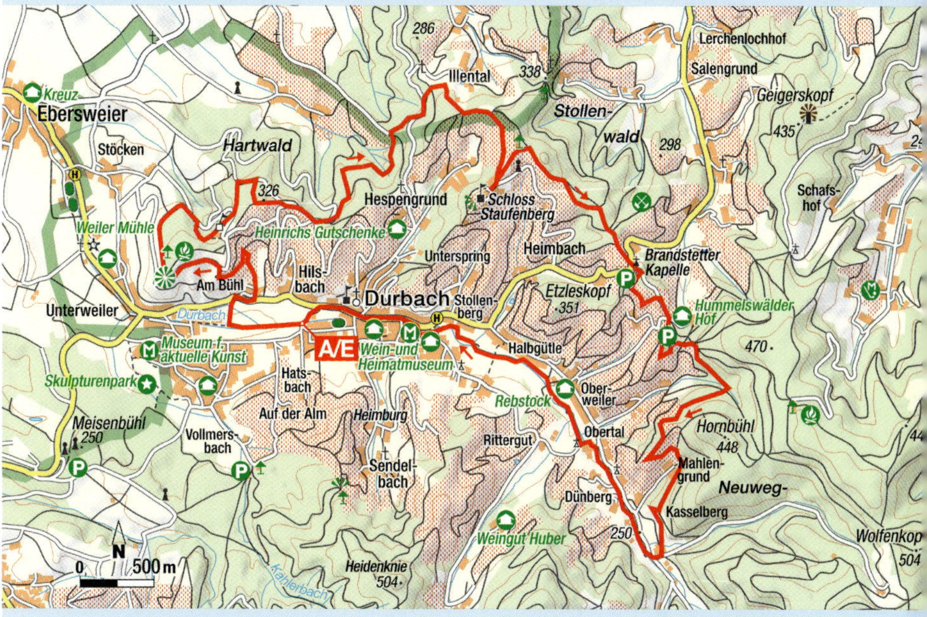

Hier geht's lang

Ausgangs- und Endpunkt: Durbach, Festplatz, Almstraße, GPS: 48.494246, 8.011679

Tourencharakter: Wir wandern auf Pfaden, Wirtschafts- und Waldwegen.

Karte: Freizeitkarte F503 Offenburg, 1:50 000, Landesamt für Geoinformation und Landentwicklung Baden-Württemberg (LGL)

Bahn/Bus: Bahn bis Offenburg, weiter mit dem Bus nach Durbach, Haltestelle Tennisplatz

Auto: Über A5 bis Ausfahrt Appenweier, weiter auf der B28 und B3, bei Windschläg links ab und über Ebersweiher nach Durbach.

Einkehr: Fein essen und badische Weine genießen kann man auf Schloss Staufenberg. www.schloss-staufenberg.de

Information: www.durbach.de

18 Mittel | 9 km | 400 Hm | 2.30 Std.

Hinauf nach Hohengeroldseck

Burgruine und weite Aussicht

Die geschichtsreiche Ruine Hohengeroldseck ist nicht nur eine der größten Badens und heute noch ein so mächtiges wie beeindruckendes Bauwerk. Sie bietet von ihren Mauern auch einen weiten Blick über die Schwarzwaldhöhen und über das Rheintal bis zu den Vogesen. Auch auf dem weiteren Weg haben wir immer wieder einen schönen Blick in die Täler.

✔ Darum einzigartig

Was für eine Aussicht! Die Ruine Hohengeroldseck ist eine der größten und schönsten von ganz Baden. Von ihr hat man einen wunderbaren Blick über den Schwarzwald und über die Rheinebene zu den Vogesen.

Zuerst zur Ruine Bereits am Parkplatz bietet sich ein schöner Blick auf die mächtige Ruine und über die Höhen des Schwarzwalds. Hier sollten wir zuerst die Ludwigsäule betrachten. Das Wanderschild Schönberg Ludwigsäule (367 m) weist uns dann bereits zur Ruine.

Wir überqueren die B415 und folgen dem Sträßchen. Am Schild Schmiederhof (375 m) halten wir uns rechts und kommen zu einer Vesperstube. Gleich danach werden wir am Schild Schlossberg (408 m) nach links verwiesen.

Nun geht es in Serpentinen auf einem Naturpfad nach oben. Wir kommen an für Kinder konzipierten Stationen des Geroldsecker Burgpfads vorbei, die einiges über das Leben der Ritter auf den Burgen berichten. Nach dem Schild Hohengeroldseck Burgpfad (505 m) betreten wir die Ruine.

Hier halten wir uns am Schild Burghof (520 m) später rechts, zuerst sollten wir aber die Ruine besichtigen und vor allem hinauf zur höchsten Höhe steigen, denn von dort ist die Aussicht am prächtigsten. Zwei Tafeln erklären, welche Berge und Orte man von oben sehen kann. Von links sind die bekanntesten Höhen Lieberkopf, Brandenkopf, Schondelhöhe, Hauenstein, Kandel, Hünersedel, Belchen, Blauen, die Vogesen mit zahlreichen Gipfeln sowie der Kaiserstuhl bis ganz rechts Erstein in Frankreich.

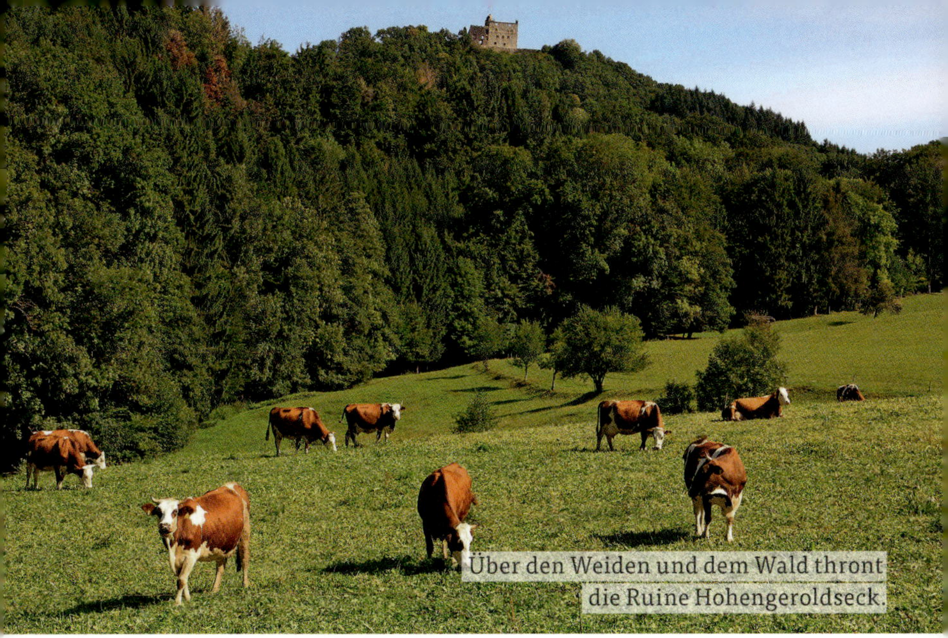

Über den Weiden und dem Wald thront die Ruine Hohengeroldseck.

Durch Wald und Wiesen Danach verlassen wir die Anlage und wandern auf dem Zufahrtssträßchen, vorbei am Schild Hohengeroldseck (505 m), hinab zur Ansiedlung Geroldseck. Nach den Häusern biegen wir am Schild Geroldseck (456 m) links ab in Richtung »Hockenhard Reichenbach«. Auch jetzt sehen wir zur Rheinebene. Wir wandern zwischen den Wiesen bis zum Schild Hockenhard (430 m), wo wir nach rechts in Richtung »Nebelgraben« verwiesen werden.

Erst geht es auf einem weichen Wiesenweg, danach auf einem Asphaltsträßchen weiter, rechts an einem Wohnhaus vorbei. Danach halten wir uns an einer Verzweigung im Wald rechts und gehen bergab zu einer Lichtung. Dort zieht das Sträßchen nach rechts, wir gehen aber unbefestigt geradeaus weiter zum Schild Nebelgraben (360 m).

Bergauf zum Ausgangspunkt Hier zweigen wir Richtung »Eichberg Reichenbach« links ab und wandern durch den Wald steil abwärts. Bald hört links der Wald auf und es öffnet sich eine Aussicht nach links. Am Schönsten ist dieser Blick nach dem letzten Waldstück, wenn wir an einem Hof vorbeiwandern. Danach geht es wieder kurz in den Wald. Nach dem Schild Eichberg Matth.-Breig-Pfad (290 m) verlassen wir endgültig den Wald und kommen zu Häusern. Dort biegen wir am Schild Eichberg (280 m) links ab Richtung »Schönberg Ludwigsäule«.

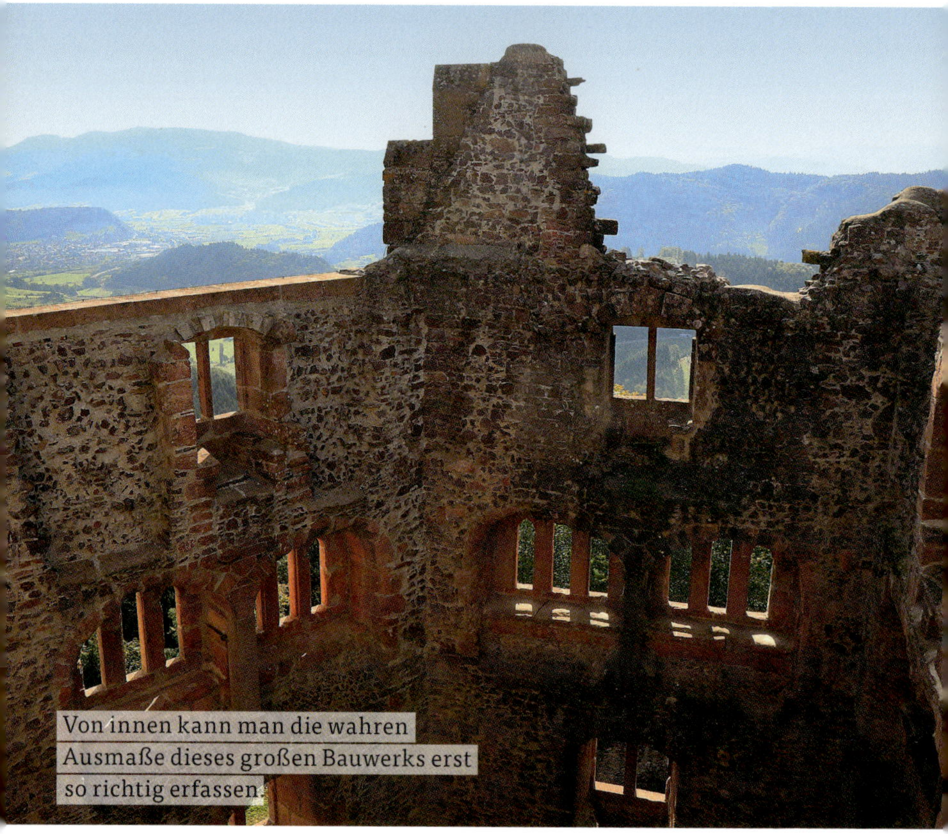

Von innen kann man die wahren Ausmaße dieses großen Bauwerks erst so richtig erfassen

Wir kommen hinab zur B415 und folgen ihr kurz nach rechts. Dann biegen wir links ab in die Alte Landstraße. Nach etwas Bergab überqueren wir das Steinbächle und wandern hoch zum Eisenhof. Nach ihm zweigen wir an dem Brunnentrog mit der Jahreszahl 1771 links ab in Richtung »Ludwigsäule«. Nun steigt es immer an. Wir passieren den Vogelhof mit seiner Kapelle, danach den Oberen Haghof. Kurz darauf sind wir wieder am Ausgangspunkt.

✔ Nicht versäumen

Eine ausgiebige Besichtigung der Burgruine. Kinder erfahren auf für sie gestalteten Stationen viel über das Leben auf den Burgen und der Ritter.

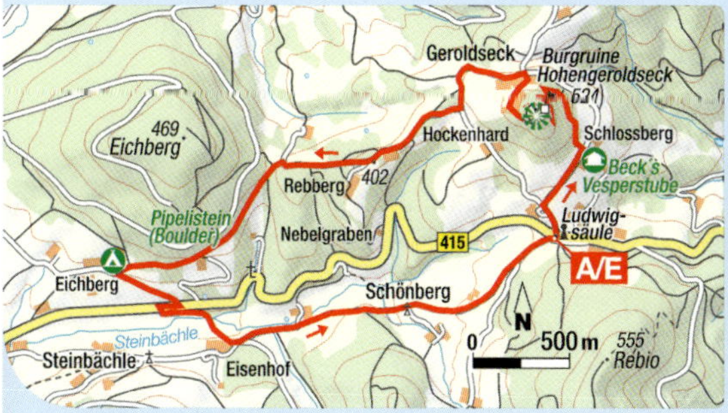

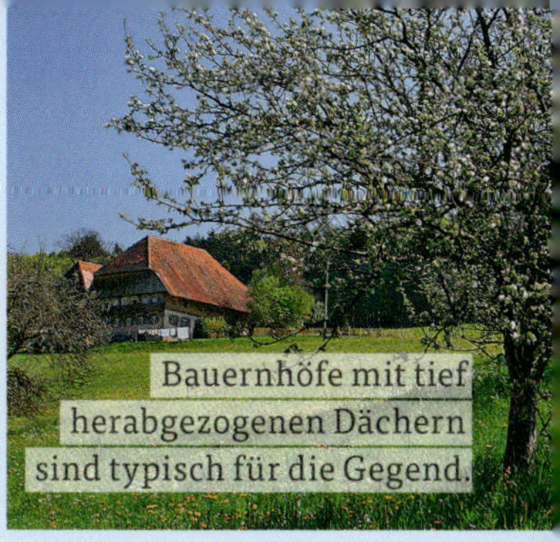

Bauernhöfe mit tief herabgezogenen Dächern sind typisch für die Gegend.

✔ Hier geht's lang

Ausgangs- und Endpunkt: Seelbach, Parkplatz Ludwigsäule, Ludwigstr. 2, GPS: 48.326730, 7.982380

Tourencharakter: Wir wandern auf festen Wegen und Sträßchen, aber auch auf Pfaden.

Karte: Freizeitkarte F503 Offenburg, 1:50 000, Landesamt für Geoinformation und Landentwicklung Baden-Württemberg (LGL)

Auto: A5 bis Kreuz Offenburg, weiter auf der B33a und B33 bis Biberach (Baden), dann auf der B415 hinauf zum Sattel

Einkehr: Lokale Küche, Café und Kuchen gibt es in Becks Vesperstube am Fuß des Schlossbergs. Im Sommer kann man im Biergarten sitzen.

Information: www.seelbach-online.de

19 ● Schwer | 9 km | 320 Hm | 3.30 Std.

Über den Feldberg zum Feldsee

Zum höchsten Berg des Landes

Der Feldberg als höchster Berg Baden-Württembergs wartet mit einer prächtigen Aussicht auf. Hinauf gelangt man kräfteschonend mit der Kabinenbahn oder aber auch zu Fuß. Nach einem gemütlichen Gang über die Hochfläche geht es steil hinab, entlang eines urwaldähnlichen Bachlaufs und weiter zum Feldsee. Botanisch interessierte Wanderer finden hier Pflanzen, die sonst nur in den Alpen oder in Skandinavien vorkommen.

✔ Darum einzigartig

Der Feldberg ist nicht nur der höchste Berg des Bundeslandes, sondern bietet auch eine herrliche Aussicht. Wer will, kann den Anstieg mit der Bahn bewältigen. Er und der Feldsee sind ein unschlagbares Duo und auch aus naturkundlicher Sicht sehr interessant.

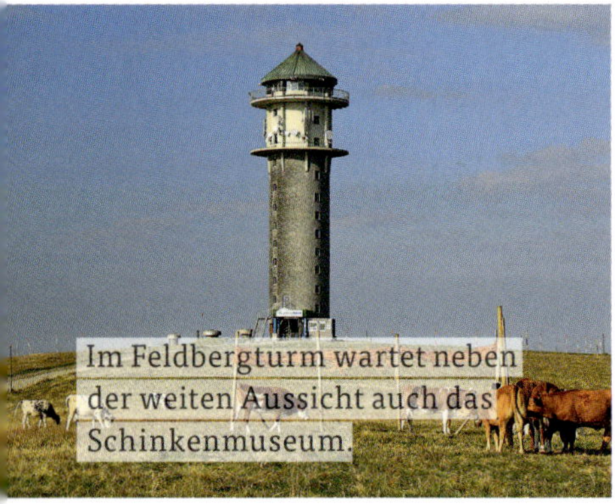

Im Feldbergturm wartet neben der weiten Aussicht auch das Schinkenmuseum.

Mit Lift oder zu Fuß zum Schinkenmuseum Wir spazieren zuerst vom Parkhaus zum Haus der Natur. Zur Talstation der Kabinenbahn geht es nach rechts bis vor den Wald. Oben auf dem Seebuck an der Bergstation liegt rechts das Bismarckdenkmal, umgeben von zahlreichen Infotafeln, die unter anderem auch die Aussicht erklären. Danach halten wir uns links der Bahn zum Feldbergturm. Außer dem Schwarzwälder Schinkenmuseum bietet er noch von der Plattform aus einen sensationellen Blick über den Schwarzwald, und wenn man Glück hat bis zu den Schweizer Alpen mit der Eigernordwand und dem Monte Rosa. Ebenfalls gut zu sehen ist der Belchen.

Über die Hochfläche, dann hinab zur Baldenweger Hütte Danach wandern wir zwischen den Weiden, auf denen man zahlreiche Gelbe Enziane sehen kann, auf die bereits sichtbaren Bauten von Funkstation und Wetterwarte zu. Es geht

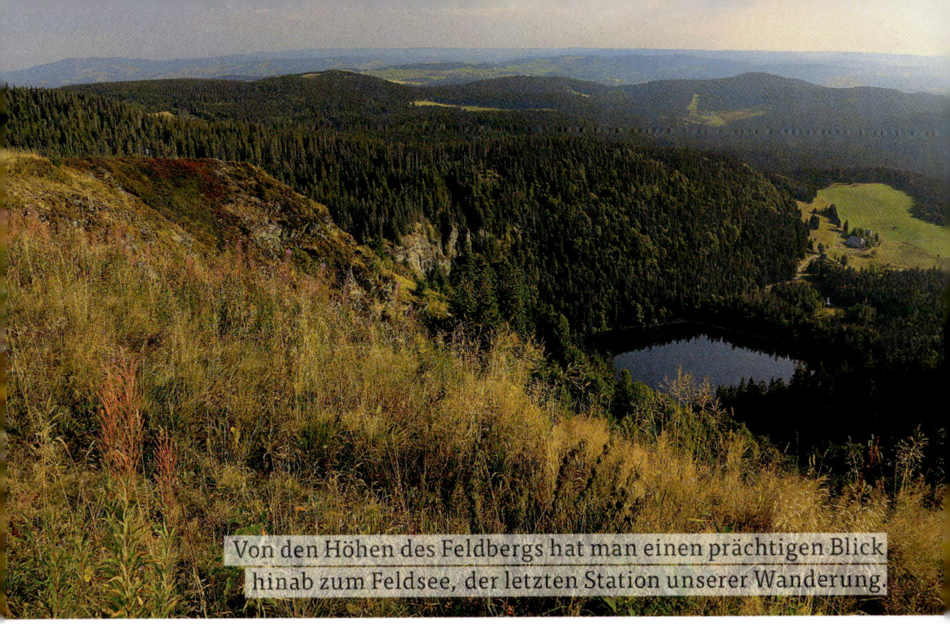

Von den Höhen des Feldbergs hat man einen prächtigen Blick hinab zum Feldsee, der letzten Station unserer Wanderung.

zuerst hinab zum Grüblesattel (1419 m), danach wieder hinauf zum Schild Am Feldberggipfel (1490 m). Dahinter befindet sich eine Aussichtsplattform mit Infotafeln.

Zwischen Wanderschild und Aussichtsplattform biegen wir scharf rechts ab in Richtung »Rinken«, nun orientieren wir uns am Wanderzeichen blaue Raute. Wir gehen jetzt vorerst praktisch wieder zurück. Der schmale Pfad führt am Steilabfall entlang, links fällt es ab ins Zastler Loch. Nach einer Weile zieht der Pfad nach links und wir wandern links der Kuppe weiter. Von hier sehen wir sogar zum Schauinslandturm. Nun bringt uns der Pfad in den Wald und dort in Serpentinen steil hinab zur Baldenweger Hütte (1330 m).

Prächtiger Wald zum Feldsee Vor der Hütte folgen wir dem Zufahrtssträßchen nach rechts. Kurz danach an der Linkskurve der Straße zweigen wir am Schild Abzweigung Sägebachschlag Steig (oben) (1319 m) rechts ab auf einen Pfad. Er bringt uns in den Wald, wo es entlang des Bachbetts in einer urwaldartigen Natur steil bergab geht. Unten treffen wir an einem Forstweg auf das Schild Abzweigung Sägebachschlag Steig (unten) (1218 m). Hier biegen wir rechts ab, nun führt uns die gelbe Raute. An der nächsten Verzweigung nehmen wir den rechten Raimartiweg. Wir wandern am Schild Seewald (1195 m) vorbei, etwas später schickt uns das Zeichen des Feldbergsteigs rechts ab auf einen schmäleren, sanft ansteigenden Weg.

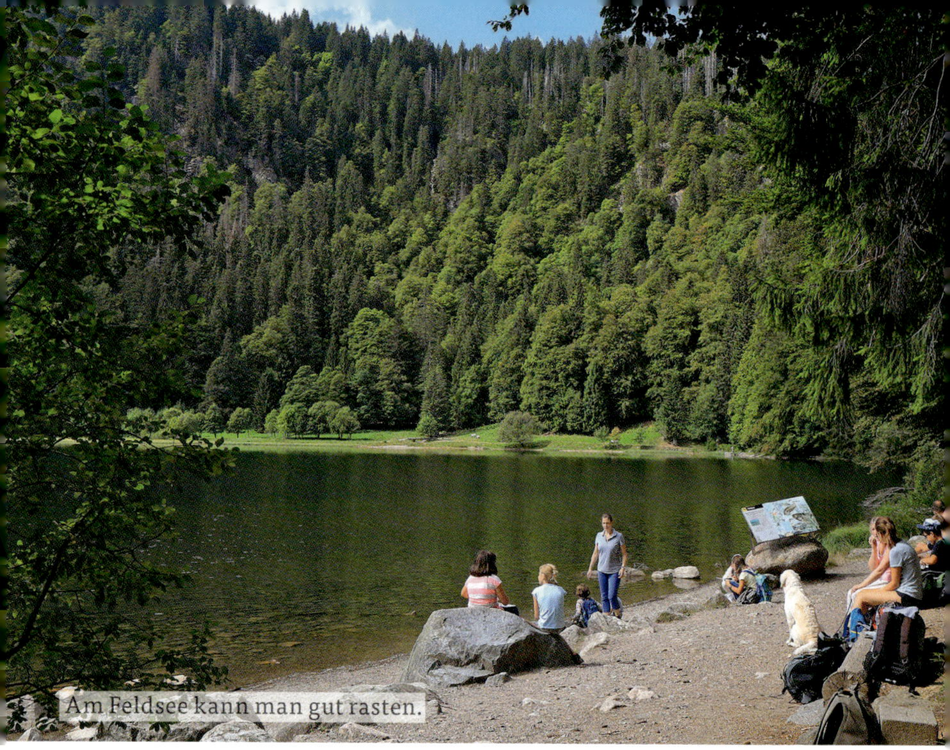

Am Feldsee kann man gut rasten.

Er fällt später steil ab und bringt uns aus dem Wald zum Schild Raimartihof Koppel (1141 m). Wer einkehren will hält sich links zum bereits sichtbaren Raimartihof, ansonsten wandern wir nach rechts weiter und erreichen bald den Feldsee. Er ist als schwarzwaldtypischer Karsee ein Relikt aus der Eiszeit. Baden ist verboten, denn mit dem Stachelsporigen Brachselkraut, einem Eiszeitrelikt, wächst ein Unterwasserfarn, den es nur hier und im Titisee gibt.

Wir können vor dem See links abbiegen oder ihn umrunden. Beides Mal stoßen wir am östlichen Seeende auf das Schild Feldsee (1110 m). Hier steigen wir auf einem steilen Weg im Zickzack an bis zur Talstation der Kabinenbahn. Zurück zum Haus der Natur bzw. zum Parkhaus geht es auf dem Sträßchen.

✓ Nicht versäumen

Absolut sehenswert ist das Schwarzwälder Schinkenmuseum im Feldbergturm (mit der Bergbahnkarte kostenlos). Am Ausgangspunkt lädt das Haus der Natur zu einem Besuch.

✔ Hier geht's lang

Ausgangs- und Endpunkt: Feldberg, Parkhaus beim Haus der Natur, Am Seebuck 12, GPS: 47.858935, 8.037079; das kostenpflichtige Parkhaus ist die einzige Parkmöglichkeit am Ausgangspunkt am Feldberg.

Tourencharakter: Wir wandern nach dem »Aufstieg« mit der Sesselbahn anfangs auf festen Wegen über die Hochfläche, danach auf Steigen, die steil bergab gehen. Geeignetes Schuhwerk, Trittsicherheit und Schwindelfreiheit sind empfehlenswert. Sollte man außerhalb der Betriebszeiten des Sesselliftes unterwegs sein, geht man zu Fuß hinauf (160 Hm; 0.30 Std.).

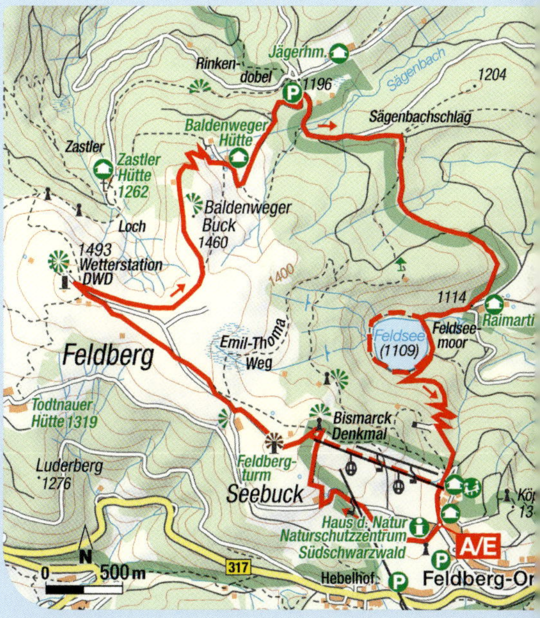

Karte: Wanderkarte W258 Titisee-Neustadt, 1:25 000, Landesamt für Geoinformation und Landentwicklung Baden-Württemberg (LGL) in Zusammenarbeit mit dem Schwarzwaldverein e. V.

Bahn/Bus: Bahn bis Titisee, weiter mit dem Bus bis Feldberg, Haltestelle Feldberger Hof

Auto: Von Osten A81 bis Dreieck Bad Dürrheim, dann weiter auf der B27 und B31 bis Titisee, weiter auf der B500 und B317. Von Westen B31 bis Titisee, dann weiter wie beschrieben.

Einkehr: Beliebt ist der Raimartihof in der Nähe des Feldsees. Auch Übernachtungsmöglichkeiten findet man hier. www.raimartihof.de

Information: www.hochschwarzwald.de/Feldberg

20 ● Schwer | 14,5 km | 620 Hm | 6 Std.

Auf dem »Belchensteig«

Einer der schönsten Berge des Schwarzwalds

Der Belchen ist nicht nur einer der bekanntesten Berge im Südschwarzwald, für manche gilt der vierthöchste Berg der Region auch als der am schönsten geformte. Von vielen der anderen Gipfeln aus kann man seine charakteristische Form erkennen. Davon merkt man zwar nichts, wenn man auf ihm steht, aber dass die Aussicht von dort grandios ist, das steht außer Zweifel.

✔ Darum einzigartig

Die als Premiumwanderweg zertifizierte Tour zählt zu den schönsten Wanderwegen im Schwarzwald und führt durch eine für den Südschwarzwald typische Landschaft. Nicht umsonst wurde der Belchensteig 2020 vom Wandermagazin zu Deutschlands schönstem Wanderweg gekürt. Hier zeigt sich zeitweise auch gut der alpine Charakter des Schwarzwalds, der eigentlich ein Mittelgebirge ist. Auch die Flora weist einige Besonderheiten auf, die man nicht überall findet.

Bergab zu Bauernhäusern Schräg gegenüber des Parkplatzes sehen wir nicht nur das Westwegtor, sondern auch das Wanderschild des Premiumwanderwegs Belchensteig, das nach links in Richtung »Lückle« zeigt. Zuerst geht es aussichtsreich durch Wiesen bis zum Gut Lilienfein, das wir rechts umgehen. Danach wandern wir immer wieder im Wald. Wir kommen zur Talstation des Wiedener-Eck-Liftes, passieren den Holzplatz (1130 m) und überqueren am Lückle (1157 m) die Kreisstraße. Auf ihrer anderen Seite wandern wir auf dem zweiten Weg von rechts, dem Hintergrundbachweg, bergab.

Wo wir das Hintergrundbachtal verlassen, halten wir uns im Weiler Untermulten links und gehen wenige Meter auf asphaltiertem Untergrund. Hier können wir drei alte Bauernhäuser bewundern, die nach südschwarzwälder Art riesig große, tief hinunter gezogene Dächer besitzen. Das Wegzeichen führt uns gleich nach den ersten Häusern wieder nach rechts auf einen Pfad, wo wir nach kurzem Anstieg auf einen breiten Weg links abbiegen. Gleich darauf geht es nach links, wieder auf einen schmalen Wiesenpfad. Er bringt uns hinab zur Straße nach Multen.

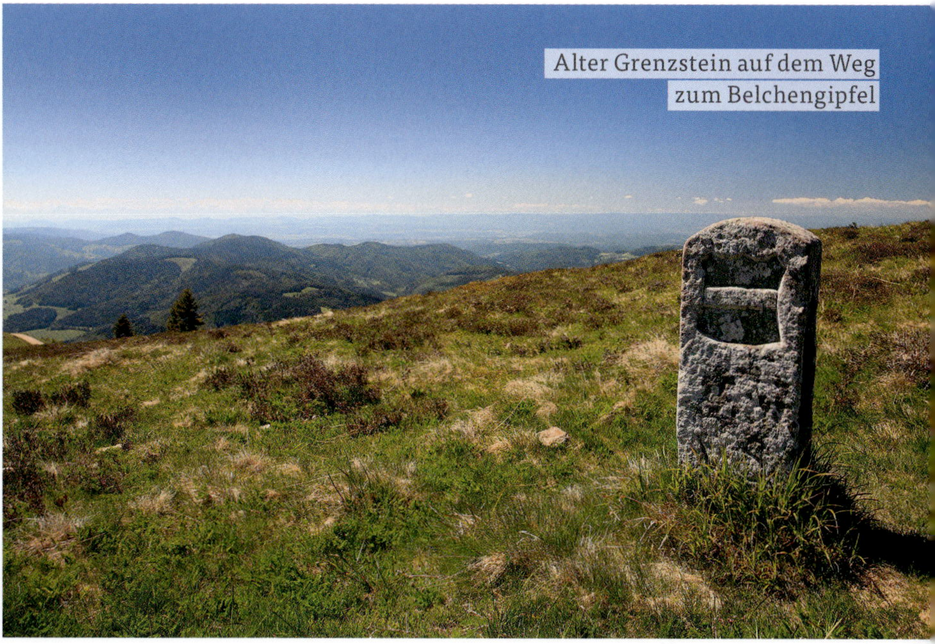
Alter Grenzstein auf dem Weg zum Belchengipfel

Aufwärts mit dem Lift oder zu Fuß Wir überqueren die Straße zum Schild Multern (1015 m) und folgen dort der Beschilderung. Es geht rechts am Matrihof vorbei und bald erreichen wir einen Querweg. Hier werden wir nach rechts verwiesen. Bald stoßen wir auf das Schild Abzweig Stuhlsebene (1080 m). Zur Talstation des Belchenlifts gehen wir hier geradeaus weiter.

Vor der Talstation müssen wir uns entscheiden. Wer zum Belchenhaus hoch wandern will zweigt am Schild Jägerstüble (1092 m) links ab. Der Weg quert zweimal die Zufahrtsstraße zum Belchenhaus und einige Male die Seilbahntrasse. Am Schluss geht es über freie Wiesen zum Belchenhaus. Wer es gemütlicher haben will fährt mit der ehemaligen Seilbahn der Expo Hannover 2000 hinauf zum Belchenhaus.

Vom Belchenhaus zum Belchengipfel Dem Wanderer bietet sich, noch bevor er das Belchenhaus erreicht, der erste Blick zu den oft noch schneebedeckten Schweizer Alpen; je nach Wetterlage staunt man, wie nahe das Schweizer Jura wirkt. Auch zum nördlichen Franche Comté kann man sehen.

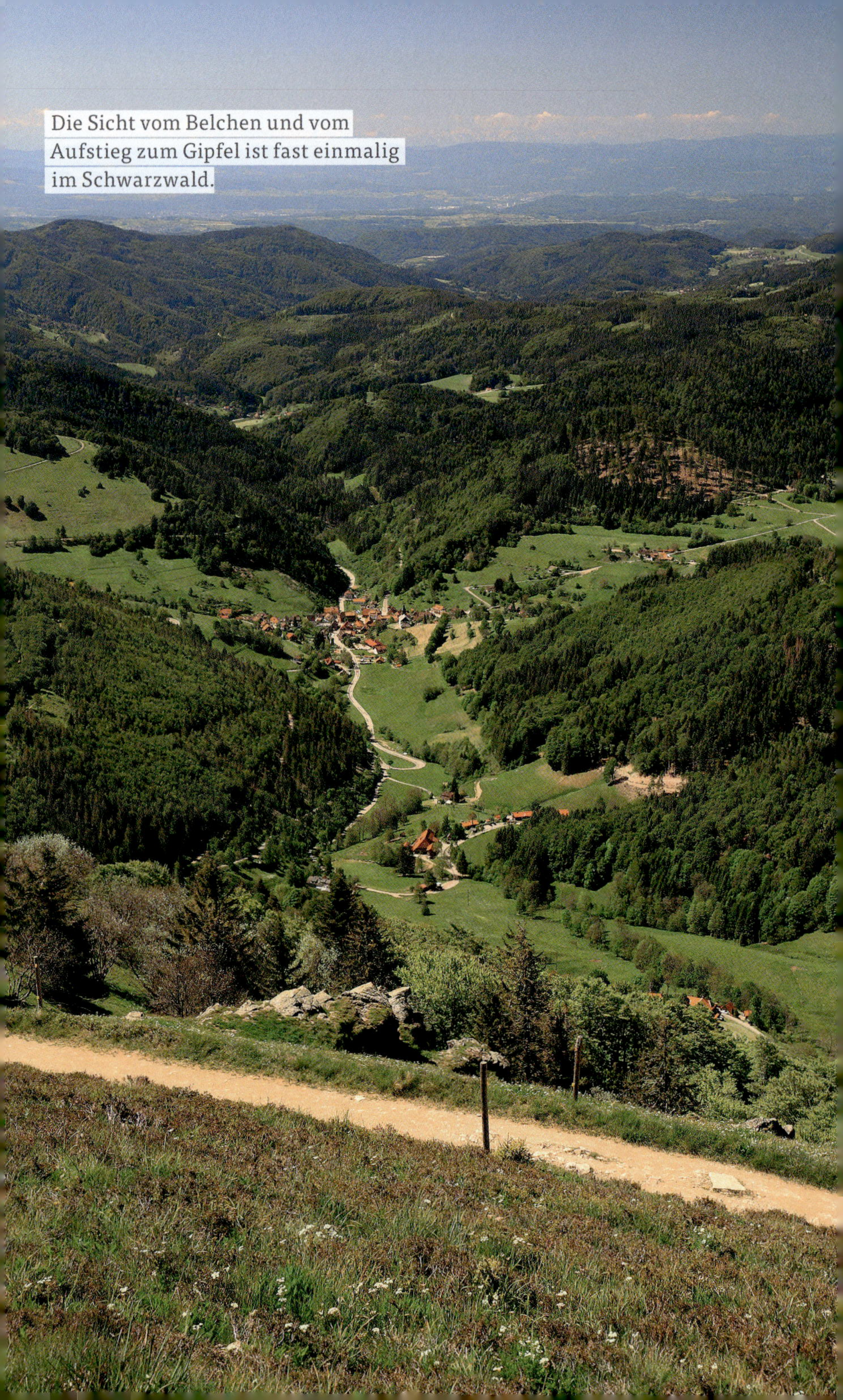

Die Sicht vom Belchen und vom Aufstieg zum Gipfel ist fast einmalig im Schwarzwald.

Links vom Belchenhaus sehen wir das Schild Unter dem Belchenhaus (1360 m). Wenn wir weitergehen kommen wir nach der Gastwirtschaft zum Schild Belchenhaus (1360 m). Dort biegen wir rechts ab und steigen an der linken Hangseite sanft ansteigend hinauf. Nach einer Rechtskurve sehen wir ab und zu historische Grenzsteine von 1790. Sie zeigen auf einer Seite das badische Wappen. Danach erreichen wir den Gipfel des Belchen, der von einem Holzkreuz gekrönt ist. Der Rundumblick hier sucht seinesgleichen und so erkennen wir in der Ferne sogar die Stadt Freiburg im Breisgau. Dahinter sieht man das Rheintal und die Vogesen. Ebenfalls in dieser Richtung liegt der Blauen. Auch der benachbarte Feldberg, der höchste Schwarzwaldberg (1493 m), liegt direkt im Blickfeld, allerdings auf der anderen Seite.

Zurück geht's abwärts Danach geht es geradeaus und leicht fallend weiter. Am Schild oberhalb Krinne (1389 m) knickt der Weg rechts ab zum Belchenhaus, wir wandern aber geradeaus weiter zum Schild Krinnenabgang (1375 m). Hier wandern wir auf dem zweiten links abgehenden Weg weiter – nun auf dem mit der roten Raute markierten Westweg. Er ist felsdurchsetzt und führt eine Zeitlang steil bergab. Schließlich läuft er breiter aus und wir marschieren nun gemütlicher bis er in einen Forstweg einmündet. Rechts davon sehen wir das Schild Krinne (1117 m). Hier biegen wir links ab.

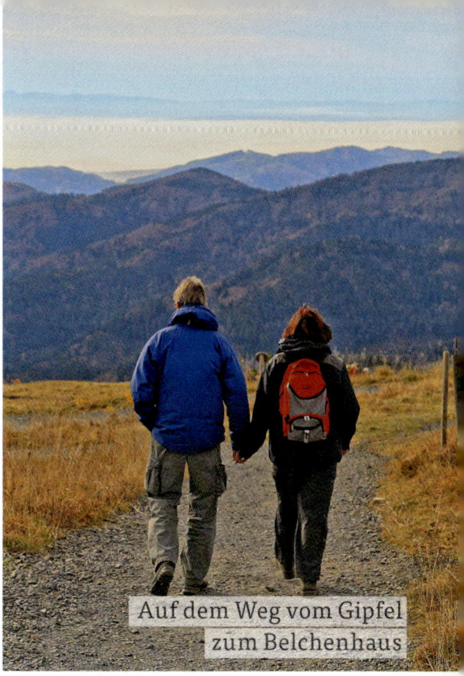
Auf dem Weg vom Gipfel zum Belchenhaus

✔ Einkehr

Die traditionsreiche Schwarzwälder Gastwirtschaft Belchen-Multen liegt direkt am Belchensteig, kurz vor der Talstation der Belchen Seilbahn. Sie verwöhnt mit lokalen und saisonalen Gerichten und Wild aus heimischer Jagd. Auch übernachten kann man hier (www.belchen-multen.de). Das alte Belchenhaus ist ein Selbstbedienungsrestaurant, wobei das Essen an den Tisch gebracht wird. Es bietet wechselnde Tagesgerichte sowie verschiedene Eintöpfe. Nur Barzahlung (www.belchen-seilbahn.de).

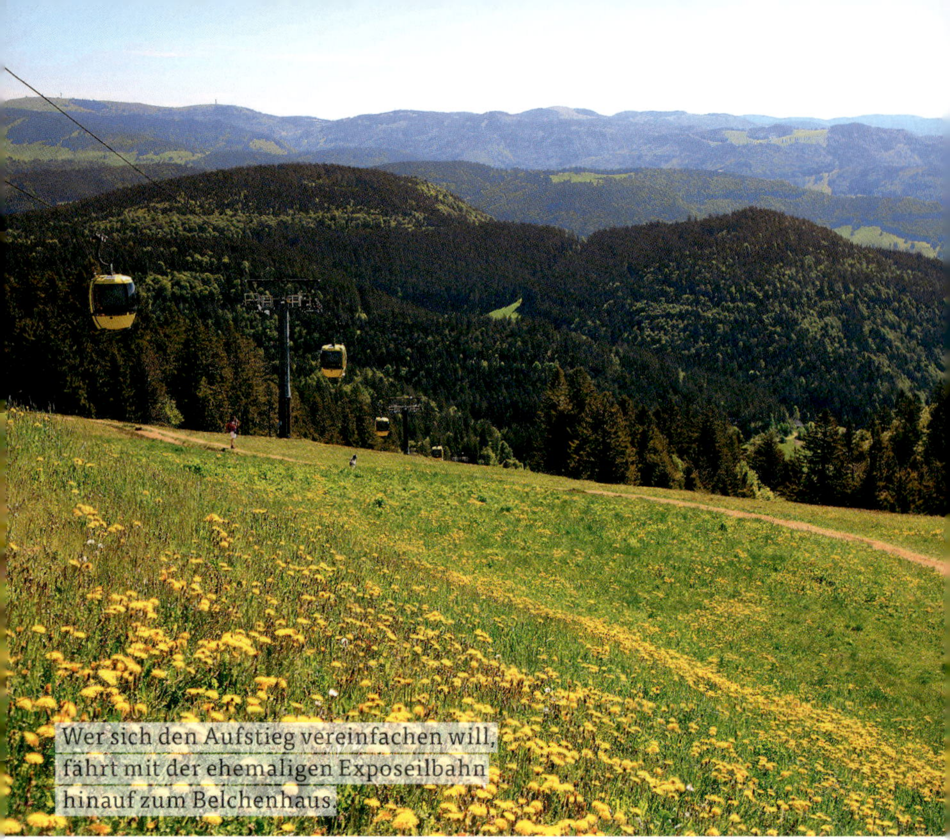

Wer sich den Aufstieg vereinfachen will, fährt mit der ehemaligen Exposeilbahn hinauf zum Belchenhaus.

Nun steigt es wieder etwas an. Nach einiger Zeit nehmen wir den rechts abgehenden Pfad. Er bringt uns am Schild Am Heidstein (1170 m) vorbei. Wo wir in einen breiten Forstweg einmünden gehen wir rechts weiter. Kurz darauf zweigen wir an einer sanften Linkskurve links ab in einen Pfad. Wir queren einen Forstweg und treffen bald auf einen weiteren Forstweg. Nach rechts bringt er uns zurück zum Ausgangspunkt. Hier können wir ein letztes Mal die Aussicht genießen.

✔ Nicht versäumen

Man sollte die Tour auf jeden Fall an einem Tag mit guter Fernsicht unternehmen. Besonders eindrucksvoll ist es auf dem Gipfel bei Inversionslage, also wenn man im Herbst über den Wolken im Warmen wandert. Allerdings kann es dann sein, dass man sich in den tieferen Bereichen der Wanderung im Nebel und in der Kälte befindet.

✔ Hier geht's lang

Ausgangs- und Endpunkt: Wieden, Wiedener Eck, GPS: 47.844749, 7.867414; Ausweichparkplätze gibt es an der Straße zur Belchenbahn, am Lückle und an der Talstation der Belchenbahn, wenn man ohnehin mit ihr fahren will.

Tourencharakter: Die meist auf Steigen verlaufende Tour erfordert Kondition und Trittsicherheit. Aufpassen muss man am steilen und steindurchsetzten Abstieg zur Krinne. Wenn man mit der Seilbahn zum Gipfel fährt erspart man sich 2,5 Kilometer, 300 Höhenmeter und knapp eine Stunde Gehzeit.

Karte: Wanderkarte W257 Schönau im Schwarzwald, 1:25 000, Landesamt für Geoinformation und Landentwicklung Baden-Württemberg (LGL) in Zusammenarbeit mit dem Schwarzwaldverein e. V.

Bahn/Bus: Bahn bis Freiburg, evtl. S-Bahn bis Zell im Wiesental, weiter mit dem Bus bis Haltestelle Wieden, Wiedener Eck.

Auto: Von Freiburg aus über den Schauinsland oder Staufen und Münstertal, am Schluss in beiden Fällen auf der L123.

Information: www.belchensteig.de, www.belchen-seilbahn.de

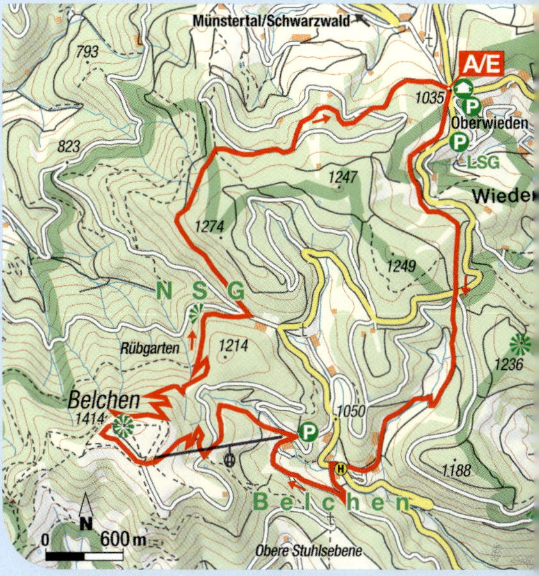

21 Mittel · 8,3 km · 270 Hm · 2.30 Std.

Von St. Blasien in den Hotzenwald

Über den Lehenkopfturm zum Naturschutzgebiet

St. Blasien ist schon als Ort eine einzigartige Sehenswürdigkeit. Aber er ist auch Start und Ziel dieses Wandervorschlags – der übrigens zum Teil auf dem Weitwanderweg Schluchtensteig verläuft – zum Aussichtsturm auf dem Lehenkopf. Dieser ist mit einer interessanten Holzfassade verkleidet und bietet einen weiten Blick über den Schwarzwald, den Hotzenwald und zum Feldberg. Danach spazieren wir im durch ein idyllisches Weidegebiet.

✓ Darum einzigartig

Die Wanderung bietet eine für den Südschwarzwald charakteristische Waldlandschaft und ein mit seinem tiefgezogenen Dach unverwechselbar regionaltypisches Hotzenwälder Bauernhaus.

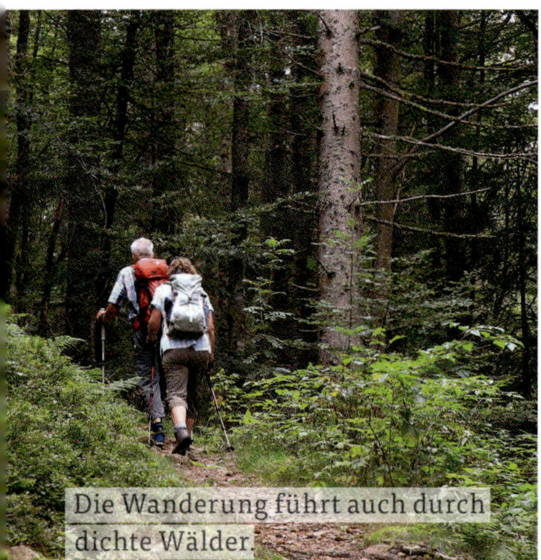

Die Wanderung führt auch durch dichte Wälder.

Durch prächtigen Wald Wir gehen vom Parkplatz aus kurz entlang der Straße in Richtung Menzenschwand. Dort, wo eine Unterführung rechts in den Ort hineinführt, nehmen wir mit dem Wanderzeichen blaue Raute den nach links in den Wald hochziehenden Weg. An der mit dem Schild Holzberg (780 m) markierten Wegspinne halten wir uns links in den mit der gelben Raute in Richtung »Lehenkopfturm« weiter aufwärts führenden Weg.

Bei einem querenden Weg steht das Schwandbrünnele (885 m); hier orientieren wir uns rechts, nehmen aber den links abzweigenden und ansteigenden Grasweg. An der nächsten Verzweigung wandern wir auf dem rechten Weg weiter. Nach einer Futterkrippe queren wir einen Forstweg und erreichen nach weiterem Anstieg bald den Lehenkopfturm (1039 m). Das heutige Bauwerk geht auf einen 1886 vom Kurverein St. Blasien erstmals errichteten Turm zurück.

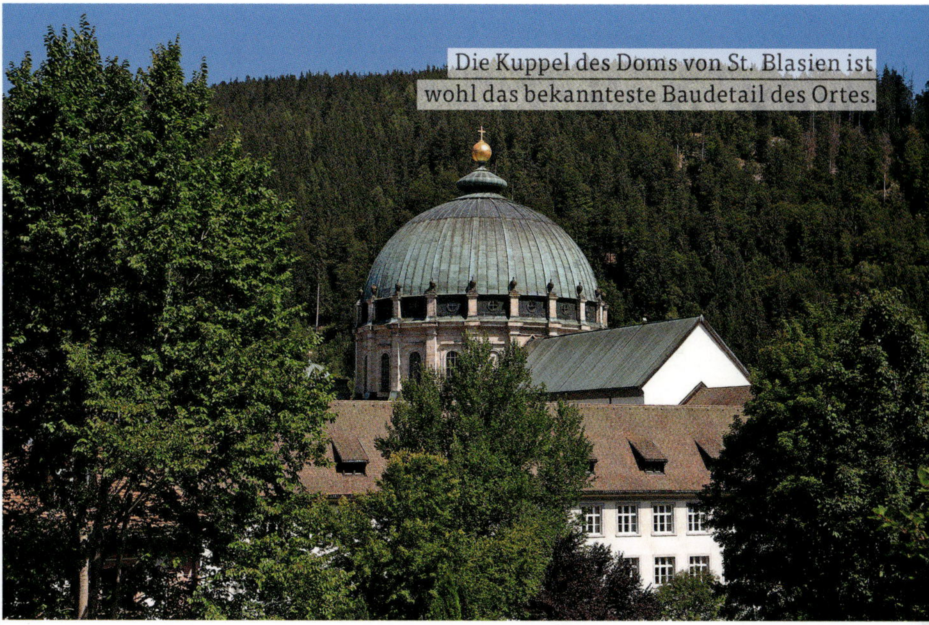
Die Kuppel des Doms von St. Blasien ist wohl das bekannteste Baudetail des Ortes.

Eine Besteigung ist fast Pflicht, danach kann man vor ihm auf Tischen und Bänken gemütlich rasten. Anschließend folgen wir der Markierung »Lehenhütte«. Es führt dazu ein holpriger Pfad steil bergab, danach wird es aber flacher und besser zu gehen.

Vom Turm ins Naturschutzgebiet Nach einiger Zeit kommen wir zu einem querenden Weg vor einer Schutzhütte mit dem Schild Lehenrütte (992 m). In ihr ist allerlei Wissenswertes zur Geschichte der Gegend und der Natur angeschlagen. Wir nehmen nun den Weg, der links der Hütte mit der gelben Raute durch das Weidegebiet in Richtung »Inner-Urberg« führt. Hier befinden wir uns in dem rund 64 Hektar großen Naturschutzgebiet Rüttewies-Scheibenrain.

Es geht sanft bergab bis in den Wald, wo wir auf das Schild Bengelbruch (980 m) treffen. Hier biegen wir rechts ab in Richtung »Rüttewies«. Später orientieren wir uns an einem querenden Weg rechts in Richtung »Horbach«. Bald verlassen wir den Wald und sehen rechts eine Freifläche mit der Ansiedlung Rüttewies. Wir treffen auf die Straße und folgen ihr nach rechts. Rechts der Straße können wir ein typisches Hotzenwaldhaus mit tief herabgezogenem Dach bewundern.

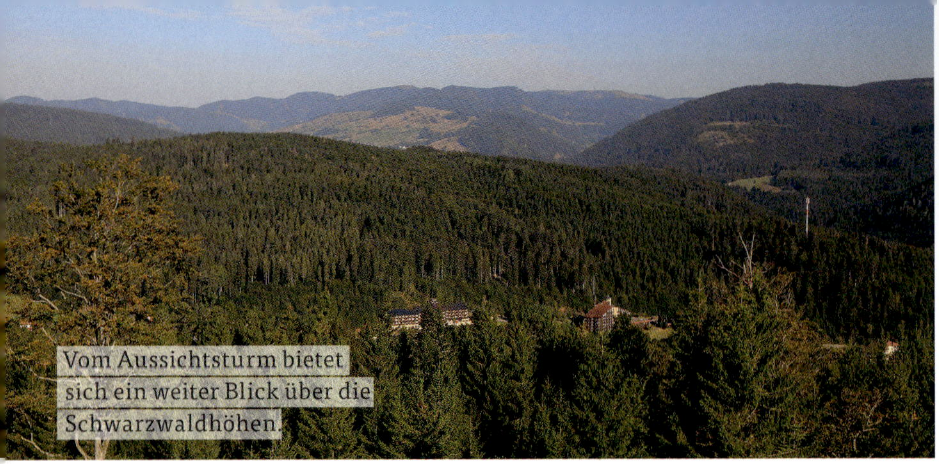
Vom Aussichtsturm bietet sich ein weiter Blick über die Schwarzwaldhöhen.

Hinab zum Schwarzwaldbach Nach den Häusern gehen wir noch ein paar Minuten auf der Straße bis wir vor uns eine querende Straße und einen Parkplatz sehen. Noch davor aber dürfen wir den rechts abgehenden Weg mit der gelben Raute nicht verpassen. Gleich darauf weist uns das Zeichen nach links. Wir steigen auf einem Pfad steil hinab zu einem Bach, hinter ihm treffen wir auf einen querenden breiteren Weg. Ihm folgen wir nach links, nun wieder flacher.

Weiter geht es nun immer dem Zeichen gelbe Raute nach. Beim Schild Waibelschwand (918 m) queren wir einen Forstweg. Danach werden wir bei einem querenden Pfad nach links verwiesen, nun geht es vorerst wieder etwas steiler bergab. Schließlich erreichen wir das Schild Steinenbach (820 m). Der gleichnamige Bach rauscht hinter dem Weg.

Nun biegen wir rechts ab und wandern eben parallel zum Bach. Die über den Bach führenden Brücken ignorieren wir und erreichen schließlich wieder das bekannte Schild Holzberg (780 m). Jetzt gehen wir neben der Straße wieder zurück zum Ausgangspunkt. Empfehlenswert ist es aber, die Umgehungsstraße zu unterqueren und St. Blasien mit seinem sehenswerten Ortsbild und vor allem dem Dom einen Besuch abzustatten.

✔ Nicht versäumen

Der Aussichtsturm sollte auf jeden Fall bestiegen werden, zudem gehört der Dom von St.Blasien mit seiner mächtigen Kuppel zu den größten Sehenswürdigkeiten der Gegend.

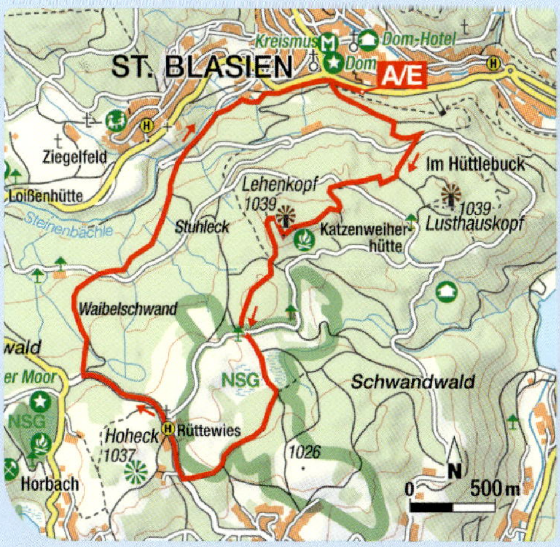

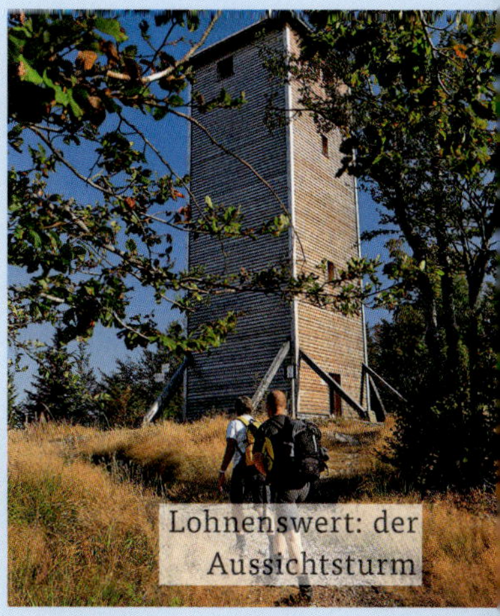
Lohnenswert: der Aussichtsturm

✔ Hier geht's lang

Ausgangs- und Endpunkt: St. Blasien, Parkplatz an der Umgehungsstraße/ L149, GPS: 47.757926, 8.131977

Tourencharakter: Wir wandern mit wenigen Ausnahmen auf Naturpfaden oder Forstwegen, ein kurzes Stück auch entlang der Landstraße.

Karte: Freizeitkarte F509 Waldshut-Tiengen, 1:50 000, Landesamt für Geoinformation und Landentwicklung Baden-Württemberg (LGL)

Bahn/Bus: S-Bahn bis Titisee, weiter mit dem Bus nach St. Blasien, Haltestelle Hauptstraße

Auto: B31 bis Titisee, dann B500 bis Schluchsee und über Menzenschwand oder Häusern nach St. Blasien.

Einkehr: Das Dom-Hotel in St. Blasien bietet unter anderem heimische Gerichte wie Schwarzwälder Forellen und Wild; im Sommer kann man schön auf der Terrasse sitzen. Auch übernachten kann man hier (www.dom-hotel-st-blasien.de):

Information: www.stblasien.de

22 Mittel · 7,5 km · 300 Hm · 2.30 Std.

Um das Blütenparadies Eggenertal

Am schönsten im Frühling

Frühling bedeutet Blumen, Blüten, erwachende Natur. Ein Frühlingsparadies ist auch das Eggenertal am Fuß des Blauen im Markgräflerland. Stille und Ruhe sind hier garantiert. Unsere Wanderung führt uns zweimal hinauf auf die Höhe und wir spazieren über den Orten durch die Baumwiesen, die Mitte April über und über mit blühenden Kirschbäumen bedeckt sind.

✔ *Darum einzigartig*

Herrliche Blüte und herrliche Aussicht, dazu Kunstschätze in der Kirche von Niedereggenen – ein wunderbares Erlebnis!

Auf den Kamm der Möglichkeiten Wir starten an der Kirche, wo man parken kann. Dann gehen wir etwas in Richtung des Ortes und biegen links ab in die Weinbergstraße in Richtung »Gennenbach«. Sie zieht nach rechts bis zu einer Querstraße, hinter der es auch Parkmöglichkeiten gibt. Hier halten wir uns links in Richtung »Feldberg«. Oben auf dem Kamm treffen wir auf das Schild Heidel (379 m). Hier haben wir verschiedene Möglichkeiten.

Die kürzere Variante, die uns direkt durch die Blütenwiesen führt und eine herrliche Aussicht beschert, führt nach rechts. Wir wandern immer auf dem Kamm, es geht auf und ab, bis zum Wanderschild Egt (418 m), wo wir uns rechts halten.

Eine etwas längere Erweiterung führt uns auf dem Sträßchen geradeaus hinab nach Gennenbach und nach diesem Weiler bis zur querenden Landstraße. Nun halten wir uns rechts und zweigen noch vor Feldberg rechts ab. Bei den ersten Häusern biegen wir mit der gelben Raute rechts ab und steigen hinauf bis zum Wanderschild Egt. Hier treffen wir auf die kürzere Variante, bei der längeren gehen wir geradeaus hinab.

Weiter über Obereggenen Unten finden wir am Wasserbehälter das Schild Eichacker (338 m); jetzt biegen wir links, dann gleich wieder rechts ab und spazieren nach Obereggenen hinein. An der Querstraße beim Bach orientie-

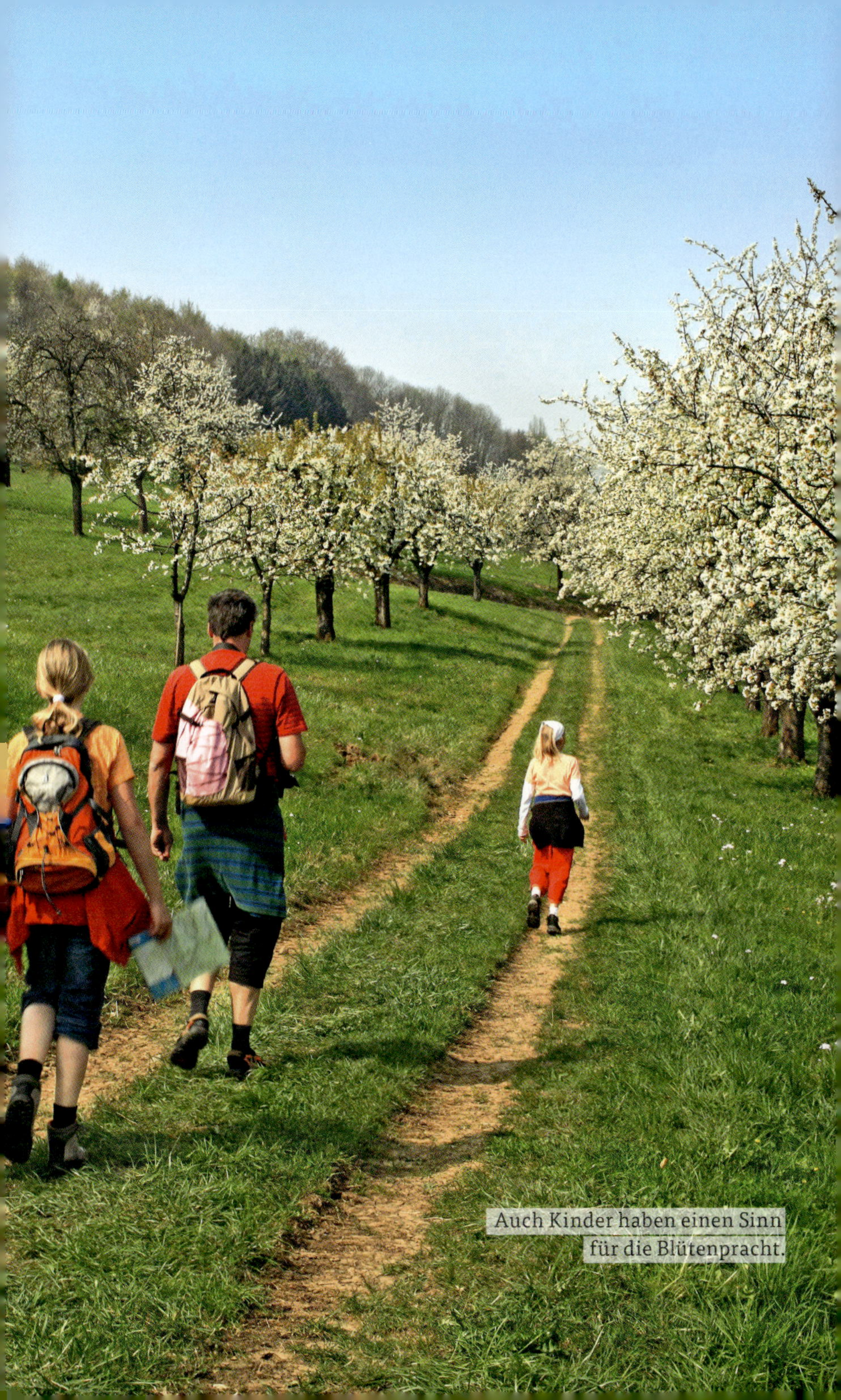

Auch Kinder haben einen Sinn für die Blütenpracht.

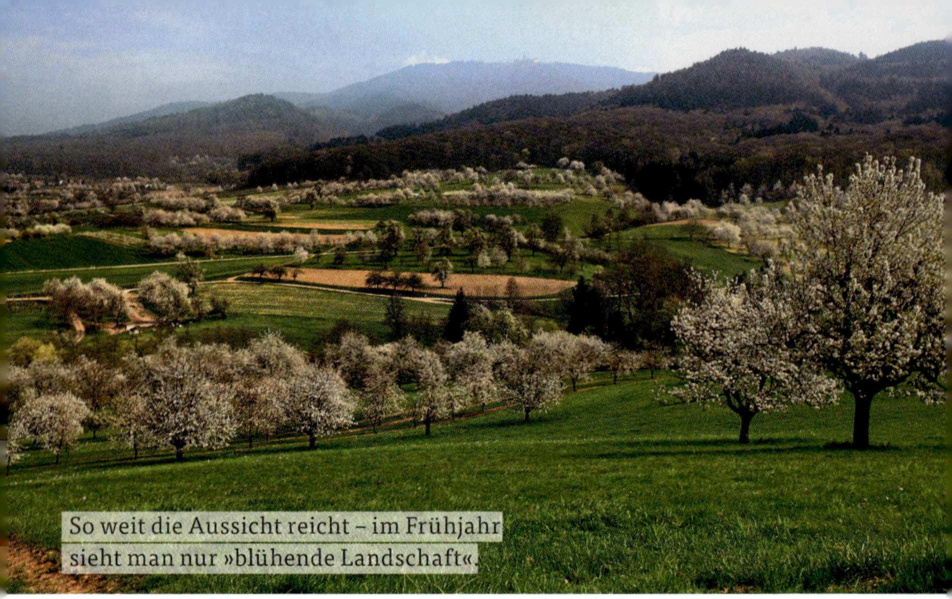

So weit die Aussicht reicht – im Frühjahr sieht man nur »blühende Landschaft«.

ren wir uns rechts, an der nächsten Kreuzung am Brunnen links in Richtung »Kandern«.

Nun verlassen wir den Ort und kommen zum Schild Kreuzweg (370 m); hier biegen wir rechts ab. Etwas später erreichen wir das Schild Quelltopf (370 m), jetzt orientieren wir uns rechts. Es geht hinab zum Bach, dann wieder hinauf. Wir überqueren einen Feldweg und steigen auf den Pfadspuren durch die Wiesen weiter hinauf bis zum zweiten Querweg. Dort biegen wir rechts ab.

Der Weg bringt uns abwärts zum ersten Querweg, wir orientieren uns links und wandern bis zum nächsten Abzweig, wo wir mit der gelben Raute links abbiegen. Kurz danach werden wir nach links verwiesen, der Weg zieht nach rechts und bringt uns zu einem Querweg, wo wir dem Zeichen nach links hinauf zum Waldrand folgen. Dort halten wir uns rechts. An der nächsten Kreuzung gehen wir nach rechts zur Straße, wo wir das Schild Am Hagschutz (392 m) sehen.

Nun wandern wir auf der linken der beiden Straßen hinab nach Niedereggenen. An der Durchgangsstraße biegen wir links ab und spazieren zurück zum Ausgangspunkt.

✔ Nicht versäumen

In der Kirche von Niedereggenen können wir prächtige Fresken bewundern.

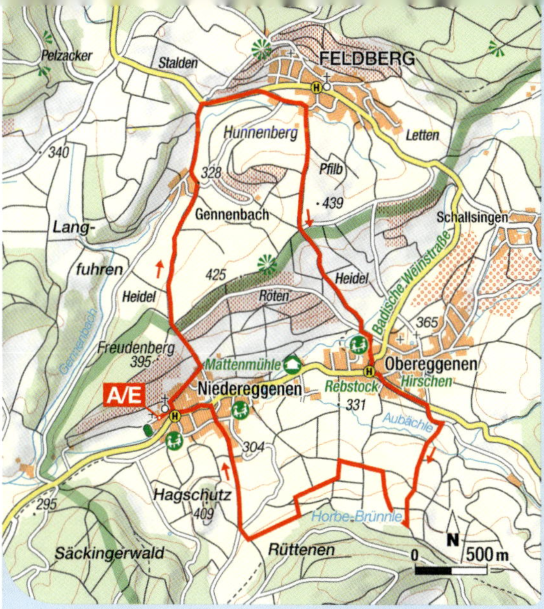

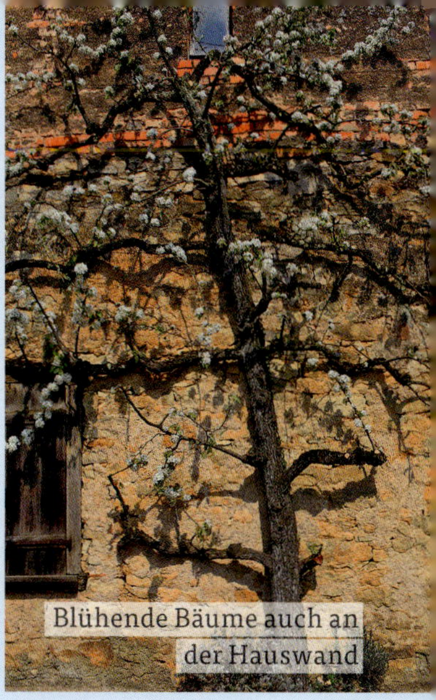

Blühende Bäume auch an der Hauswand

✔ Hier geht's lang

Ausgangs- und Endpunkt: Schliengen-Niedereggenen, bei der Kirche, GPS: 47.754041, 7.625319

Tourencharakter: Wir wandern auf festen Wegen und Pfaden. Die längere Variante bringt zusätzliche 2 km und 50 Hm mit sich und dauert etwa 50 Min. länger.

Karte: Wanderkarte W256 Müllheim, 1:25 000, Landesamt für Geoinformation und Landentwicklung Baden-Württemberg (LGL) in Zusammenarbeit mit dem Schwarzwaldverein e.V.

Bahn/Bus: Bahn bis Lörrach oder Müllheim (Baden), weiter mit dem Bus bis Haltestelle Niedereggenen (Unterdorf)

Auto: A5 bis Ausfahrt Müllheim, dann über Neuenburg am Rhein und Schliengen nach Niedereggenen

Einkehr: In dem im Landhausstil gehaltenen Landhotel Graf wird regionale und auf die Saison abgestimmte Küche geboten. Und wem es in der Gegend besonders gut gefällt, der kann hier auch übernachten (www.landhotel-graf.de).

Information: www.schliengen.de, www.eggenertal.de, Blütentel. 07635/824 96 49

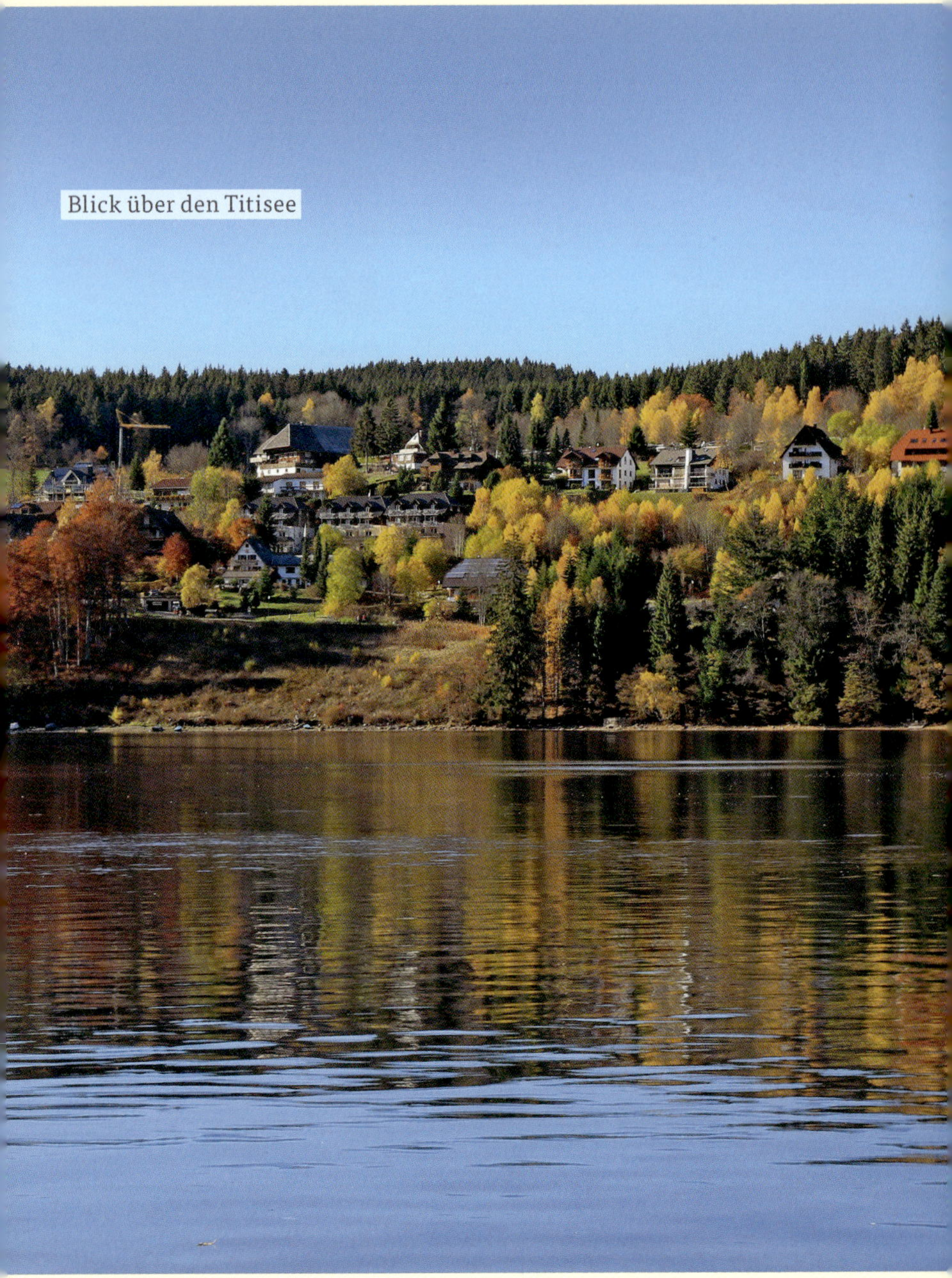

Blick über den Titisee

Der Westweg

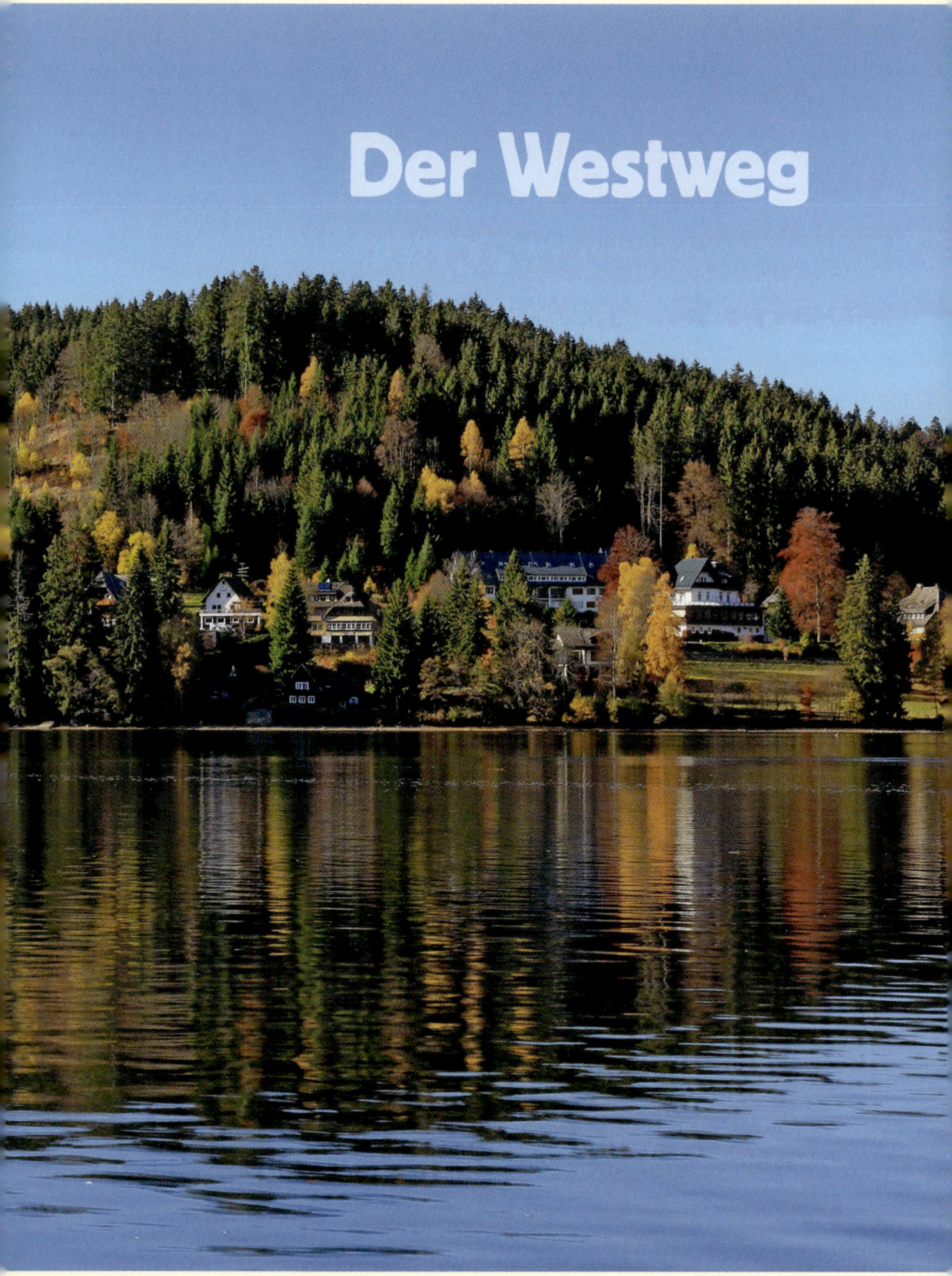

Der Westweg

Von Pforzheim bis Basel

Diese Nord-Süd-Achse durch den Schwarzwald verläuft im Wesentlichen über den Hauptkamm und ist der Traum von vielen Wanderern – kein Wunder, führt er doch in ganzer Länge über und durch das vielleicht berühmteste Mittelgebirge Deutschlands. Man erlebt auf ihm eine grandiose Natur mit Wäldern, Aussichtspunkten, Seen, Wasserfällen und Natursehenswürdigkeiten ohne Ende.

✔ Darum einzigartig

Auf einem der ältesten Weitwanderwege Deutschlands kann man den Schwarzwald mit all seinen Naturbesonderheiten erleben. Er führt von Nord nach Süd und über viele der berühmten Aussichtsberge durch das Mittelgebirge. 2006 erhielt er als erste baden-württembergische Wanderroute das Prädikat »Qualitätsweg Wanderbares Deutschland«.

Nach dem Start in Pforzheim führt der durchgehend mit der roten Raute markierte Weg über die Höhen zwischen Enz und Murg. Man steigt ab in das tiefeingeschnittene Murgtal, danach überquert man die außergewöhnliche Landschaft des Grindenschwarzwalds. Höhepunkte sind hier unter anderem der Mummelsee, die Hornisgrinde und der Schliffkopf.

Nach dem Nordschwarzwald durchwandert man den Mittleren Schwarzwald, quert das Kinzigtal und steigt wieder steil hinauf. Oben geht es an der Europäischen Wasserscheide zwischen Rhein und Donau vorbei.

Über den Brend erreicht man mit dem berühmten Titisee den südlichen Schwarzwald. Nun folgen die höchsten Schwarzwaldgipfel, allen voran der Feldberg, der höchste Berg Baden-Württembergs.

Weitere attraktive Ziele sind beispielsweise das Herzogenhorn, der legendäre Belchen und der Blauen. Von den Gipfeln bieten sich grandiose Aussichten bis zu den schneebedeckten Alpenriesen in den Schweizer Alpen mit Eiger, Jungfrau und Mönch.

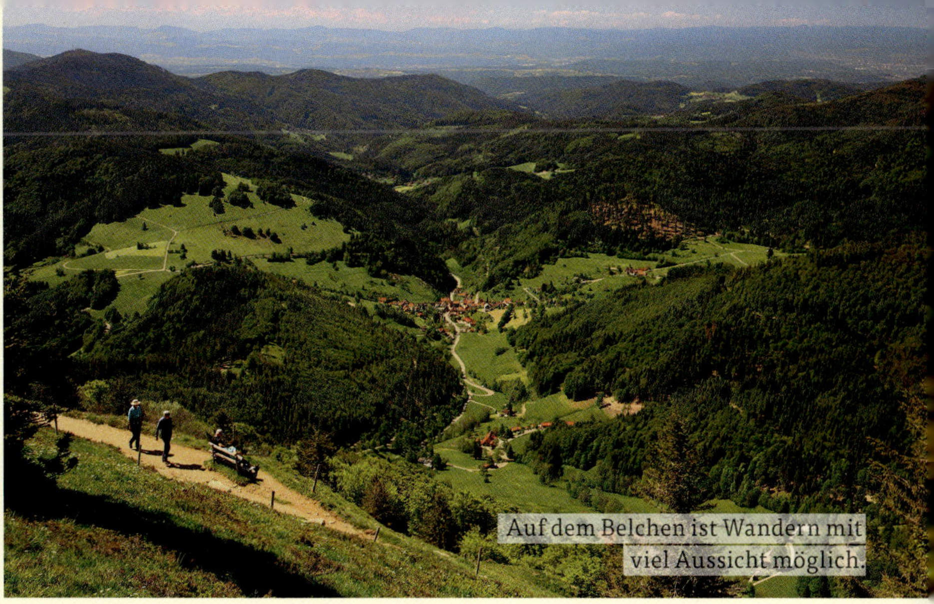

Auf dem Belchen ist Wandern mit viel Aussicht möglich.

Danach geht es hinab ins liebliche Markgräflerland. Abschließend wandert man ans Rheinknie, wo der Weg in Basel im schweizer-deutsch-französischen Dreiländereck endet.

Neben der westlichen Variante ist ab Titisee ein östlich davon verlaufender Weg markiert, der ebenfalls bis Basel führt.

● Schwer | km 291/288 km | 7889/7666 Hm | 12/13 Etappen

✔ Hier geht's lang

Ausgangspunkt: Pforzheim

Endpunkt: Freiburg

Tourencharakter: Der Westweg verläuft auf oft anspruchsvollen Wegen mit teilweise recht kräftigen Anstiegen. Man sollte trittsicher und wegen der langen Etappen auch ausdauernd sein.

Information: www.schwarzwald-tourismus.info/erleben/wandern/fernwandern/westweg, www.westweg.info

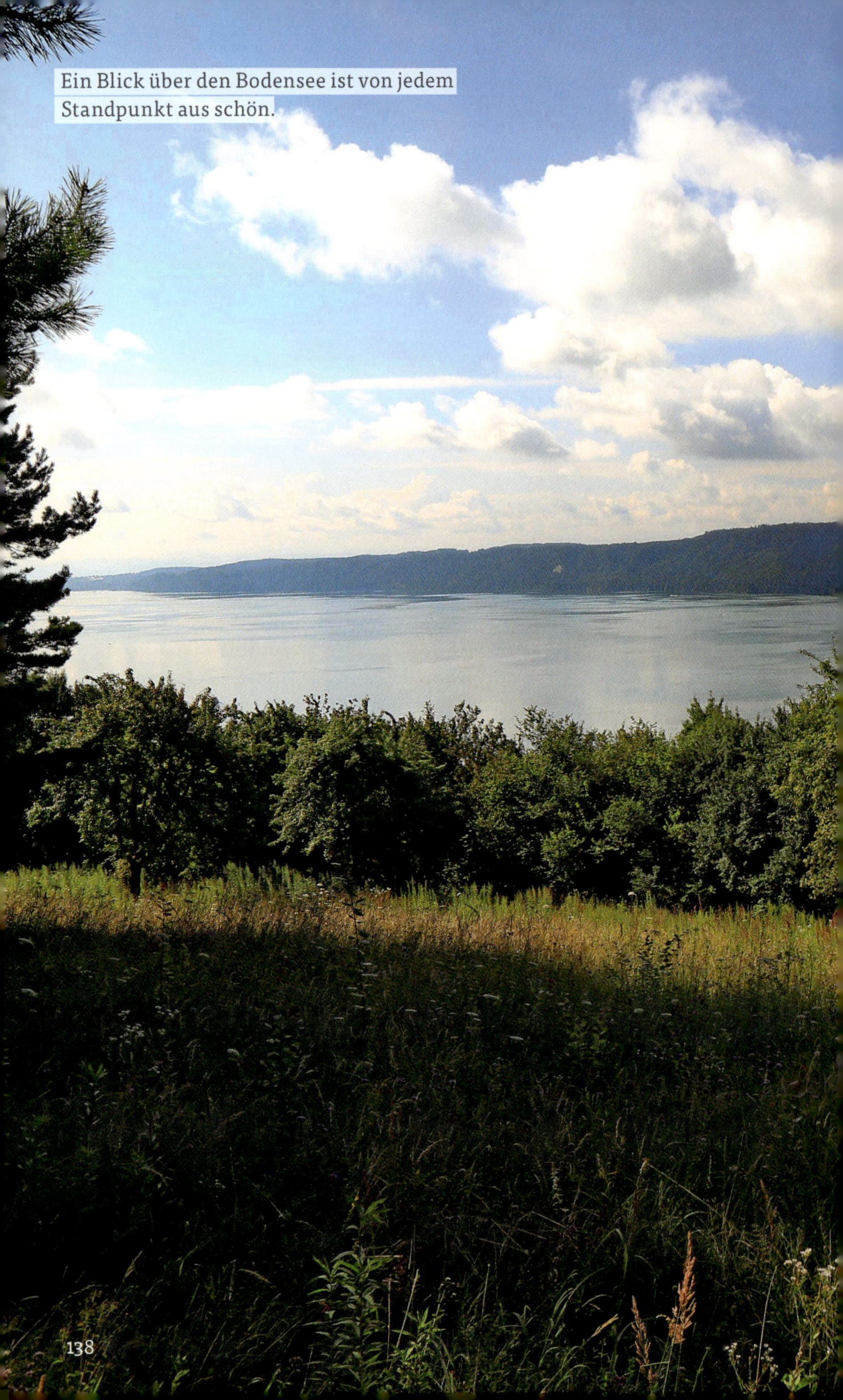

Ein Blick über den Bodensee ist von jedem Standpunkt aus schön.

Schöner Süden – Oberschwaben und Bodensee

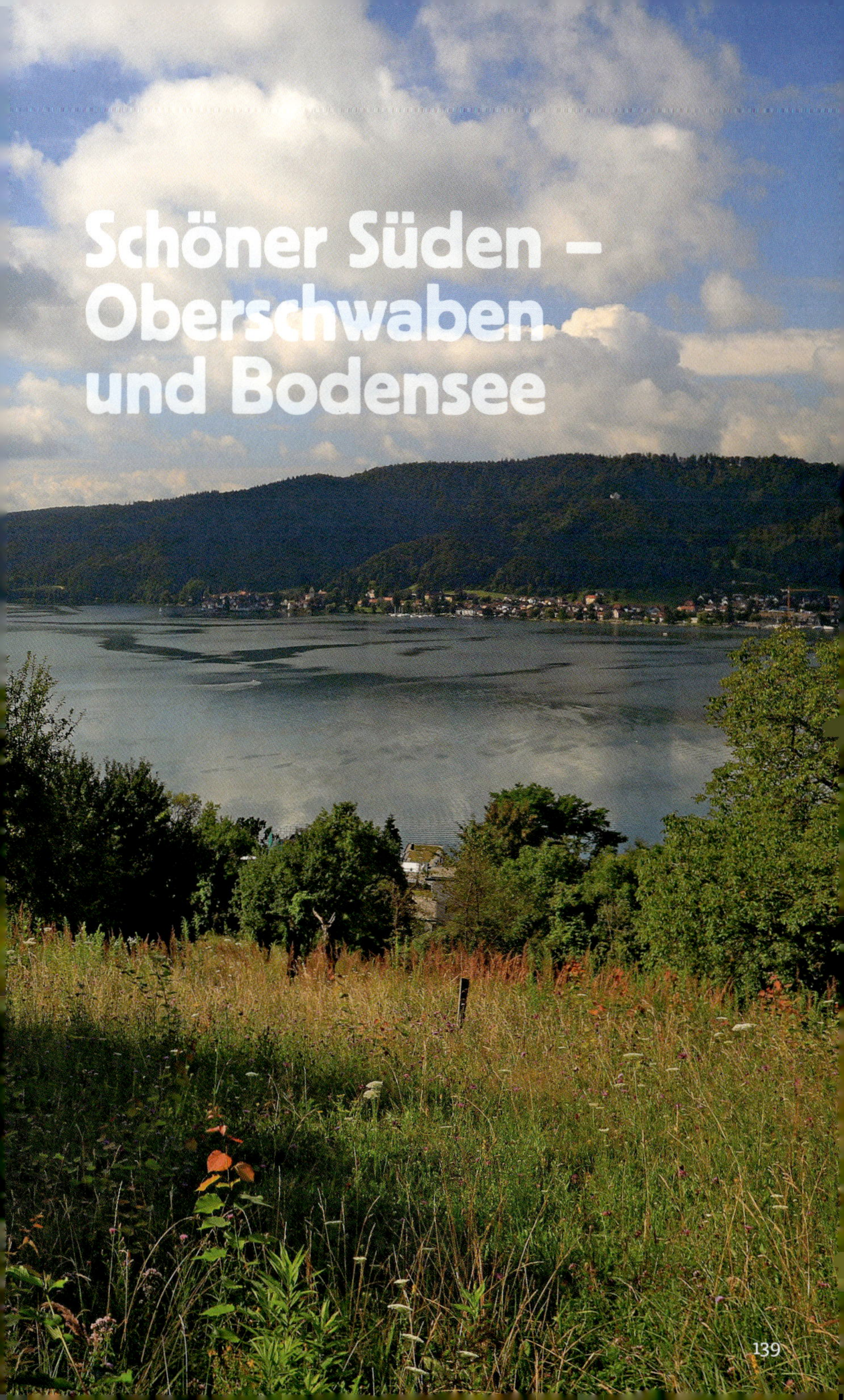

23 ● Schwer | 16,3 km | 70 Hm | 4.10 Std.

Vom Federsee zum Wackelwald

Naturbesonderheiten um Bad Buchau

Der Federsee ist zu jeder Jahreszeit ein empfehlenswertes Ziel. Wir besuchen bei dieser Tour aber nicht nur den See, sondern können auch eine typisch oberschwäbische Landschaft auf uns wirken lassen. Das bestimmende Element sind dabei die Moore und die vielfältige Flora und Fauna.

✓ Darum einzigartig

Die Gegend um Bad Buchau hat einige Besonderheiten zu bieten. Der Federsee ist ein Naturjuwel sondergleichen, während der Wackelwald vor allem Kindern gefallen wird.

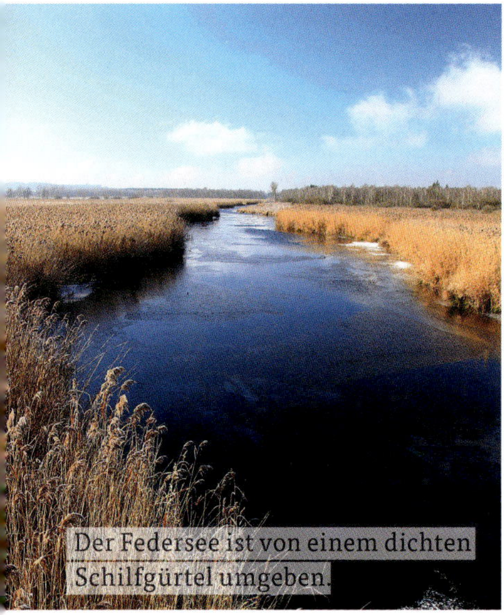

Der Federsee ist von einem dichten Schilfgürtel umgeben.

Auf dem Steg zum See Wir orientieren uns in Bad Buchau an den Schildern zum Federsee und zum Federseemuseum. Dort parken wir – für den Parkplatz, den Steg und natürlich für das Federseemuseum sind jeweils Gebühren fällig.

Vom Parkplatz aus folgen wir dem Steg bis zu seinem Ende. Unterwegs hat man schöne Blicke in die Schilfflächen des Moores und man kommt an Vogelbeobachtungshütten vorbei. Wenn man Glück hat, sieht man die eine oder andere Orchidee, die hier wächst, oder man kann den Schmetterlingen zusehen. Vielleicht entdeckt man auch Braunkehlchen, Große Brachvögel, Bekassinen, Bartmeisen, Teichrohrsänger und Rohrammern. Ein Aussichtsturm bietet einen großartigen Blick auf die umliegende Beckenlandschaft, die ein wenig an die Tundra erinnert. Am Ende des Stegs befindet sich eine Aussichtplattform, die einen weiten Blick auf den See und die Teichrosenfelder ermöglicht. Danach kehren wir wieder zurück zum Parkplatz.

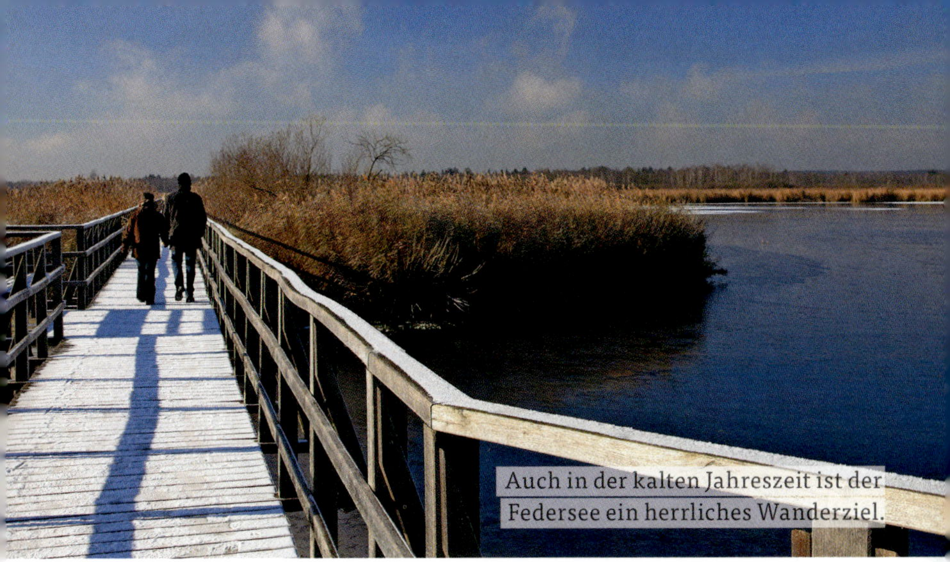

Auch in der kalten Jahreszeit ist der Federsee ein herrliches Wanderziel.

Weiter zum Wackelwald Dort orientieren wir uns an den Schildern »Moosburgweg« bzw. »Wackelwald« und spazieren hinaus in die Moorwiesen. An der nächsten Kreuzung geht es zwar nach rechts weiter, man kann aber auch geradeaus einen Abstecher zum Wackelwald machen. Besonders Kindern wird es gefallen, die Bäume durch Hüpfen zum Wackeln zu bringen. Danach geht es wieder zur Kreuzung zurück, wo wir uns links halten. Wer will, kann kurz darauf auf einem Steg weiterwandern, er bietet einen schönen Blick über die Moorwiesen.

Federseekanal und Bannwald Danach überqueren wir den Federseekanal. Er wurde 1787 gegraben, um den See trockenzulegen und die Fläche landwirtschaftlich nutzen zu können. 1808/09 fanden weitere sogenannte Seefällungen statt, weil König Friedrich I. vorhatte, »die nahrungslose Gegend in blühende Gefilde zu verwandeln«. Dadurch wurde die Wasserfläche von rund 1100 Hektar auf etwa 230 Hektar verringert. Nun wandern wir auf dem Steg durch das Bannwaldgebiet Staudacher in einem für Oberschwaben typischen dunklen Nadelwald bis zur Straße vor Moosburg. Dieses 50 Hektar große Bannwaldgebiet Staudacher ist nach dem thurn- und taxis'schen Oberförster Walter Staudacher benannt (1871–1933), der sich große Verdienste um die Landschaft erworben hat.

Rückweg über Kanzach Jetzt folgen wir der Straße nach rechts durch das Dorf hindurch. Am Ende biegen wir links ab in Richtung »Kanzach«. Wir wandern zwar auf einem für den Kfz-Verkehr freigegebenen, aber trotzdem ruhi-

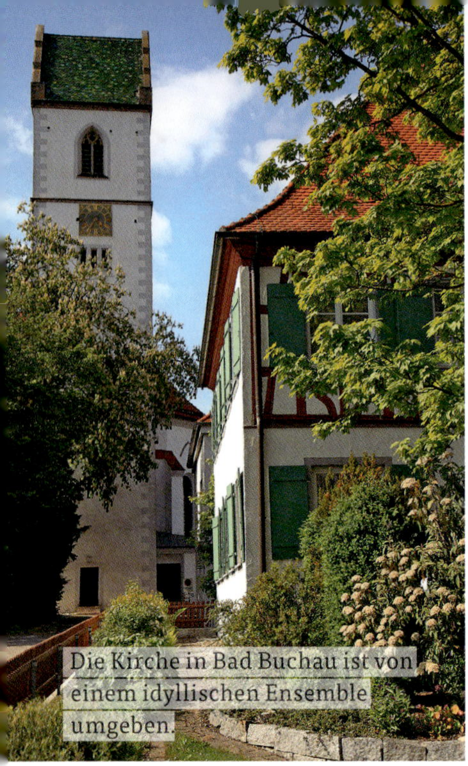
Die Kirche in Bad Buchau ist von einem idyllischen Ensemble umgeben.

gen Sträßchen in vielen Windungen, durch Waldstücke und zwischen Moorwiesen bis Kanzach.

In diesem Ort werden wir in die Alte Poststraße in Richtung »Vollochhof« verwiesen. Wir biegen links ab und folgen eine Zeitlang der Straße. Am zweiten Linksknick gehen wir im spitzen Winkel nach rechts ab und wandern durch die Wiesen zum Wald. In ihm knickt der Weg links ab. Nach einer Rechtskurve kommen wir vor den Vollochhof. Dort biegen wir links ab, jetzt orientieren wir uns an der Beschilderung nach »Bad Buchau«.

Kurz darauf führt uns der Weg nach links, wir umgehen die Kläranlage links, danach biegen wir rechts ab. Wir wandern am Waldrand entlang links der Straße bis zum Gewerbegebiet von Bad Buchau. An ihm gehen wir in der Unterbachstraße links vorbei. Sie knickt rechts ab, danach nehmen wir die links abgehende Kapellenstraße, die uns zur Wuhrstraße bringt. Auf ihr spazieren wir nach links nach Bad Buchau hinein.

Sie geht in die Hauptstraße über, dann biegen wir links ab in die Straße Marktplatz. Vor dem Rathaus folgen wir der Badgasse nach links. Wo links die Federseeklinik steht, gehen wir in der Seegasse, danach im Federseeweg nach rechts zurück zum Federseemuseum und zum Ausgangspunkt.

✔ Nicht versäumen

Unbedingt besuchen sollte man das Federseemuseum; Insbesondere Kinder wird es interessieren, wie man »früher« gelebt hat. Die Kirche in Bad Buchau ist ebenfalls sehenswert, sie besitzt eine prächtige Einrichtung, die vorwiegend in Weiß und Gold gehalten ist. Interessant ist auch die Bachritterburg im nahen Kanzach.

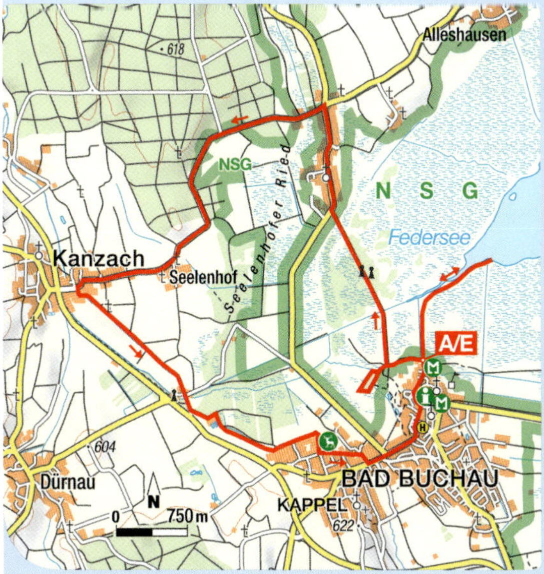

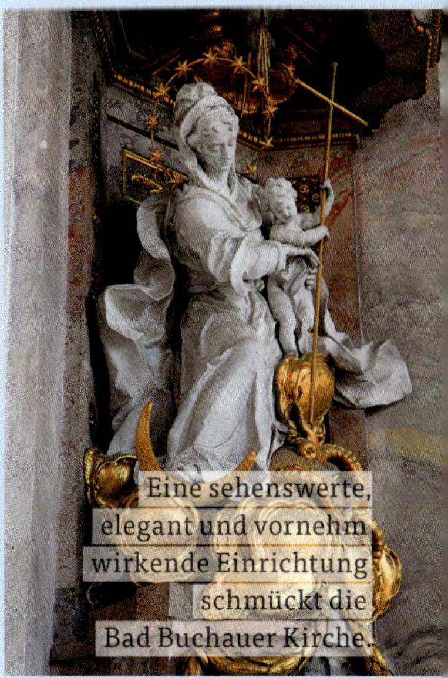

Eine sehenswerte, elegant und vornehm wirkende Einrichtung schmückt die Bad Buchauer Kirche.

✔ Hier geht's lang

Ausgangs- und Endpunkt: Bad Buchau, Parkplatz beim Federseemuseum bzw. Ausgangspunkt zum Federseesteg, Federseeweg, GPS: 48.070226, 9.610133

Tourencharakter: Die Wanderung findet ohne große Höhenunterschiede überwiegend auf festen Wegen statt. Für den lohnenswerten Federseesteg muss man etwa drei Kilometer und knapp eine Stunde Gehzeit zusätzlich einrechnen.

Karte: Freizeitkarte F527 Bad Saulgau, 1:50 000, Landesamt für Geoinformation und Landentwicklung Baden-Württemberg (LGL)

Bahn/Bus: Bahn bis Biberach, Bad Schussenried oder Bad Saulgau, dann Bus

Auto: A8 bis Ausfahrt Ulm, durch die Stadt und auf der B30 bis Biberach, weiter auf der B312, danach auf der L280 nach Bad Buchau Haltestelle Hauptstraße

Einkehr: Die Gaststätte Ochsen in Bad Buchau bietet solide schwäbische Küche (Tel. 07582/93 31 10).

Information: www.bad-buchau.de

24 ● Schwer | 15,2 km | 110 Hm | 4 Std.

Vorbei am Strand der Höri

Schilf und Aussicht

Die Höri gehört zu den schönsten Landschaftsteilen des Bodensees. Der erste Teil dieser Tour führt in der Nähe des Sees durch Streuwiesen, sodass man immer wieder zu ihm hinsieht. Danach steigen wir hinauf zum Wasserturm von Horn, von dem wir einen herrlichen Blick über den See und dessen Hinterland haben.

✔ *Darum einzigartig*

Die Wanderung auf der fast paradiesischen Halbinsel Höri führt durch eine der schönsten Gegenden des Bodensees. Man kann an verschiedenen Stellen die Wanderung für einen Sprung ins Wasser unterbrechen, sogar an einem freien Badeplatz.

Strand mit Aussichtsplattform Wir starten die Tour in Moos am Parkplatz Strandweg kurz vor dem Strandbad oder an einem anderen der genannten Parkmöglichkeiten. Der Ausgangspunkt vor dem Strandbad ist besonders praktisch, wenn man anschließend den Tag am Wasser ausklingen lassen möchte.

Vor dem Strandbad finden wir eine Aussichtsplattform, die uns einen herrlichen Blick über das Schilf zum See, nach Radolfzell und zur rechts der Stadt liegenden Halbinsel Mettnau bietet. Wir folgen danach dem Bodensee-Wanderweg, der uns vorbei am Strandbad ins Naturschutzgebiet Seewiesen führt. Nach links in Richtung See können wir uns an idyllischen Baumgruppen und Gehölzen erfreuen.

In Iznang folgen wir mit dem Zeichen des Bodensee-Wanderwegs den Straßen Unter Eichen, danach Lange Gasse. Hier weist an einem Parkplatz das Radwegschild nach rechts, wir gehen aber geradeaus in der Kurzgasse weiter. Der bald querenden Seestraße folgen wir nach rechts, gleich danach biegen wir links ab in die Strandbadstraße. Nach dem Ort wandern wir am Strandbad (398 m) vorbei.

Möglichkeit zum Abstecher zur Kirche Nun spazieren wir durch das Ried mit seinen Streuwiesen, nach einem rechts liegenden Wald und einem Wohn-

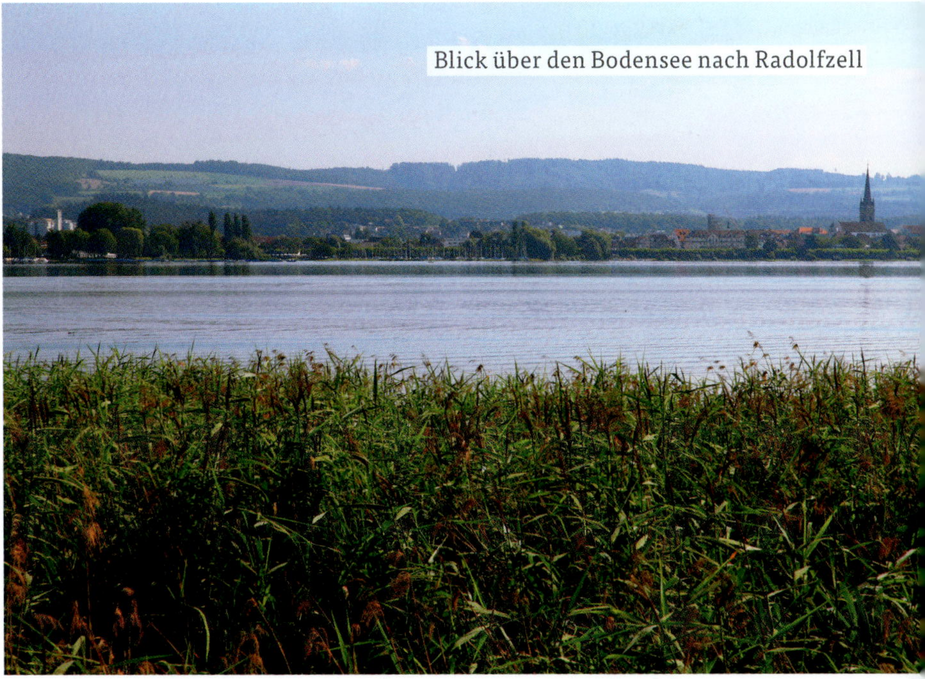

Blick über den Bodensee nach Radolfzell

gebiet geht es wieder durch die weiten Wiesen. Unterhalb von Gundholzen weist ein Schild nach links zu einem Badeplatz. Wir gehen weiter geradeaus, vorbei am Wasserbehälter und dem Wanderschild Fronwiesen (402 m). Mit einigen Knicks und Kurven erreichen wir in der Hörnlistraße Horn, wo wir an der querenden Hornstaaderstraße rechts abbiegen. Sie bringt uns zur Hauptstraße, der wir kurz in Richtung Moos folgen. Rechts kann man in der Kirchgasse zu der sehenswerten Kirche gehen, ansonsten zweigen wir links ab in die Weiler Straße.

Auf ihr verlassen wir ansteigend Horn wieder und wandern, vorbei am Schild Feldkreuz (457 m), zum rechts der Straße liegenden Wasserturm. Er weist in zeittypischer Bauweise die Form eines Bergfrieds auf und bietet uns einen herrlichen Rundumblick über den See und den Schiener Berg. Wenn wir weitergehen, passieren wir das Schild Beim Wasserturm Horn (470 m). Danach zieht die Straße vor einer kleinen Kapelle nach links, wir gehen aber auf dem Feldweg geradeaus weiter.

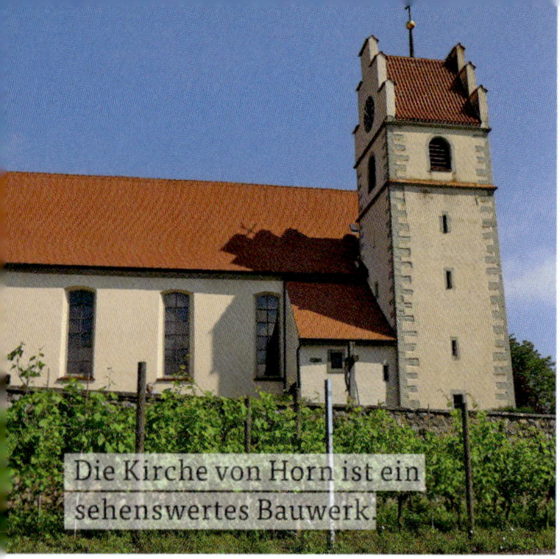
Die Kirche von Horn ist ein sehenswertes Bauwerk.

Über die Hochfläche Vor dem Wald knickt der Weg links ab und bringt uns zum Waldrand mit dem Schild Blatt (485 m). Hier folgen wir dem zweiten Weg von rechts in Richtung »Weiler« in den Wald hinein. Nach dem Wald wandern wir über die Felder auf der landwirtschaftlich genutzten Hochfläche Blatt, danach geht es hinab nach Weiler. Rechts der Durchgangsstraße liegt die Kirche. Wir gehen rechts von ihr zu einer Querstraße, dort spazieren wir links von Haus 19 geradeaus weiter.

Am Querweg nach dem Ort biegen wir links ab und kommen nach Bettnang. Wir wandern durch diesen Weiler hindurch, biegen aber kurz nach dem großen Kruzifix rechts ab. Nun geht es durch die Felder zur K6160, der wir nach links nach Bankholzen folgen.

Direkt vor dem Ort biegen wir an dem Kruzifix rechts ab auf den Feldweg. Er knickt kurz darauf links, dann gleich wieder rechts ab und bringt uns in den Wald. Dort wandern wir an der Kläranlage vorbei und erreichen die L192. Wir überqueren sie und biegen gleich danach links ab auf den tiefer liegenden Weg. Er führt uns nach Moos. Wir biegen aber direkt am Ortsschild rechts ab zum »Strandbad«.

✔ Nicht versäumen

Die 1155 erwähnte Pfarrkirche St. Johannes d. T. und St. Veit in Horn besitzt eine reiche Ausstattung. Um 1700 wurde sie in eine barocke Saalkirche umgebaut. Der Hochaltar stammt von 1719. Sehenswert ist eine Madonnenstatue von etwa 1500. Die beiden beidseitig bemalten Altartafeln stammen aus dem Konstanzer Münster. Beeindruckend sind auch die Sandstein-Grabmäler der Konstanzer Obervögte (17./18. Jh.). Das mächtige Pfarrhaus mit seinem rundbogigen Weinkellerzugang geht auf das Jahr 1660 zurück und wurde 1776 umgebaut. Dazu gehört eine Fachwerkscheune aus dem 18. Jahrhundert.

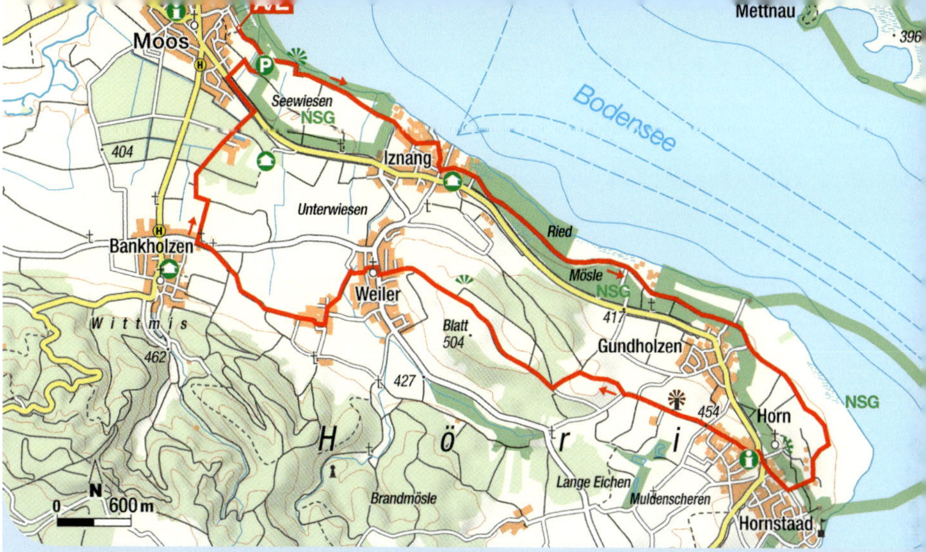

Hier geht's lang

Ausgangs- und Endpunkt: Moos, Parkplatz Strandweg, GPS: 47.725335, 8.938658; alternativ am Parkplatz Strandbad, zwischen Strandweg und Rütistraße, GPS: 47.723038, 8.941338, am nördlichen Ortsanfang, Radolfzeller Str. 1a, GPS: 47.727166, 8.934554, am Parkplatz in der Friedhofstraße oder am Bootshafen von Moos

Tourencharakter: Die Tour verläuft auf asphaltierten und geschotterten Wegen.

Karte: Freizeitkarte F511 Westlicher Bodensee, 1:50 000, Landesamt für Geoinformation und Landentwicklung Baden-Württemberg (LGL); Wanderkarte mit Radwegen Singen – Radolfzell a. B. Blatt 49-529, 1:25 000, NaturNavi

Bahn/Bus: Bahn bis Radolfzell, weiter mit dem Bus bis Moos, Haltestelle Grüner Baum

Auto: A81 und B33 bis Ausfahrt Singen/Steißlingen/Moos, dann Richtung Radolfzell und vor der Stadt rechts ab in Richtung Moos

Einkehr: Gehobene Küche findet man im Hotel Hirschen in Horn. Hier kann man auch übernachten (www.hotelhirschen-bodensee.de).

Information: www.gaienhofen.de

25 ● Schwer | 16,9 km | 40 Hm | 4.20 Std.

Auf dem Bodensee-Rundweg von Langenargen nach Eriskirch

Schloss, Ried und eine Hängebrücke

Das Seeschloss Montfort in Langenargen steht an einer markanten Stelle direkt am Bodensee. Auch sonst gibt es im Ort mit dem Hafen, der Kirche und den historischen Gebäuden einiges zu sehen. Danach wandern wir ins Eriskircher Ried und nach Eriskirch, wo wir in der Kirche sehenswerte Fresken bewundern können. Im Sommer gibt es verschiedene Bademöglichkeiten unterwegs.

✔ *Darum einzigartig*

Der Bodensee und das Bodenseehinterland sind schon alleine besonders schön, das Eriskircher Ried jedoch zählt zu den großen Natursehenswürdigkeiten des Landes.

Zum Schloss von Langenargen Wer mit dem Auto kommt und einen kostenlosen Parkplatz sucht, parkt östlich des Ortes bei der Kabelhängebrücke. Auf der Südseite der L334 folgt man mit dem Zeichen blauer Strich der Argen auf ihrer rechten Seite. An einer Fußgängerhängebrücke biegen wir rechts ab in Richtung »Langenargen Eriskirch«. Nach dem links liegenden Hafen geht es nach links bis zur nächsten Straße, dann nach rechts und gleich darauf mit dem Zeichen des Bodensee-Rundwegs links ab in Richtung »Fußweg zur Malerecke«.

An der Malerecke erreicht man den See, der eine wunderschöne Aussicht über das Wasser zu den Schweizer Bergen bietet. Hier halten wir uns rechts und wandern nach Langenargen hinein. Wir treffen auf die Obere Seestraße, der wir nach links folgen. Vorbei an der Strandpromenade, den alten Häusern rechts und dem Hafen links spazieren wir zu der barocken Kirche und dem Schloss.

Auch von außen bietet dieses einen prächtigen Anblick. Es wurde 1861 bis 1866 in einer gotisch-maurischen Stilmischung unter König Wilhelm I. und Thronfolger Karl als königlicher Sommersitz errichtet und diente dann 30 Jahre lang

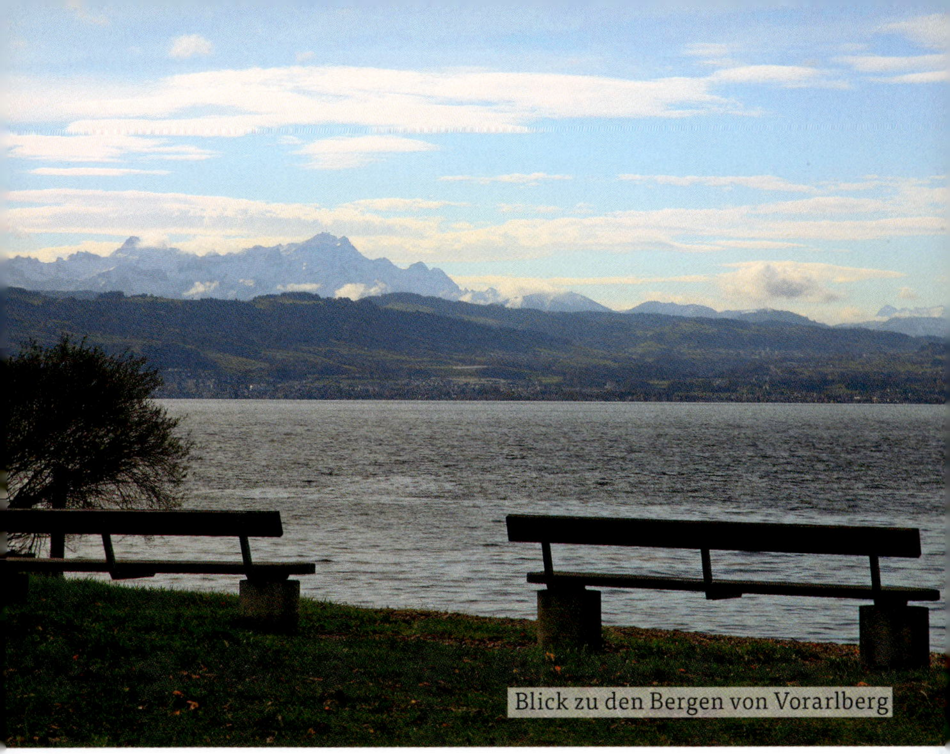

Blick zu den Bergen von Vorarlberg

Prinzessin Luise von Preußen als Sommersitz. Zwischen Kirche und Schloss folgen wir weiter dem Bodensee-Rundweg, nun in der Unteren Seestraße durch den lang gestreckten Ort.

Weiter zur Schussen … Wir gehen, bis wir in Schwedi vor der Schussenmündung stehen. Hier biegen wir rechts ab und wandern kurz zwischen Schussen und Feldern bis zur nächsten befestigten Straße vor der Gärtnerei. Hier halten wir uns links. Danach überqueren wir auf einer Brücke die Schussen nach links und wandern erst durch ein Waldstück, dann durch die Streuwiesen mit den markanten Bäumen ins Eriskircher Ried.

… und übers Eriskircher Ried zur Kirche Das Eriskircher Ried ist eines der bedeutendsten Naturschutzgebiete am Bodensee. Die von der Schussen abgeschnittenen Altarme bieten einer Vielzahl von Pflanzen und Tieren Lebensraum. Die Sibirische Schwertlilie (*iris sibirica*) findet man nirgends im Land so reich blühend wie hier, insbesondere beim Strandbad. Schließlich treffen wir nach einer Schranke auf ein Sträßchen. Es führt nach links zum nahe gelegenen Freibad, wir folgen ihm aber nach rechts. Nach einer Links- und einer

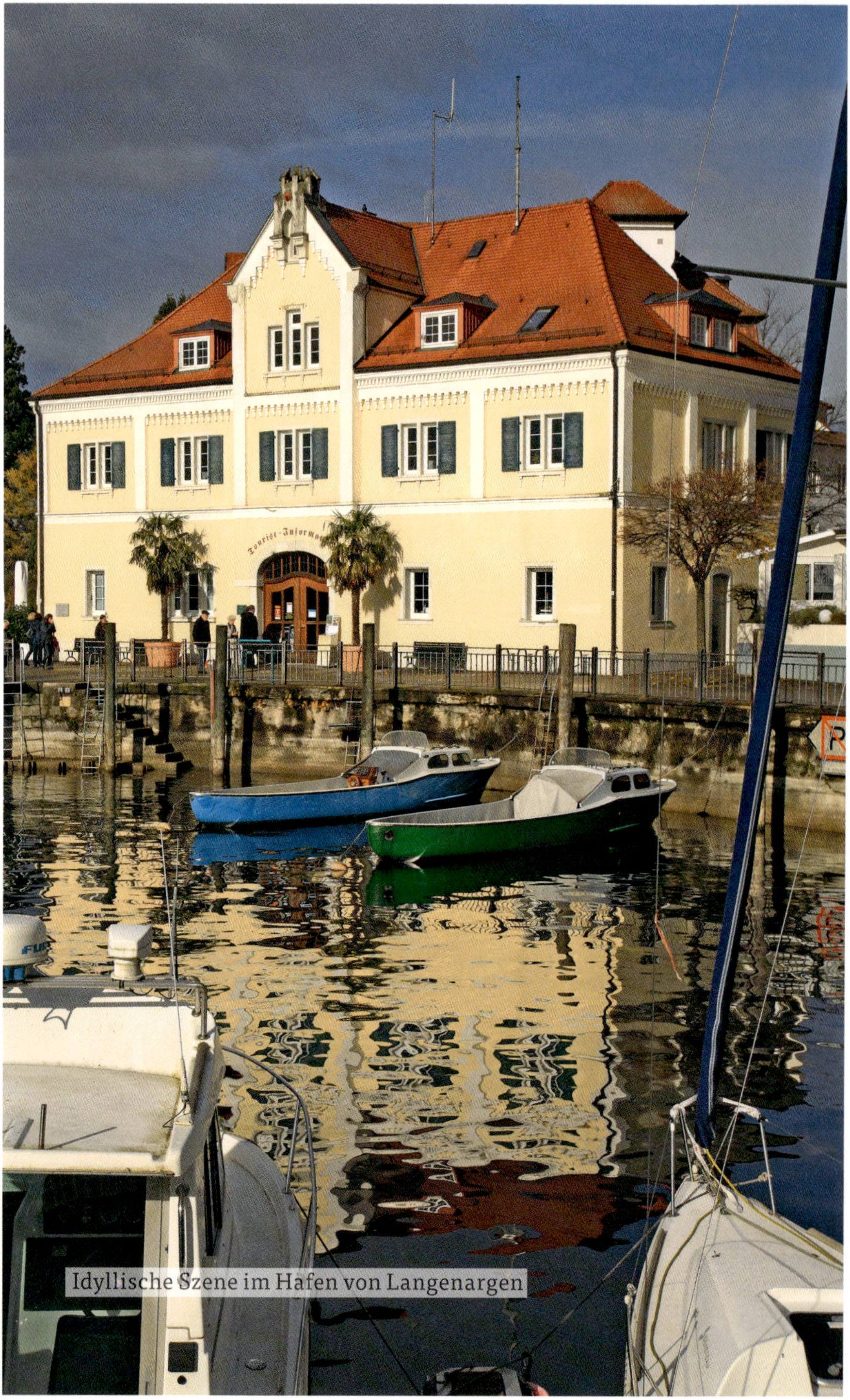

Idyllische Szene im Hafen von Langenargen

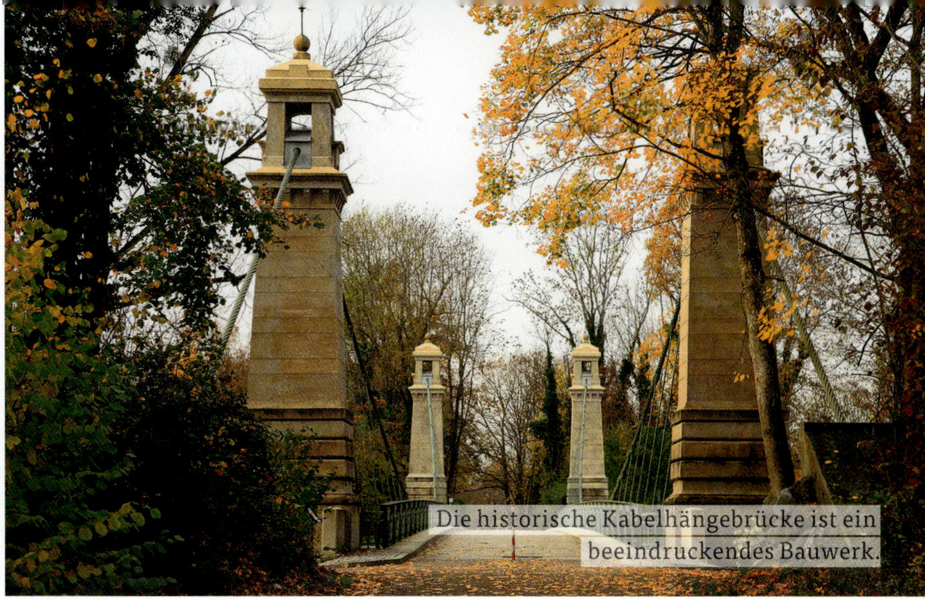

Die historische Kabelhängebrücke ist ein beeindruckendes Bauwerk.

scharfen Rechtskurve überqueren wir die Bahnlinie. Nach ihr kann man nach links zum Naturschutzzentrum gehen; ansonsten wandern wir auf die Kirche von Eriskirch zu. Sie ist mit bedeutenden Kunstwerken des »Meisters von Eriskirch« ausgestattet. Die gotischen Wandfresken sind eines der wenigen Beispiele einer vollständigen gotischen Ausmalung in Deutschland.

Vor der Kirche zieht die Straße jedoch nach links. An der nächsten Kreuzung biegen wir rechts ab in die Brückenstraße. Gleich darauf überqueren wir neben der gedeckten Holzbrücke die Schussen. Danach biegen wir rechts ab in den Schwediweg. Er führt uns erst parallel zur Schussen, dann zieht er nach links.

Kurz nachdem uns links die Eisenbahngleise begleiten, kommen wir nach Gmünd. Wir durchqueren diese Ansiedlung und spazieren nach ihr durch den Wald. Anschließend wandern wir durch ein Gewerbegebiet. Vor den Wohnhäusern zieht die Straße nach links. An der vorfahrtsberechtigten Straße halten wir uns rechts. Nach kurzem Bergauf biegen wir rechts ab in den Geh- und Radweg.

Eine berühmte Hängebrücke als Abschluss Wir durchqueren ein Waldstück, danach treffen wir auf die L334. Ihr folgen wir bis zum links liegenden Tuniswald. Dort biegen wir links ab in die Buchenstraße und wandern durch das Wohngebiet bis zu dessen Ende an der querenden Straße Tuniswald. Hier geht es etwas nach rechts versetzt auf einem Asphaltsträßchen zwischen den

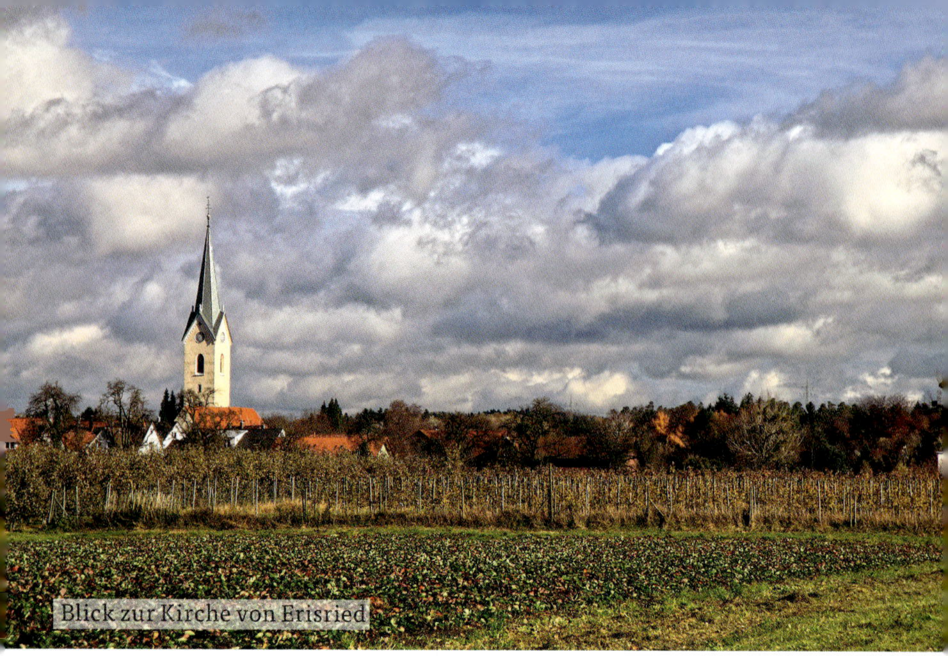

Obstbaumplantagen weiter. Wo rechts eine Elektroleitung endet, biegen wir mit dem Radwegschild links ab und wandern bis vor die B31. Es geht etwas nach links, dann unterqueren wir sie und halten uns rechts nach Oberdorf. Wir durchwandern diesen Ort, bis wir auf die Argen stoßen. Vor dem Fluss biegen wir rechts ab und gehen entlang der Argen bis zur Kabelhängebrücke, die man sich jetzt genauer ansehen sollte.

Wer zum Bahnhof muss, folgt der obigen Beschreibung ins Zentrum von Langenargen und biegt dort von der Oberen Seestraße rechts ab in die Bahnhofstraße.

✔ Nicht versäumen

Die Kabelhängebrücke ist die älteste Brücke ihrer Art in Deutschland. Sie wurde am 25. Januar 1898 dem Verkehr übergeben. Entwurf und Ausführung lagen bei der Maschinenfabrik Esslingen. Man fand sie so gut gelungen, dass man sie auf der Weltausstellung in Paris 1900 vorstellte und sie feiern ließ. Mit anwesend war der Schweizer Othmar Ammann, der später die über 1000 Meter weit gespannte George-Washington-Brücke in New York plante und baute und Berater bei der Golden-Gate-Brücke in San Francisco war.

✔ Hier geht's lang

Ausgangs- und Endpunkt: Langenargen, Parkplätze an der L334 bei der Kabelhängebrücke, GPS: 47.596107, 9.561221

Tourencharakter: Wir wandern auf festen Wegen. Die Tour ist relativ lang, aber da sie fast ohne Höhenunterschied verläuft, wird man sie gut bewältigen können.

Karte: Wanderkarte W270 Friedrichshafen, 1:25 000, Landesamt für Geoinformation und Landentwicklung Baden-Württemberg (LGL) in Zusammenarbeit mit dem Schwäbischen Albverein e. V.; Wanderkarte mit Radwegen Bodensee Ost Blatt 55-527, 1:25 000, NaturNavi

Bahn/Bus: Wer mit öffentlichen Verkehrsmitteln kommt, startet am Bahnhof. Von hier aus folgt man der Bahnhofstraße in Richtung Zentrum und Bodensee bis zur Oberen Seestraße.

Auto: Anfahrt B8 bis Ulm, dann A7 bis Kreuz Memmingen und weiter auf der A96 bis Ausfahrt Sigmarszell, weiter auf der B31. An der Kreuzung bei Kressbronn nach Süden auf der L334 bis zur Argenbrücke vor Langenargen.

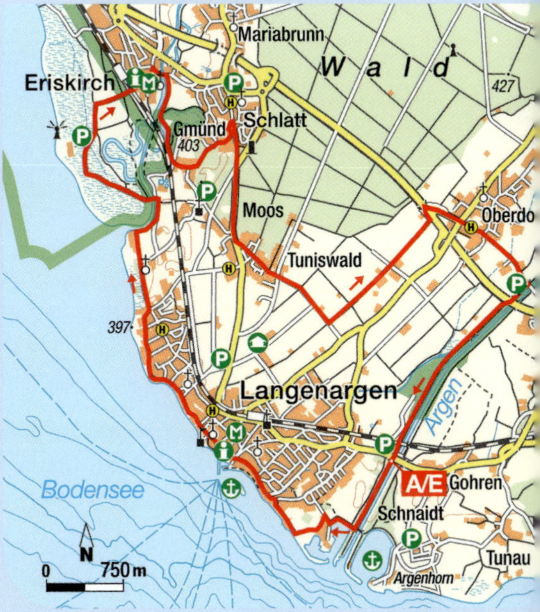

Einkehr: Schmecken lassen kann man es sich nach etwa der Hälfte der Tour bei mediterranen Gerichten im Café Ristorante Pizzeria in Eriskirch (www.ristorante-la-rosa.de).

Information:
www.langenargen.de

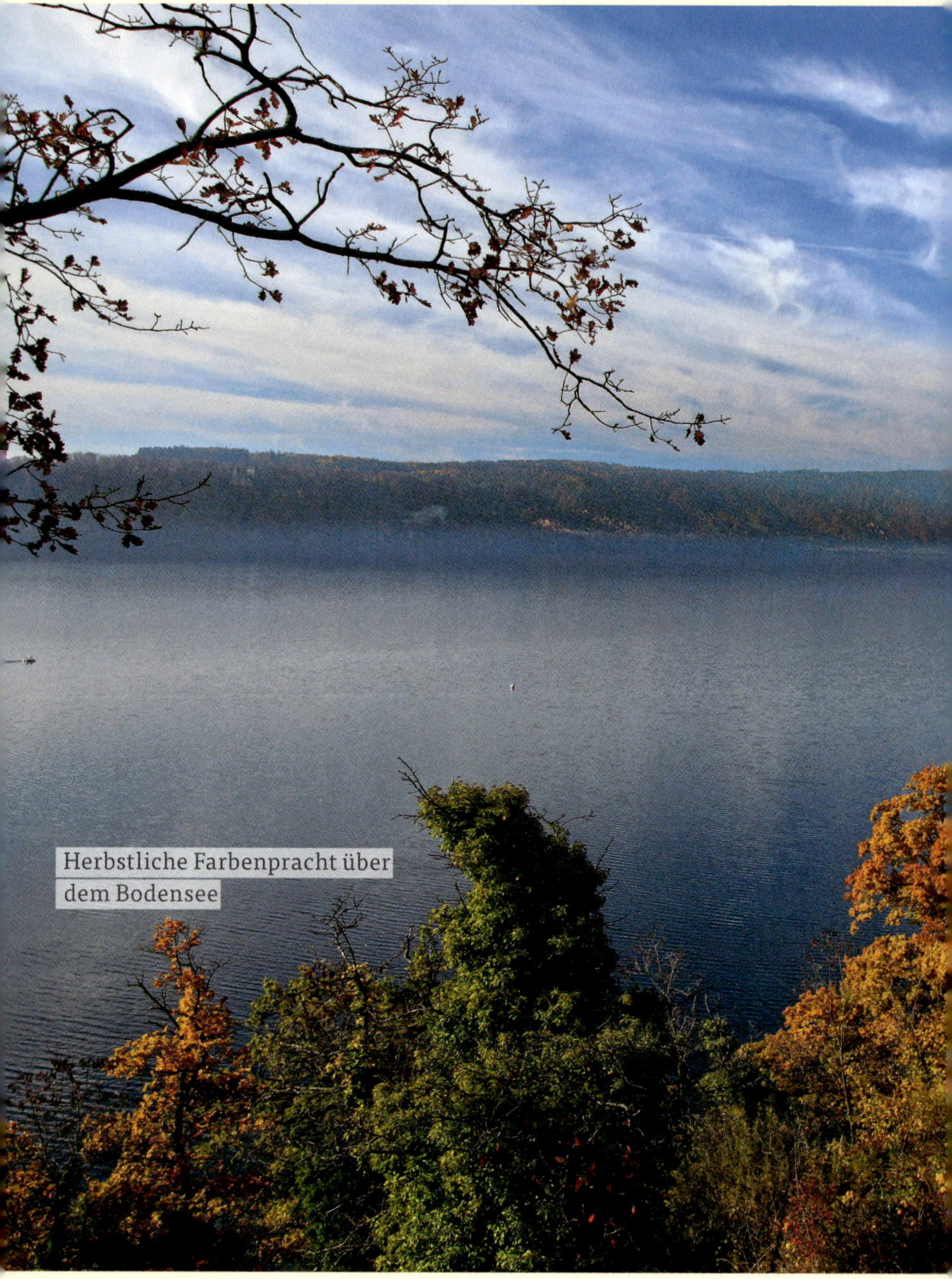

Herbstliche Farbenpracht über dem Bodensee

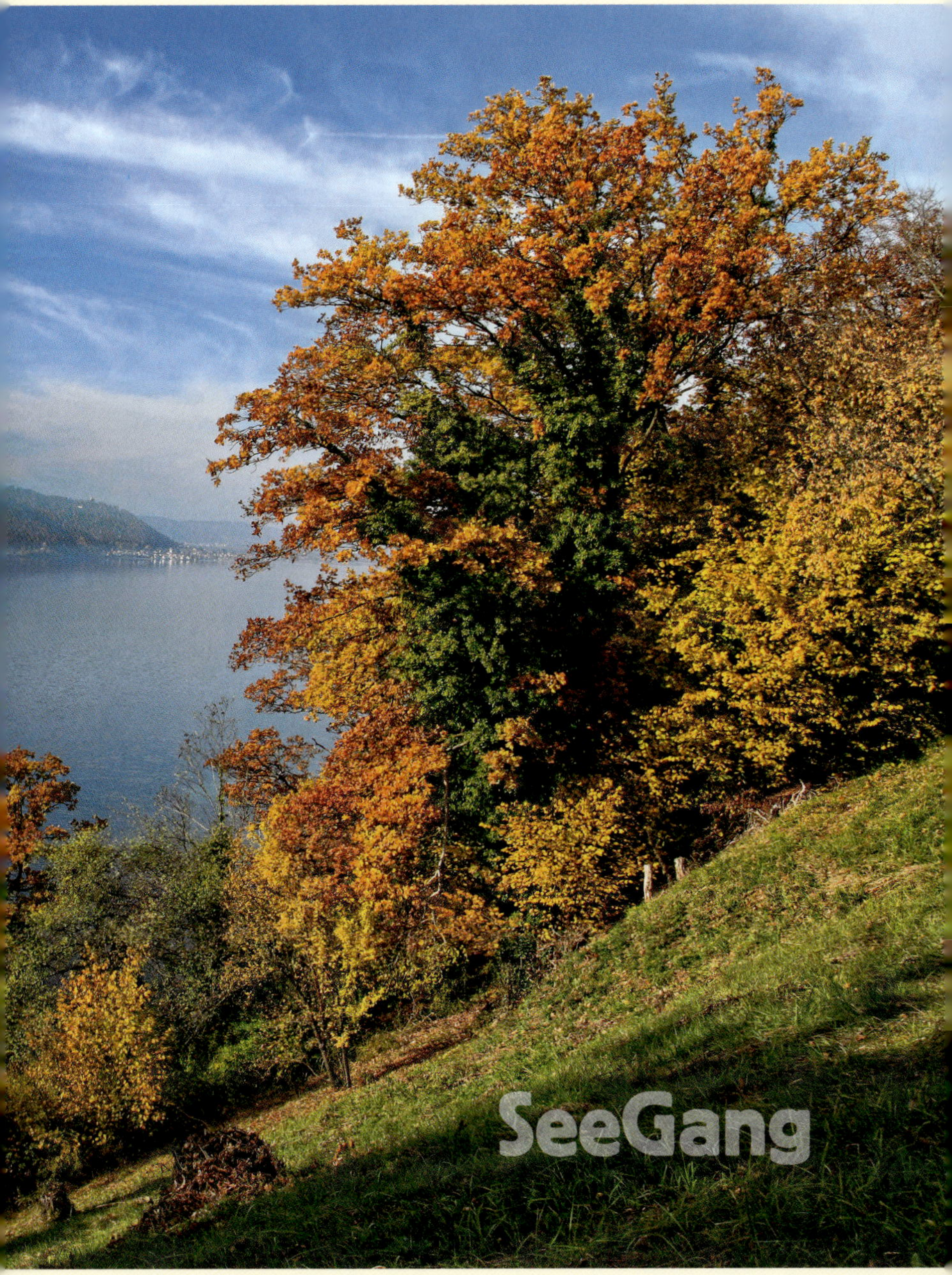
SeeGang

SeeGang

Mit See- und Alpenblick

Wandern mit Blick zu einem See ist immer schön, Wandern mit Blick zu Bergen ebenso. Und so bietet der Premiumwanderweg SeeGang am Bodensee doppeltes Vergnügen.

✔ Darum einzigartig

Man wandert fast ständig mit Blick auf den Bodensee und die Alpen. Zudem verläuft die Tour durch eine der lieblichsten Gegenden Baden-Württembergs und berührt zahlreiche Sehenswürdigkeiten.

Die Wanderung auf dem Premiumweg SeeGang zwischen den Städten Konstanz und Überlingen zeigt den Bodensee von seiner vielleicht schönsten Seite. Mit den rund 53 Kilometern, die man in vier Etappen bewältigt, ist er zwar im Gegensatz zu den anderen Weitwanderwegen in diesem Buch eine eher gemütliche Angelegenheit, bleibende Erlebnisse sind dennoch garantiert. Die Landschaft, die man auf schönen Naturwegen und schmalen Pfaden erobert, bietet

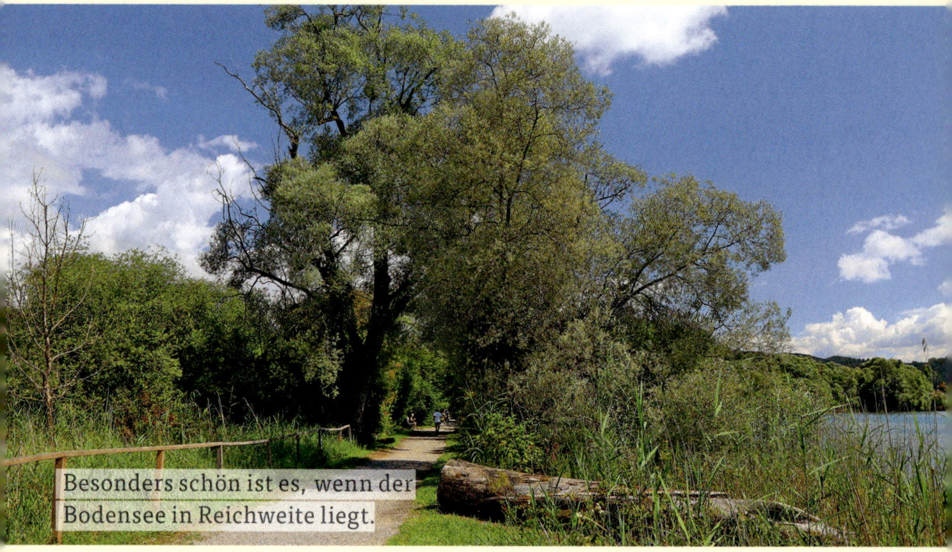

Besonders schön ist es, wenn der Bodensee in Reichweite liegt.

nicht nur immer wieder herrliche Ausblicke über den See und zu den Alpen, sondern auch Natur- und Kulturschätze wie Streuobstwiesen, Wälder und wilde Tobel, dazu romantische Städte sowie malerische Dörfer und Burgruinen. Sogar die Blumeninsel Mainau liegt auf dem Weg.

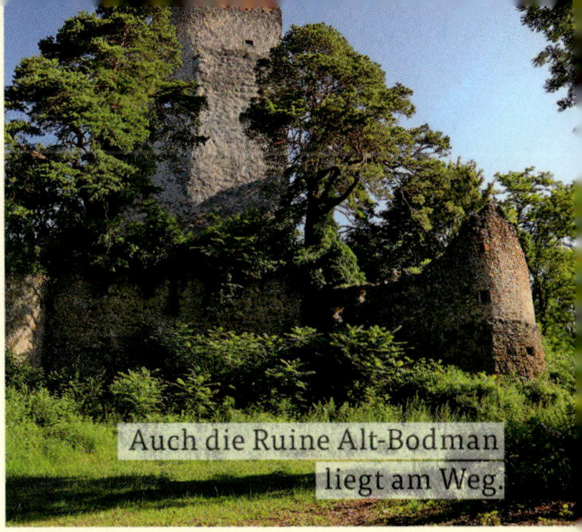

Auch die Ruine Alt-Bodman liegt am Weg.

Von Konstanz aus führt der Weg zur Insel Mainau und über die Ruine Alt-Bodmann weiter zum Naturschutzgebiet Aachried. Vorbei am sehenswerten Ludwigshafen geht es über die Ruine Hohenfels hinauf zum aussichtsreichen Haldenhof. Weiter führt der Weg durch Wald und Streuobstwiesen und vorbei am Aussichtspunkt Zimmerwies, man wandert durch den Hödinger und den Spetzgarter Tobel und erreicht schließlich den Stadtgarten in Überlingen mit seiner Vielfalt exotischer Pflanzen.

Mittel | km 55,7 km | 978 Hm | 4 Etappen

✔ Hier geht's lang

Ausgangspunkt: Konstanz

Endpunkt: Überlingen

Tourencharakter: Die Wanderung verläuft überwiegend auf Naturwegen und Pfaden. Sie ist dank zahlreicher Schiff-, Bus- und Bahnverbindungen bestens mit öffentlichen Verkehrsmitteln erschlossen, sodass man an jeder Stelle kurze Zuwege hat und die Etappen individuell gestalten oder auch als Tagestouren unternehmen kann. Da er gut markiert ist, kann er auch in beiden Richtungen begangen werden. Wer den Weg am Stück mit Übernachtungen unter die Wanderstiefel nehmen will, kann sogar auf einen Gepäcktransport zurückgreifen. Zur Zeit der Recherche für dieses Buch war die Strecke über die Marienschlucht gesperrt. Eine Umleitung ist aber ausgeschildert.

Information: www.premiumwanderweg-seegang.de

Register

Impressum

Verantwortlich: Miriam Gieler
Lektorat und Satz: Verlagsbüro Wais & Partner, Stuttgart
Layout und Cover: A flock of sheep, Marcus Taeschner
Titelillustration: Marcus Taeschner, unter Verwendung
eines Fotos von mauritius images/imageBROKER
Repro: LUDWIG:media
Kartografie: Bruckmann Verlag GmbH, Heidi Schmalfuß
Herstellung: Alexander Knoll
Printed in Slovenia by Florjancic

Unser komplettes Programm finden Sie unter www.j-berg-verlag.de

Sind Sie mit diesem Titel zufrieden?
Dann würden wir uns über Ihre Weiterempfehlung freuen.
Erzählen Sie es im Freundeskreis, berichten Sie Ihrem Buchhändler, oder bewerten Sie bei Onlinekauf. Und wenn Sie Kritik, Korrekturen, Aktualisierungen haben, freuen wir uns über Ihre Nachricht an J. Berg Verlag, Postfach 40 02 09, D-80702 München oder per E-Mail an lektorat@verlagshaus.de.

Alle Angaben dieses Werkes wurden von den Autoren sorgfältig recherchiert und auf den neuesten Stand gebracht sowie vom Verlag geprüft. Für die Richtigkeit der Angaben kann jedoch keine Haftung übernommen werden, weshalb die Nutzung auf eigene Gefahr erfolgt. Insbesondere bei GPS-Daten können Abweichungen nicht ausgeschlossen werden. Sollte dieses Werk Links auf Webseiten Dritter enthalten, so machen wir uns die Inhalte nicht zu eigen und übernehmen für die Inhalte keine Haftung.

Empfehlung der Redaktion: Sie sind auf der Suche nach weiterführender Literatur? Dann empfehlen wir Ihnen den Titel »Wander-Geheimtipps nördlicher Schwarzwald« von Dieter Buck. Oder Sie werfen einen Blick in die Zeitschrift »Schöner Südwesten«. Hier werden Sie bestimmt fündig.

Bildnachweis: Alle Bilder im Innenteil und auf dem Umschlag stammen vom Autor, außer: Umschlagvorderseite: mauritius images/imageBROKER; Autorenfoto: Melanie Buck.

Die Deutsche Nationalbibliothek verzeichnet diese Publikation in der Deutschen Nationalbibliografie; detaillierte bibliografische Daten sind im Internet über http://dnb.d-nb.de abrufbar.

ISBN: 978-3-86246-755-6